本书系全国教育科学"十三五"规划2016年度教育部青年课题
"资源共享视域下地方综合性大学教师教育者共同体构建研究"
（课题批准号EIA160456）的阶段研究成果

高等学校教育资源共享的
理论与实证研究

岳建军 著

中国社会科学出版社

图书在版编目(CIP)数据

高等学校教育资源共享的理论与实证研究/岳建军著. —北京：
中国社会科学出版社，2018.3
ISBN 978-7-5203-2132-7

Ⅰ.①高…　Ⅱ.①岳…　Ⅲ.①高等学校—教育资源—资源共享—
研究—中国　Ⅳ.①G649.2

中国版本图书馆 CIP 数据核字(2018)第 037789 号

出　版　人	赵剑英
责任编辑	陈肖静
责任校对	王佳玉
责任印制	戴　宽

出　　　版	中国社会科学出版社
社　　　址	北京鼓楼西大街甲 158 号
邮　　　编	100720
网　　　址	http://www.csspw.cn
发 行 部	010-84083685
门 市 部	010-84029450
经　　　销	新华书店及其他书店

印　　　刷	北京明恒达印务有限公司
装　　　订	廊坊市广阳区广增装订厂
版　　　次	2018 年 3 月第 1 版
印　　　次	2018 年 3 月第 1 次印刷

开　　　本	710×1000　1/16
印　　　张	18.75
插　　　页	2
字　　　数	272 千字
定　　　价	79.00 元

凡购买中国社会科学出版社图书，如有质量问题请与本社营销中心联系调换
电话：010-84083683

目　　录

序　　一

　　以高校扩招为重要标志，从 20 世纪 90 年代末开始，我国的高等教育进入了急速扩张的时期，其结果是用了 20 年左右的时间，中国的高等教育迅速从精英教育走向大众化时代。在这个高速发展期，中国的高等教育面临着诸多问题，其中一个重要问题就是高等教育资源短缺和浪费现象并存。这是一个真问题，也是一个影响未来中国高等教育健康发展的复杂问题。很显然，解决这一复杂问题是教育研究者们的历史责任。令我高兴的是，2009 年当时攻读博士学位的岳建军，勇敢地选择了这一研究课题。

　　从共享单车到国际关系中的共赢理念，共享是一个具有强烈吸引力和发展前景的时代符号，但要想真正实现共享却要跨过从理念到体制机制等重重障碍。岳建军在其专著《高等学校教育资源共享的理论与实证研究》中就指出，高等学校教育资源共享面临着思想观念障碍、体制障碍、政府支持力度不够、制度缺失、教育评价机制障碍、技术限制、成本障碍等多种因素的限制和影响。因此要切实解决这一问题，必须要有一个整体性研究做基础，以便人们切实厘清各个影响要素之间的复杂关系和影响发生的内在机理。我想这本专著的价值正是在这一方面做了大胆的尝试和细致的工作。该著作不仅探讨了高校教育资源共享的基本理论问题，梳理新中国成立以来高校教育资源共享相关政策的演变历程，还通过实证调查，呈现出当前我国高校教育资源共享的现状，并在分析其成因的基础上提出了促进我国高校教育资源共享的若干对策。

　　岳建军的这本专著是在其博士学位论文的基础上写成，这篇博士学位论文在 2013 年曾获得辽宁省优秀博士学位论文，这不仅表明学术界对其研究品质的充分肯定，也说明人们热切期望能通过深入的研究，推动政府、高校和社会有关方面联合起来，切实解决我国高等教育资源短缺和浪费现象并存的问题。

当然，一个复杂问题绝不是通过出版一本专著就能解决，在中国解决高等教育资源共享问题实际上刚刚起步，期望岳建军能长期跟踪这一问题，不断提出新的理论观点和新的解决方案。在快速发展时代，老问题或许还没有彻底解决新问题又接踵而来。正如著名学者汤因比所说，人类文明就是在挑战和应战中发展起来的。希望岳建军能再接再厉，始终站在迎接挑战的潮头上。

傅维利

2017 年 9 月 5 日于大连

序　二

　　资源问题是人类社会的永恒问题，资源对于人类的重要性毋庸置疑。同样，教育资源也是教育活动得以展开的基础，高等教育阶段尤其如此。现阶段人民大众对于高等教育的需求已经不再仅仅停留在"上大学"的阶段，而是希望能够"上好大学"。当前，我国高等教育优质资源不"均衡"是一个客观存在的事实，如何能使优质资源发挥最大效能，学界做了非常多的探索，岳建军博士的《高等学校教育资源共享的理论与实证研究》正是其中的尝试之一。

　　从 2009 年起，岳建军跟随我攻读博士学位，他为人热情，踏实认真，给我留下了很深的印象。他在读书期间就展现出了对于高等教育以及教育资源等问题的研究热情，毕业之后仍然保持了对此问题的持续关注，逐渐形成了对高校教育资源共享问题比较深厚的思考积淀。这本专著就是他的思考的部分心得。

　　全书分别从理论和实证两方面对高校教育资源共享问题进行了剖析，既对共享的基本理论问题如概念内涵、可能性、动力及原则等做了较为深入的研究，同时又从实证的角度，对当前我国高校教育资源共享的政策演变、现状及问题做了翔实的调研，分析制约共享的深层次原因，并尝试给出了具有针对性的解决对策。

　　概括来讲，该书至少在两个方面提出了新意：

　　其一，系统分析了高校教育资源共享的动力问题，指出高等教育资源供给的有限性与人民群众对于高等教育的需求日益增长之间的矛盾是推动高校教育资源共享的根本动力，并对如何激励那些处于"资源优势"地位高校积极参与共享进行了论证，具有较强的指导意义。

其二，明确提出了置换型对等的原则作为高校教育资源共享应当遵循的重要原则之一。强调对等不能够拘泥于简单的、形式上的对等，而是要抓住实质上的对等。通过置换，只要能够满足各方的需求，资源的共享就可以发生，这样就为高校教育资源共享的实现提供了更大可能。

当然，这本专著呈现的毕竟是一位青年学者的一些探索性的研究心得，其中难免有一些不妥之处。但是，我相信，伴随着这样一本专著的诞生，定会激发更多人对教育资源问题感兴趣并去研究她，也衷心希望将来有更多更高水平的成果出现！

葛继平

2017 年 3 月 24 日于大连

导　　论

　　资源问题是人类社会面临的永恒问题，人类社会的任何活动都离不开一定的资源。在人类出现的早期，人类社会的资源主要是自然资源，如阳光、空气、水、矿产、土壤、植物及动物等。随着人类文明的进步，各种以人类劳动产品形式出现的资源越来越多，如机械产品、电子信息产品等。尽管随着人类社会生产力的提高，创造的资源越来越多，但总的来看，相对于越来越多的人口数量①，资源无论是总量上还是分量上都是十分短缺的，资源不足是一个常态。人类社会的一切资源归根结底都来源于自然资源，我们本身并不能"创造"资源，套用一句广告语就是，"我们只是大自然的搬运工"。由于自然环境诸多问题的出现甚至有加剧的倾向，如土壤流失、大气污染、地下水消耗、植被减少、矿产乱采滥挖等，导致资源短缺越来越成为制约人类发展的桎梏。在这种背景下，如何提高资源的利用效率，使有限的资源产出尽可能高的效益，是当代社会需要重点关注的问题。正是出于这种对于资源短缺的强烈忧思，促使笔者开始了对资源问题的思考。由于自身所学、所教的专业是教育学，因此对于资源问题的思考便自然而然地落到了教育领域，萌生了探索教育领域资源问题的想法。

---

　　① 据英国发表的一份研究报告显示，在接下来的 60 年内，全球人口将呈爆炸性增长的势头，从现在的 69 亿飙升至 2075 年的 95 亿。全球面临着资源不足的挑战，需要各国密切合作。——刘霞：《全球面临人口过度增长挑战》，《科技日报》2011 年 1 月 15 日第 2 版。

一 选题缘由

本研究的最初思考缘于读博期间的一次会议，2009 年 9 月，笔者参加了在大连交通大学召开的"大连交通大学省级大学科技园建设"研讨会，其中关于子课题"大学科技园科技资源优化配置及制度创新研究"的研讨引起了笔者的兴趣。大学科技园作为国家创新体系的重要组成部分，在推动高等学校①资源和其他社会资源整合、实现高等学校社会服务功能和产学研相结合方面具有十分重要的意义。大学科技园的重要特征之一就是资源共享，通过多种途径如共享园区基础设施、共享服务支撑体系、高校学生共享实习和实践基地等从而实现资源的共享，提高资源的利用效率。可以说，正是对大学科技园这一现象的关注，激发了笔者对于资源共享问题的思考。恰逢此时阅读了导师以前毕业的几位博士的毕业论文，其中有两位师兄的论文都是围绕教育资源进行的研究，在深入研读之后，笔者发现他们都是围绕教育资源的配置问题展开讨论的，比如教育资源的市场化配置取向②、高等教育资源配置的公平性③问题等。在思考的过程中笔者突然意识到，既然他们都是从教育资源配置的角度进行研究，笔者为什么不能另辟蹊径，重点研究教育资源的共享问题呢？当然，二者之间是相互联系、相互交叉的，不能完全割裂开来，配置的过程中可以体现共享，共享的过程中也包含了配置，但是二者之间毕竟有着不同的侧重点，配置更侧重于资源在不同主体、不同时空上的分配、划拨情况，强调资源分配的过程，而共享则更侧重于资源在不同主体、不同时空上的使用、共用，强调资源使用的过程。其中共享对于如何盘活现有资源、提高资源利用效率具有不容忽视的作用。有了这个想法之后，笔者就有意

① 为了行文方便，本研究中将"高等学校""高校"与"大学"作为同一概念交替使用，不作具体区分。

② 王卓：《教育资源配置问题的理论研究——教育学的立场和观点》，博士学位论文，东北师范大学，2005 年。

③ 庞国斌：《我国公共高等教育资源配置的公平性研究》，博士学位论文，辽宁师范大学，2008 年。

识地搜集相关材料，并进行专门的思考，逐渐确立了教育资源共享问题研究的课题。

确定了教育资源共享问题研究这个大范围之后，就应该对它进一步细化。笔者在长期的观察和思考中逐渐发现，高等教育领域的教育资源相对于基础教育领域更为丰富，而且存在的问题也更多、更复杂，因此，笔者就逐渐把目光投向了高等教育领域的资源共享问题研究。但是，为什么题目中不用"高等教育资源共享"，而是使用"高等学校教育资源共享（简称高校教育资源共享）"呢？尽管前者在我国学界使用的频率明显比后者要高出许多，但是笔者认为，这两个术语的内涵并无本质区别，只不过"高等教育资源"的外延更广泛一些，不仅包括存在于高等学校的教育资源，还包括存在于可以招收研究生的科研机构以及高等教育行政管理机构等的教育资源，甚至还包括社会其他与高等教育相关的资源等，而"高校教育资源"则主要是指存在于高等学校的教育资源。鉴于高等学校是实施高等教育的最主要机构，因此对高等学校的研究可以说是抓住了高等教育的重中之重。另外，2009 年 10 月，由北京大学、清华大学等 9 所首批"985 工程"建设高校组成的我国首个名校联盟——"九校联盟（C9）"成立，九所高校之间在许多方面开展合作共享，这更加激发了笔者对于高等学校之间资源共享问题的兴趣和思考。基于以上考虑，本研究选用"高等学校教育资源共享"作为本研究的题目，重点研究高校之间的教育资源共享情况，而对于高校与科研机构、高校与社会其他组织之间的资源共享问题暂不研究。本研究希望能够对如何推动高等学校之间教育资源的共享、如何能使优质教育资源发挥最大效能等进行深入而系统的研究。

二　问题提出

"科学研究起源于'问题'，而不是单纯的观察或理论。'问题'既是科学研究的动力，也反映科学研究的价值，指示科学研究的方向。"[①]

---

① 石中英：《教育学的文化性格》，山西教育出版社 1999 年版，第 11 页。

教育领域的问题也很多，既有"老"问题，也有"新"问题，而且由于教育的对象——人的复杂性，导致我们永远不可能一劳永逸地解决教育中的所有问题。"事实上，教育问题总是或多或少地存在，而且对每一位社会成员发生影响。"① 每一个教育研究者总是要从纷繁复杂的教育问题中寻找自己最感兴趣的、认为最重要或最有价值的问题进行研究，以期为教育研究做出自己的贡献。笔者之所以选择高等学校教育资源共享问题作为自己的研究课题，主要是基于以下方面的原因：

1. 教育投入依然不足，教育资源短缺成为不可否认的事实

"教育是有意识的以影响人的身心发展为直接目标的社会活动"②，而作为一种活动，就不可能离开一定的空间、设施等资源条件。马克思也指出，"要改变一般的人的本性，使它获得一定劳动部门的技能和技巧，成为发达的和专门的劳动力，就要有一定的教育或训练，而这就得花费或多或少的商品等价物。"③ 这里的"商品等价物"也可以看作是教育活动过程中所耗费的资源。这说明，教育需要一定的投入，以便拥有足够的教育资源从而维持教育活动的正常进行。新中国成立以来尤其是改革开放以来，尽管我国各级政府对于教育资源的投入较之以前有所增加，但是相对于巨大的需求来说，投入的量还是很小的，以至于早在 20 世纪 90 年代初就提出的国家财政性教育经费支出占国民生产总值 4% 的目标一直到了 2012 年才成为现实。④ 相对于轨道交通、动车高铁等动辄数万亿元的"慷慨"投资规模，我们国家对于教育的投入依然显得捉襟见肘，在这种背景下，"百年大计，教育为本""教育先行"的口号多少显得有些力不从心。只有为教育提供较充足的经费，才有可能为受教育者提供足够的校舍、教师、设备，才有可能使教育者不断得到进修与培训，不断提高自身素质，从而满足人才

---

① 袁振国主编：《教育政策学》，江苏教育出版社 1996 年版，第 18 页。

② 叶澜：《教育概论》，人民教育出版社 1999 年版，第 8 页。

③ 马克思：《资本论》第 1 卷，人民出版社 1975 年版，第 195 页。

④ 我国早在 1993 年颁布的《中国教育改革和发展纲要》中就明确提出："逐步提高国家财政性教育经费支出占国民生产总值的比例，本世纪末达到百分之四，达到发展中国家八十年代的平均水平。"——中共中央、国务院印发：《中国教育改革和发展纲要》，1993 年 2 月 13 日，http://www.moe.edu.cn/，2007 年 11 月 23 日。这个目标直到 2012 年才实现，接近 20 年的时间。

培养的需要。没有充足的教育投入，这就使得教育资源的短缺与不足成为一个不可否认的事实。这种短缺与不足既存在于基础教育阶段，也存在于高等教育阶段，这与我们国家"穷国办大教育"的国情是分不开的。不过令人欣慰的是，我们国家已经注意到并且开始采取有力措施解决这一问题，如加大对于基础教育的财政投入、大力推进义务教育均衡发展等，这些措施对于扩大基础教育阶段教育资源总量、促进教育资源均衡分布具有重要的作用。但是这并不意味着就可以降低对高等教育投入的重视程度了，时至今日高等教育依然需要大量的、持续的投入，但遗憾的是，目前我们对这一方面做得还远远不够。

如何克服教育资源投入不足的弊端，有效提高教育资源的利用效率，这引发了笔者的思考。一般情况下，经济增长的源头有二：一是源于生产要素投入量的增加，二是源于生产要素生产率的提高。① 具体到教育资源也是如此，加大投入可以说是教育资源短缺的一条解决途径，这也是大多数人面对资源短缺问题时最先想到的方案，这是从增加"量"的角度来满足需要，但是这一方案说起来容易做起来却很难，且不说政府的财政资金也是有限的，它是有多方用途的，不可能无限量地投入高校中去，而且仅是加大投入也不能解决资源重复建设、资源浪费等其他问题。"这说明，通过规模扩张的方式……虽然能解决教育发展中的一些问题，但不能解决其中的核心问题。"② 还有一条解决途径就是共享，这是从提高"利用效率"的角度来满足需要，实现教育资源的变相增加。实现高校教育资源的共享，一方面能够有效克服教育资源的稀缺性；另一方面能够提高教育资源的利用效率，使有限的资源产出尽可能多的效益。从我国目前的经济社会发展水平来看，共享的方式显然更具有长远意义，具有可持续性，有利于高等教育的内涵式发展。

2. 高校之间的差距明显，教育资源的配置与分布不均衡

我国高等教育领域长期以来实行的是非均衡发展政策——"重点

---

① 房剑森：《高等教育发展论》，广西师范大学出版社 2001 年版，第 62 页。
② 傅维利：《教育改革与当代中国教育家群体的历史责任》，《中国教育学刊》2010 年第 9 期。

大学"制度①，如"985 工程"和"211 工程"等，这种政策虽然可以造就高等教育有限的"顶端优势"，但是却导致国家大部分教育资源都流向"重点大学"，而大量的普通高校所获得的教育资源投入则很少，使得许多学校的办学条件较差、基础设施建设不健全、教育经费的总量与人均占有量均较少等，从而限制了这类学校的发展速度和水平。目前我国所谓的"重点大学"通常都是由中央和地方共建，因此获得的财政拨款比较多，而绝大多数的普通院校则主要由地方财政负责，一般是省、自治区、直辖市，此外还有许多市一级的高校，这些学校获得的教育投入相比之下就很少。尤其是 1999 年全国高校大幅度扩招之后，地方高校承担了扩招的主要任务，为了满足扩招的需求，许多高校都纷纷建设新校区，从而导致债台高筑，在这样的背景下，地方高校的教育经费短缺问题更为严重。为缓解资金供给严重不足的矛盾以及适应高校各项事业的发展需要，各高校都积极利用银行贷款来筹措办学资金，改善办学条件。但贷款本身也是一把"双刃剑"，巨额本息的支付使得地方高校面临严峻的财务风险，已经成为制约学校建设和发展的主要问题，令学校捉襟见肘、举步维艰。据调查，2009 年我国高校的贷款规模已经超过 2500 亿元，其中，近 2000 亿元是地方高校的贷款②。

除了"重点大学"与"普通大学"之间在教育资源配置方面存在较大的差距之外，大量的普通高校（主要是地方高校）之间也存在明显的差距，这与我国的高等教育主要由省级政府管理，而各省的政治、经济、文化等各方面条件发展非常不均衡分不开。据 2010 年的一项调查显示，"地方政府拨款能够完全到位的高校仅占总数的 7.14%，基本到位的占 58.33%，而 27.38% 的高校政府拨款难以到位，还有

---

① 我国的"重点大学"制度可以追溯到 1950 年，当时确立了中国人民大学和哈尔滨工业大学两所示范学校，并对这两所大学进行重点建设。此后不断加大对重点大学的建设，增加重点大学的数量，到 70 年代末期的时候，重点大学的总数达到 96 所，并从 1993 年开始，相继实施了"211 工程"和"985 工程"，并将过去"重点大学建设"的提法改为"重点建设大学"，开始了新一轮的重点大学建设。——陈超：《中国重点大学制度建设中的政府干预研究》，广东高等教育出版社 2009 年版，第 29—30、45 页。

② 孙小林：《谁该为地方高校负债买单？》，《21 世纪经济报道》2010 年 3 月 9 日第 8 版。

7.14% 的高校政府拨款不能到位"①。在这种情况下，高校之间在教育资源占有量上的差距明显也就不足为奇了。因此，如何使普通高校或地方高校的学生也能够享受到优质的、充足的教育资源，这是一个值得思考的问题。实现教育资源的共享可以说是解决这一问题的有效措施之一。

3. 教育资源浪费现象严重，利用率不高

当前我国高等学校教育资源的一个现实就是：一方面，教育资源的投入不足，造成教育资源短缺，另一方面，教育资源的重复建设、利用率低下等浪费现象却屡见不鲜，作为"一种悖论性的教育现实"②，教育资源的短缺与浪费共存，使得原本就缺乏的教育资源没有得到合理利用。例如，长期以来，一方面，大量价格不菲的大型科学仪器设备开机率低，甚至部分处于闲置状态。据教育部统计，全国高校的仪器设备有 20% 处于完全闲置状态，我国 170 所高校拥有的 23 种贵重精密分析仪器，其价值达 25 亿元人民币，但其中约 40% 的仪器设备年使用时间不到 500 小时，③ 这些直接降低了教育投资的效益，与我们国家教育资源的紧缺状况很不相称。另据《厦门日报》2009 年 6 月份的报道，厦门工商旅游学校于 2009 年年初花 400 多万元购买了一架准备用于空乘专业学生的教学高仿真波音飞机，集美大学诚毅学院则引进了一艘 1000 多万元的模拟船用于教学，飞机自第一次与公众见面后便一直闲置在校园操场，而模拟船除了设备本身昂贵外，连上一次课，开启设备也要花掉上千元，④ 可想而知，它的利用率会怎样。至于那些高校里的大量公用设备如购买的计算机、笔记本电脑、数码照相机和摄像机等电子设备长期被某一人占用但却很少使用，以至于沦为个人财产，成为"闲置资产"的现象更是屡见不鲜，这无疑进一步降低了设备仪器的利用率，导致了教育资源的严重浪费。另一方面，

① 孙小林：《谁该为地方高校负债买单?》，《21 世纪经济报道》2010 年 3 月 9 日第 8 版。
② 王卓：《教育资源配置问题的理论研究——教育学的立场和观点》，博士学位论文，东北师范大学，2005 年，第 2 页。
③ 曹爱红：《提高高校贵重仪器设备使用效益的研究与探索》，《中国现代教育装备》2009 年第 7 期。
④ 熊丙奇：《设备闲置为何成高校难治之症?》，《晶报》2009 年 7 月 27 日第 A03 版。

一些高校或其他科研单位因科研和教学需要而重复购置大型科学仪器设备造成资源浪费，其他单位则因无力购买而望之兴叹，限制了这些学校教育教学活动的更好开展。我国科技部原部长徐冠华在指责我国科技基础设施建设存在浪费情况时曾举例称，2004 年他到美国访问时发现，Modis（中分辨率成像光谱仪）卫星接收站在美国共有 18 座，但已形成了覆盖全美的数据服务网，能够满足军民两用的需求。而英、法、德等大部分欧洲国家均各只有一座，通过共享也满足了自身需要，但是中国三年前就已经有 30 座，其中北京就建设了 8 座。① 难道我们真的需要这么多接收站吗？笔者想答案不言而喻。

此外，大量科研经费的流失、科研腐败现象近几年也是屡见不鲜。2010 年，仅国家审计署查出的资金就达数亿元。中国科协一项调查显示：科研资金用于项目本身的仅占 40% 左右，大量科研经费流失在项目之外。海淀区检察院一位要求匿名的工作人员称，2003 年至今，该院共立案侦查科研经费领域职务犯罪 17 件，涉案人员 21 人，其中，贪污、挪用类犯罪较为集中，涉案人员不少为高级知识分子②。

面对这么多令人痛心疾首的教育资源浪费现象，激发了笔者对于解决资源浪费现象，合理配置高校教育资源，提高教育资源利用率的思考，其中，提高资源的共享程度可以说是一个有效的措施。

另外，地方高校是我国高等学校的主体，由省一级政府统筹协调，主要以省级、市级政府的投资建设为主，接受中央财政支持较少，而且受当地政治、经济、文化等因素的制约比较严重，不同省域的高校在获得经费、办学条件、办学水平等方面表现出较大的差异性，因而在教育资源的配置方面受到的制约也比较大。这种情况下，如何在一定区域内突破校际"院墙约束"，将稀有的高校教育资源进行交互共用，实现区域内的教育资源共享，从而使高校获得充足的教育资源？要解决这个问题，实现区域高等学校教育资源的共享应该说是一个有效路径。

---

① 徐冠华：《科技建设浪费严重》，《新京报》2008 年 3 月 7 日第 A13 版。
② 陈勇：《中国科研经费仅 40% 用于项目，肆意挥霍成潜规则》，2011 年 11 月 5 日，http://news.xhby.net/system/2011/11/05/012010334.shtml，2011 年 11 月 6 日。

基于以上考虑，本研究希望通过对高等学校教育资源的共享问题进行系统而深入的研究，从而为高等学校教育资源的共享提供理论与实践方面的指导和帮助。

三 研究意义

（一）理论意义

1. 本研究对于高校教育资源共享的理论问题进行了系统探索。如对高校教育资源共享的相关概念、构成要素、内涵分类等基本理论问题重新进行了厘清，对前人研究中存在的分歧与问题等进行了修正，这将有助于我们更深刻地理解高校教育资源共享；对高校教育资源共享的可行性问题、高校教育资源共享的主客体及环境分析等问题进行了分析，并对高校教育资源共享的动力问题以及高校教育资源共享应遵循的原则问题等进行了深入研究，为不同层次政府所办高校之间（部属、省属、市属）、不同类别高校（理工类、师范类等）以及不同性质高校教育资源（公立和私立）之间的共享实现扫清理论障碍，这有助于深化高校教育资源共享的理论研究。

2. 本研究通过对我国高校教育资源共享相关政策的全面梳理，从政策演变过程中探寻我国高校教育资源共享发展的特点，并揭示现行我国高校教育资源共享有关政策中存在的主要问题，这为今后政府相关政策的制定与颁布提供了理论指导。

（二）实践意义

1. 本研究通过理论分析和实证调查，对当前我国高校教育资源共享的现状以及存在问题等进行研究，并深入探究制约我国高校教育资源共享实现的深层次原因，这对于促进高等学校教育资源共享具有重大的实践意义。

2. 本研究通过理论研究与实证研究，针对如何促进高等学校教育资源共享提出了若干建议和对策，为政府和高校提供了指导依据，有利于提高高校教育资源配置的合理性，从而提高教育资源的利用效率，促进高等教育的可持续性发展。

四 研究思路与方法

本研究主要围绕以下几个核心问题展开：

1. 运用文献法和 SWOT 分析法（即态势分析法），重新厘清高校教育资源共享的相关概念、内涵构成等基本理论问题，对高校教育资源共享的可能性、主客体分析以及环境分析等问题进行了探索，并分析了高校教育资源共享的动力及原则问题。

"文献法并不是一种简单的收集资料的方法，也不仅仅为别的方法服务，而可以是一种独立的研究方法，既包括资料的收集也包括对这些资料的分析并得出结论。"① 本部分研究运用文献法全面梳理国内外的相关研究成果，并发现已有研究中存在的问题与不足，确定可资借鉴的研究结论和研究方法。在此基础上，重新厘清了高校教育资源共享的相关概念、内涵构成、高校教育资源共享的可能性以及主客体分析等问题，利用 SWOT 分析法对我国高校教育资源共享的环境问题进行了深入分析，并对高校教育资源共享的动力内涵及来源、共享应当遵循的原则等问题进行了探索。

2. 通过政策分析，梳理我国高校教育资源共享相关政策的演变历程，从政策演变中探寻我国高校教育资源共享发展的特点，并从中发现我国现行关于高校教育资源共享政策中存在的主要问题，为后面研究中探讨政府在高校教育资源共享中的地位和作用奠定了基础。

3. 通过实证调查，分析当前我国高等学校教育资源共享存在的问题与制约共享实现的深层次原因。

本部分通过实证研究，发现当前我国高等学校教育资源共享的现状以及存在的问题，并分析其原因。采用的研究方法主要是访谈法和开放式问卷调查法，调查学校主要是国内各级各类高校若干所，以辽宁省内高校为主，并从中选取高校的领导层、教师层、服务层以及学生层等群体进行调查。

---

① 杨小微主编：《教育研究的原理与方法》，华东师范大学出版社 2002 年版，第 214 页。

首先，通过访谈法、开放式问卷法和数据采集，对我国高校教育资源共享的现状进行调查，从中发现存在的问题。

其次，通过访谈法和开放式问卷法探寻制约当前我国高校教育资源共享实现的深层次原因。

4. 在前面理论分析和实证调查的基础上，为推动我国高校教育资源共享实现提出若干解决对策。

五　创新之处

1. 本研究首次对高校教育资源共享的动力问题进行了分析，指出高等教育资源供给的有限性与人民群众对于高等教育的需求日益增长之间的矛盾是推动高校教育资源共享的根本动力，其动力来源有内部动力和外部动力两个方面，内部动力主要有主体的需求、利益吸引和制度创新等方面，外部动力则主要包括全球化的推动、社会需求、政府推动（包括政策引导和经济扶持）、技术支持等方面。高校教育资源共享的实现是内部动力和外部动力诸要素的合力作用的结果。

2. 本研究首次提出了置换型对等的原则作为高校教育资源共享应当遵循的重要原则之一。这里的对等不是简单的、机械的资源对等，而是资源的置换型对等，通过资源的置换实现多元性对等。也就是说，对等不能够拘泥于简单的、形式上的对等，而是要抓住实质上的对等，要坚持置换型对等原则，这才是对等的本质含义。通过置换，只要能够满足各方的需求，资源的共享就可以发生。这样就把对等的内涵扩大了，使共享不再局限于同一层次、同一类型、同一性质高校之间，从而为不同的高校之间实现教育资源共享提供了指导和依据。

3. 本研究首次对我国高校教育资源共享的政策演变过程进行了考察和梳理，指出我国高校教育资源共享的政策演变过程大体经历了三个阶段：被动选择阶段、主动探索阶段和全面发展阶段，并首次指出：人们对于高校教育资源共享的态度经历了一个由“被动”向“积极”“主动”转变的过程，这对于我们清晰地判断高校教育资源共享发展历程是有重要意义的。从中还发现我国现行关于高校教育资源共享的政策存在的主要问题，这对于研究政府在高校教育资源共享中的作用具有重要意义。

4. 本研究通过实证调查，比较准确地揭示了我国高校教育资源共享的现状，并分析了制约共享实现的深层次原因，这对于以往的研究是一个深化。通过调查，首先得出当前人们对于高校教育资源共享的基本认识是：①对于高校教育资源共享内涵的把握基本一致，普遍认为高校教育资源共享是指不同高校之间各种教育资源的互通有无、优势互补；②对于高校教育资源共享的态度不一致，主要有肯定态度、中立态度和分情况看待三种，其中持肯定态度的人占绝大多数。

其次，揭示出当前我国高校教育资源共享的现状，主要表现在：①整体而言，高校内部的共享较多，高校校际共享较少；②从共享的规范性来讲，个体的自发行为居多，规范性、制度化行为较少；③从师生共享的角度来看，高校教师的共享行为和机会较多，学生相对较少；④从学校层次的角度来看，同一层次高校之间的共享较多，不同层次高校之间较少；⑤从学校的类型来看，同一类型高校之间的共享较多，跨类型高校之间的较少；⑥从共享的程度来看，高校之间的"低端"共享情况较多，"高端"共享较少；⑦从具体的资源要素来讲，高校信息资源共享程度相对较高，物力资源、人力资源、课程资源等其他资源共享程度相对较低。

在调查的基础上，通过访谈法和开放式问卷调查法，并结合逻辑分析，本研究发现制约当前我国高校教育资源共享的首要原因是思想观念障碍，主要体现在共享意识的整体淡薄，竞争意识的过于强烈，以及对于共享过程中利益诉求的考虑等方面。其次是体制障碍，主要体现在高等教育资源配置方式的影响和高等教育管理体制的影响，后者又具体体现在高等教育地方管理权限的有限、高校自主权的缺失以及高校内部"行政化"管理特征明显等方面。由于思想观念的障碍和体制上的障碍而连带引发了其他许多方面的障碍：政府支持力度不够、高校关于教育资源共享的相关制度的缺失、教育评价机制障碍等。同时，技术的限制和成本的障碍也是阻碍高校教育资源共享的重要原因。另外，由于我国传统文化的影响，使得我们比较缺少打破陈规、敢于创新的氛围，这就导致共享过程中缺乏可以遵循的有效案例也成为阻碍高校教育资源共享的一个重要原因。

六　文献综述

（一）国外相关研究成果现状

本研究对于国外相关研究成果的搜寻主要是利用网络数据库查询的方式，所利用的数据库主要有美国的 EBSCO 全文数据库（网址为 http：//www. ebscohost. com）、荷兰爱思唯尔（Elsevier）电子期刊全文数据库（网址为 http：//www. sciencedirect. com）、斯坦福大学的 HighWire Press 数据库（网址为 http：//highwire. stanford. edu）等。除此之外，也曾利用国内高校图书馆和院系资料室的外文藏书、期刊等进行搜集、整理，以求对国外相关研究具有较为全面的了解。

通过相关资料的搜集与梳理，与本研究有关的国外研究成果主要体现在以下几个方面：

1. 高校教育资源共享的模式或途径研究

（1）大学城

提起大学城[1]，人们往往会首先想到英国的剑桥大学城、牛津大学城等，除此之外，比较著名的大学城还有美国的哈佛大学与麻省理工学院大学城、日本的筑波大学城等。

国外一般将"大学城"视作自然形成的教育现象，因此很少有专门的研究，对大学城的关注往往侧重于大学城如何实现与所在区域的融合、促进当地文化建设、与社区的互动发展，以及大学城的发展规划等方面。相反，倒是国内学者对国外大学城问题进行了比较多的研究。

---

[1]　在我国，20 世纪 90 年代以来出现了大学社区（University Community）、多校区大学（Multi-Campus University）、多元化巨型大学（Multiversity）、大学园区、大学城镇、大学区（University District）、教育园区、高教园区、高教科技园区、大学科技园、大学科技城、大学城（University Town/City）等名词，因其缘起、特点与功能颇具相近与相似性，故而本书统一以大学城称之。——杨天平：《西方国家大学城的演变与发展》，《北京理工大学学报》（社会科学版）2003 年第 3 期。

　　大学城的起源可以追溯到西方近代意义上大学的产生，中世纪（约 11 世纪前后）的欧洲大学已经具备了大学城的"雏形"，尤其是在英国牛津大学、剑桥大学创办后，大学城的一些特点逐渐显现出来。从 17 世纪以后，大学城的发展重心逐渐从欧洲转移到美国，诞生了著名的哈佛大学城等美国的大学城。从此以后，大学城逐渐成为世界各国高等教育发展中的重要现象。

　　美国学者 Blake Gumprecht 将大学城定义为："大学或学院及其创造的文化对当地特色起到主流影响作用的城镇或城市。"他对美国大学城的一般特征做了详细阐述，主要有：大学城是年轻人的地方（大学城里三分之一的居民年龄是十八岁到二十四岁，比其他相同规模城市或美国整体水平年轻十岁）；大学城人口受教育程度很高（拥有大学学位的人数是普通城市的 2 倍，拥有博士学位的人数则是普通城市的 7 倍）；大学城的居民较少在工厂工作，而更多的是在教育行业工作；大学城的居民家庭收入高、失业率低；大学城是一个流动性较强的场所；大学城居民愿意租房子结伴而居；大学城是个不方便的地方，很多居民愿意徒步或骑自行车上学或上班；大学城是一个相对世界性（Cosmopolitan）的地方，其学生或居民往往来自世界各地。①

　　大学城的实质内涵体现于开放性和共享性②。具体而言，开放性包含两层意思：一是办学思想的开放性，二是办学空间建构理念的开放性，大学和社区融为一体，大学城与所在社区（城镇）之间体现出融合性、互动性、和谐性③。共享性则更多地体现在大学城内部以及大学与社区之间的关系上。大学城内部各大学可以共享图书馆等教育资源，实现不同大学之间的课程互选、学分互认等，而且大学城的各类教育资源如体育设施、文化场所、书店、医院和教堂等都是向社区开放共享的，社区或城镇内的居民可以充分利用这些教育资源，因此，

---

　　①　Blake Gumprecht, "The American College Town", *Geographical Review*, Vol. 93, No. 1, 2003, pp. 51 – 80.

　　②　俞建伟：《国外大学城概览》，《比较教育研究》2002 年第 10 期。

　　③　胡海建：《大学城的理想与困惑：大学·大学城·大学园区的教育经济学反思》，汕头大学出版社 2008 年版，第 45 页。

"大学既是学习的场所又是一个开放的空间"①。

　　"大学城在很大程度上是一种美国现象"。大学城在美国要比世界其他地方更普遍的原因主要有：第一，在美国大学的发展和城市的发展顺序是不同的，在欧洲是城市先于大学发展，而在美国是大学先于城市发展；第二，美国的地域广大和文化多样性导致了大学的大量出现；第三，美国拥有大量大学城的最普遍解释是大学创始人相信这样一个安静的、乡村的、远离城市邪恶的地方是适合学习的最恰当的环境②。

　　关于大学城的类型比较一致的观点是认为有"自然发展型"和"规划建设型"两种类型，所谓"自然发展型"大学城是指随着城市社会经济和高等教育的发展，一所或若干所集中于一地的大学规模越来越大，大学内部或周围集聚了一定的人口，从事一些第三产业的活动，从而使大学校园本身或者大学周围形成了具有一定规模的城镇，常常被人们称为校园市镇（Campus Town）、大学城（University Town/City）或大学区（University District）③。"规划建设型"大学城则是为了适应高等教育的发展要求，由政府和学校积极主动构建的，一般是在短时间内建成，而且历史也比较短。不过也有学者持有不同意见，如胡海建认为这种二分法忽视了大学城演进或建设的主体，也忽视了大学城产生的深层经济原因，根据这两点，他认为西方大学城的类型分为区域经济自然演进型、高校自主创新型和政府经济主导规划型三种类型较为合理④。

　　（2）高校联盟

　　国外关于高校教育资源共享已经探索出了许多模式或途径，但是其中最主要、最重要的模式应该算是大学城和高校联盟了。这主要是

---

　　①　Blake Gumprecht, "The Campus as a Public Space in the American College Town", *Journal of Historical Geography*, Vol. 33, No. 1, 2007, pp. 72 – 103.

　　②　Blake Gumprecht, "The American College Town", *Geographical Review*, Vol. 93, No. 1, 2003, pp. 51 – 80.

　　③　杨天平：《西方国家大学城的演变与发展》，《北京理工大学学报》（社会科学版）2003年第3期。

　　④　胡海建：《试论国外大学城的主要类型》，《高教探索》2007年第3期。

因为高校之间的实验室与图书馆的共享、研究生互相保送、互认学分、学生跨校选课、共同参与科研项目研究以及合作办学等资源共享形式都只是一种"一对一"或"一对多"的"点对点"的形式，其特点是范围小、规模小、临时性，与此相对应，大学城或高校战略联盟则是"多对多"的网状共享形式。大学城或高校联盟无论是在高校的参与频率、共享的内容、共享的深度与广度等方面都要优于以上零散的共享方式。但是由于大学城往往对地理空间环境的要求比较高，对于那些早已成立的大学来说入住或搭建大学城其实并不容易，而高校联盟由于可以突破空间的限制，因此，相对而言，高校联盟对于大部分高校来说提供了一个更加容易、更加灵活的共享选择可能。

高校联盟在国外是非常普遍也是比较成功的高校教育资源共享的实践形式，许多国家都拥有国际知名的本国高校联盟，也有许多国家参加了国际的高校联盟，前者如美国著名的"常春藤联盟（The Ivy League）""五校联盟（Five Colleges Consortium）""CIC 大学联盟"等，英国的"罗素集团（The Russell Group）"，澳大利亚的"八校联盟（Group of Eight）""科技大学联盟（ATN）"，德国的"法兰克福—达姆施塔特战略联盟""鲁尔区大学联盟"以及"霍恩海姆—斯图加特—图宾根—乌尔姆大学联盟"等，后者如欧洲的"科技型大学教育研究联盟（CLUSTER）""欧洲研究型大学联盟（LERU）"，东南亚地区的"东盟大学联盟（AUN）"等。

现仅择其中几例介绍如下：

1）美国的"CIC 大学联盟"[①]

美国的"CIC 大学联盟（Committee on Institutional Cooperation）"，成立于 1958 年，由 12 所研究型大学组成，包括芝加哥大学（University of Chicago）、伊利诺大学（University of Illinois）、密西根大学（University of Michigan）、明尼苏达大学（University of Minnesota）、西北大学（Northwestern University）、普度大学（Purdue University）、威斯康星—麦迪森大学（University of Wisconsin-Madison）、印第安大学（In-

---

① 　金凤、朱洪镇、李延吉：《美国 CIC 大学联盟探析》，《现代教育科学》2007 年第 4 期。

diana University）、爱阿华大学（the University of Iowa）、俄亥俄州立大学（The Ohio State University）、密西根州立大学（Michigan State University）和宾州州立大学（Penn State University）等。这 12 所大学的共同特点是：都是研究型大学；都拥有较大的在校生规模；都拥有雄厚的师资队伍；都拥有强大的科研实力和较高层次的学术水平。

①CIC 联盟的宗旨：通过大学之间的资源共享和项目合作，促进大学学术水平的提高。其工作哲学是帮助成员大学向深度发展，开发自己的强势领域，形成强强联合。该联盟遵循的基本原则是：自愿合作、资源共享和共同发展。

②CIC 联盟的发展战略：一是为本科生和研究生创造学习和研究的机会；二是通过学生和教师队伍的多样化来创造一个丰富多彩、富有生机的教育氛围；三是为学术带头人、教职员工和行政管理人员提供专业深造机会；四是最大化地利用成员大学的现有基础设施如信息技术和图书馆等；五是通过集团采购服务以实现资源互补和成本节约。①

③CIC 联盟的管理：该联盟成立校际合作负责委员会（CIC provost），负责领导、指挥、协调活动和计划。联盟每年都要定期召开会议，制定 CIC 方针和程序，讨论和评估现有计划，提出新的倡议，解决共同关注的问题。联盟设有常设机构 CIC，负责处理日常事务，但没有独立的法人地位，他们以提供人事、财务、法律咨询、管理等服务，获得资金回报。在 CIC 的帮助下，各大学成员间组成了不同的组织团体，广泛开展专项的交流与合作。

④CIC 联盟的合作形式②：第一，为增加学习机会和学习渠道的合作项目，如"美国印第安研究联盟""海外继续学习联盟""外国语学习计划""旅行学者计划""夏季研究机会"等。具体包括以下内容：a. 流动学习。学生可在 CIC 的各成员学校学习，学习期长达一年，不必重新注册，不必增缴学费。学生可以充分利用各校的长处，如独特

①　董志惠：《战略联盟：研究型大学群体发展之路》，硕士学位论文，华中科技大学，2006年，第 30 页。
②　同上。

的实验室、图书馆或跟有特别专长的导师工作。所得学分自动转入本校，本校予以承认；b. 人员交换。主要是指教师在各成员学校之间可以相互交换；c. 举办语言学习班；d. 奖励中西部少数民族学生学习工程；e. 集合各校资源，开设少数语种的学习。

第二，教育资源的开发、发展与共享方面的合作，如：a. 集中力量从各种基金会申请少数民族学生的奖学金；b. 增加少数民族学生进入研究生院学习的机会；c. 建立中西部教育实验室中心，主要目的是为教师提高教学提供技术上的协助；d. 举办中西部经济政策讲习会。

第三，图书馆和出版社合作项目。

第四，集团采购与年审合作项目。

第五，专业人员发展计划如"学科领导人发展规划"以及为院系领导人提高领导水平和管理能力而制定的培训项目等。

2) 美国的"五校联盟"①

美国的五校联盟 (Five Colleges Consortium) 是指位于马萨诸塞州西部涅狄河谷的五所学校，即阿姆赫斯特学院 (Amherst College)、曼特霍利尤克学院 (Mount Holyoke College)、史密斯学院 (Smith College)、汉普斯切学院 (Hampshire College) 和麻省大学阿姆赫斯特分校 (University of Masssachuert Amherst)，正式成立于 1970 年②。该联盟被公认为是最成功的校际合作办学的典型之一，"目的是以独立法人实体的身份促进学校间的交流与合作"③。

五校联盟的宗旨是促进资源共享，为广大学生提供一个更广阔的发展空间。目前的合作项目主要有学生跨校选修、教师互聘、讲座、图书资料共享、信息技术合作、社区合作服务等。

①学生跨校选修：五校开放的跨校注册为联盟体的学生提供了更多的选择机会。五校联盟为广大学生提供了近 6000 门课程，学生可以

---

① 朱剑：《美国的五校联盟探析》，《现代教育科学》2006 年第 2 期。

② 美国五校联盟主页，2011 年 9 月 15 日，http：//www. fivecolleges. edu/about_ us/，2011 年 9 月 15 日。

③ Willis E. Bridegam，"Print Preservation at the Local Level—The Five College Experience"，*Library Collections，Acquisitions，and Technical Services*，Vol. 28，No. 1，Spring 2004，pp. 29 – 38.

选取其中的一门或几门，同时成绩优异者可以免交跨校选课费。

②教师互聘：具体可以有许多种互聘形式，如一种是一对一的互聘（One-for-One Exchange）。这主要是在系与系、部门与部门之间的互聘，这种互聘没有额外的补偿，同时他们的课程负担仍保持原来的状态。一种是加班时的互聘（Overtime Exchange），这种形式是在该联盟教师合作相关部门的管理下进行的，同时，这些部门需要对这些教师进行适当的补偿。一种是闲暇时的互聘（Released-Time Exchange），这种形式的聘方必须向受聘方提供补偿。还有一种是该联盟体的教师可以时常到麻省大学阿姆赫斯特分校去指导研究生。此外，在当年财政允许的情况下，往往需要聘用校外的专业人员以弥补内部人才的不足。

③讲座：五校讲座基金（Five College Lecture Fund）的运转有效地保证了讲座的顺利开展。

④图书资料共享。

⑤信息技术合作：信息技术合作的目的主要是把信息领域的一些新技术以比较廉价的方式应用到教学中来。

⑥社区服务合作：目前五校联盟实施的项目主要有公立学校合作（Public School Partnership）、东亚研究中心（Center for East Asian Studies）、学习型社区委员会（Committee for Community-Based Learning）、阅读教师（Reading Tutor）、退休后的学习（Learning in Retirement）。

3）澳大利亚的"八校联盟（Go8）"

澳大利亚"八校联盟（Group of Eight，简称 Go8）"成立于 1999 年，由澳大利亚国内 8 所顶尖大学组成，这 8 所大学分别是：西澳大利亚大学（The University of Western Australia）、阿德莱德大学（University of Adelaide）、墨尔本大学（The University of Melbourne）、莫纳什大学（Monash University）、澳大利亚国立大学（The Australian National University）、悉尼大学（The University of Sydney）、新南威尔士大学（University of New South Wales）和昆士兰大学（The University of Queensland），成员皆是综合性大学，并以研究作为大学发展的重要使命，同心协力进行广泛的基础性改革和建设，努力确保澳大利亚大学在全世界名列前茅。

澳大利亚"八校联盟"的特征可以概括为以下几个方面：第一，在运作上采取法人担保的有限公司形式，设有专业性的常设机构秘书处，来协调大学与政府、企业、社会的关系。第二，通过提供行政支持和技术支持如设置研究办公室、建立各领域专家查询系统等来鼓励研究商业化，为学者履行社会服务职能打开了一扇大门。第三，维持教学管理上的灵活便利，有利于人才培养合作项目的开展，也有利于优质教学资源在全国范围内共享，如"八校联盟"已经开展的学分转换、博士生课题研究培训、人力资源管理合作等。第四，强调求同存异，旨在最大限度地增强合作机会、提供便利条件，而不会取代和替换各成员大学的活动，鼓励各成员大学增强与联盟之外大学的合作，扩展多边和双边伙伴关系。第五，采取"研究型大学联盟"的高端品牌战略和国际化战略，以"国际公认的、处于引领地位的精英大学"为目标，提高知名度和进行国际推广，如吸引高质量的留学生、开展世界知识前沿领域的研究合作等。[①]

（3）高校"学术共同市场"共享模式

美国南部高校的"学术共同市场"（Academic Common Market）是由美国南部教育委员会（The Southern Regional Education Board）建立和发展起来的，其实质是高校之间在课程资源方面的共享。所谓的"学术共同市场"就是指在该州高等院校内如没有设置学生所需的学位专业，并且该校是南部区域教育委员会的成员，此校学生就可申请以本州所缴纳的学费比率来跨州、跨校相应地选择自己所需的学位专业，以避免跨州学习所带来的高额学费，与此同时还可以减少各高校间专业重复建设而带来的资源浪费。该模式主要是以一种"专业共享"的新形式达到输出高校、输入高校和学生三者之间互惠互利共赢状态。它的意义主要在于：首先，有助于减少低水平、低效益的专业重复建设，避免专业设置的盲目性和随意性；能够使高校科学、有效地规划、设置学科专业，有效配置有限的教育资源。其次，可以更好

---

① 　徐岚、卢乃桂：《市场化背景中的澳大利亚八校联盟及其启示》，《高等教育研究》2010年第 1 期。

地支持已经设置此专业的公立高等院校，使这些高校有机会招收更多优秀的生源，吸纳充足的资金，继续保持本专业的优势特色，从而为更多的学生提供高质量的学习机会。最后，可以使广大的学生群体降低学业成本，扩大学习机会。主要是通过达成了一项减少因学生跨州选校而带来高额学费的协议，或称"学费互惠"，从而使得更多有能力、有理想的学生有机会来选择自己真正所需的专业。①

（4）高校研究生教育资源共享计划

王成辉介绍了香港高校研究生教育资源共享计划，该计划由如下两个部分组成：② 一是香港七校研究生教育合作计划，即允许香港城市大学等七校之间的研究生跨校修课，是为跨校修课计划。二是香港三校联合研究中心合作项目，即在七校研究生教育合作计划基础之上，香港大学、香港中文大学与香港科技大学进一步组建联合研究中心。该中心旨在更高的平台之上，实现三校不同学科的交叉合作，力促三校联合开展科学研究，以期产生具有国际竞争力的科研成果。具体措施包括规定周密的跨校课程申请程序、确立严格的课程学习条件和颁布慎重细致的成绩评定制度等。

（5）博洛尼亚进程

"博洛尼亚进程（Bologna Process）"是欧洲 29 个国家于 1999 年 6 月发起的一场以区域合作形式引导各参与国家进行高等教育改革的一场教育改革运动，其标志是在意大利签署了《博洛尼亚宣言》（Bologna Declaration），全称为《欧洲高等教育区：欧洲教育部长在博洛尼亚会议上的联合宣言》，该宣言提出了欧洲高等教育改革计划，目标是整合欧盟的高教资源，打通教育体制，希望到 2010 年建成一个学生无障碍流动学习、学分互换成熟、优质课程共享、教育质量保障、教育资源高效利用的"欧洲高等教育区"（European Higher Education Area，EHEA），从而推动欧洲高等教育一体化。

---

① 许悦：《"专业共享"：美国南部高校"学术共同市场"的发展及启示》，《辽宁教育研究》2008 年第 3 期。

② 王成辉、李靖、宋秋蓉：《香港高校实施研究生教育资源共享计划述略》，《学位与研究生教育》2009 年第 12 期。

欧洲高等教育区具体的标准为：建立以学习与就业流动为主要取向的欧洲高等教育共同体；形成并加强欧洲的知识、文化、社会和科技的潜力；提高欧洲高校在世界上的声誉，保证欧洲高校在争取大学生、资金和影响上的竞争力；建立欧洲各国高等教育的共同性和可比性框架；提高高等教育质量；提高作为欧洲意识承载者的大学在发展欧洲文化价值的中心作用。①

《博洛尼亚宣言》达成了 6 项行动目标：①建立容易理解以及可以比较的学位体系。通过引入"文凭附件"（Diploma Supplement, DS）的方法，使参与博洛尼亚进程的欧洲各国高校的毕业证书提高可比性，让各国高校的毕业证书更具透明性。②致力于建立一个以两阶段模式为基础的二级制高等教育体系。重新布局学校结构，将高校的学制分为学士学制和硕士学制两级，毕业生分别获得学士和硕士学位。③建立学分体系——如欧洲学分转换体系（European Credit Transfer and Accumulation System, ECTS）。引入欧洲学分转换体系，使不同国家的在校学生所修课程更易于在国际上得到其他高校的承认，也有助于提高欧洲各国间学生的流动。④促进师生和学术及行政人员的流动，克服人员流动的障碍。学生有权接受高等教育和培训的机会以及相关的服务；教师、研究人员和行政人员在法定权力不受侵害的情况下，在欧洲范围内获得一定时间从事研究、教学和培训的机会。⑤促进欧洲各国在教育质量保证方面的合作。各国制定和采用具有可比性、相容性的质量准则和评估方法。⑥在高等教育领域增强欧洲维度（European Dimensions）的建设。②

2. 高校信息资源共享研究

国外关于高校信息资源共享的研究主要集中在高校图书馆资源共享以及远程教育信息资源共享等方面。

（1）高校图书馆资源共享

Volmer A. Geronimo、Claudia Aragon 研究了不同高校图书馆资源

① 徐辉：《欧洲"博洛尼亚进程"的目标、内容及其影响》，《教育研究》2010 年第 4 期。
② 杨天平、金如意：《博洛尼亚进程述论》，《华东师范大学学报》（教育科学版）2009 年第 1 期。

（主要指科技信息资源）的共享问题，主要包括科技知识的共享、软件与数据库的合作获得、在线系列目录合作的发展、合作查找和获得信息的设施或设备的建立①。Jane Cho 介绍了韩国的"振兴大学图书馆计划"（Plans to Revitalize University Libraries），该计划的一部分就是在大学相互合作的基础上，在大学的图书馆之间建立资源共享体系，目的是满足那些依靠单个图书馆无法解决的信息需求，以便更好地利用国家知识信息资源，促进学术资源共享（Academic Resource-Sharing）。评估大学图书馆在学术资源共享方面的共享应遵循以下原则：第一，进一步激励图书馆之间的相互合作关系，评估应当选择与降低图书馆的运营成本和最大化学术资源共享的影响有关的因素；第二，与资源共享有关的主要的项目区域（联合图书目录、馆际互借、文献传递服务、全文检索和海外电子资源）应当被作为评估因素和可量化的标准；第三，避免小规模图书馆的弊端，与图书馆的规模有关的评估数据应当作为评估指标之一②。陈枝清对日本大学图书馆资源共建共享方式进行了介绍，主要有：成立外国杂志中心，收集和提供外国学术信息给全日本的大学图书馆；国立情报学研究所目录信息服务，包括学术情报中心综合目录系统（NACSIS-CAT）和学术情报中心馆际互借系统（NACSIS-ILL）；电子期刊联盟，并于 2002 年 10 月，国公私立大学图书馆合作委员会在中京大学召开的第 53 届委员会上决定跨越国立、公立、私立大学图书馆的界限，成立国公私立大学图书馆联盟（Japan Coalition of Library Consortia，JCOLC），共享图书信息资源，联盟采取完全开放的组织形式，日本所有的大学图书馆都可以随时加入和退出；建立机构知识库，促进学术资源的交流与共享③。

① Volmer A. Geronimo and Claudia Aragon，"Resource Sharing in University Libraries：A Tool for Information Interchange"，*Library Collections，Acquisitions，and Technical Services*，Vol. 29，No. 4，2005，pp. 425–432.

② Jane Cho，"An Evaluation Plan for Korean University Libraries to Revitalize Academic Resource-sharing"，*The Journal of Academic Librarianship*，Vol. 33，No. 4，2007，pp. 515–518.

③ 陈枝清、李艳丽：《日本大学图书馆资源共建共享方式介绍》，《图书馆建设》2009 年第 6 期。

（2）远程教育信息资源共享

为了促进高等教育领域数字学习资源（Digital Learning Resources）的共享，世界经济合作与发展组织（OECD）实施了"开放教育资源"（Open Educational Resources，OER）计划，目前国外许多大学都已陆续开始推行。"所谓开放教育资源就是将数字化的材料免费的、公开的提供给教师、学生和自学者以供教学、学习和研究之用。"[①] "一般情况下，开放教育资源包括课件、内容模块、学习对象、学习者支持、评估工具和网上学习社区等学习资源，支持教师对网络开放式教育资源进行创作、改编和使用的辅助资料以及确保教育质量和教育实践的各方面资源。"[②] 其中的"开放"最重要的两个方面是通过因特网免费获得和资源的获得尽可能减少障碍。开放教育资源运动在发展中面临的挑战主要有：缺乏版权问题意识；质量保证问题；OER 积极性的持久性问题等。[③]

Littlejohn A. 和 Margaryan A. 介绍了一种旨在支持共享与重新使用教学与学习资源的新技术——学习对象库（Learning Object Repositories，LORs），现已在全球许多国家和地区得到应用。所谓"LORs"就是"一个存在于个人、部门、机构、国家、地区或联盟并提供服务给指定团体的存储系统，一个从数字化资源之中提取恰当内容以支持学习、教学和研究的存储系统。"[④] 它与其他资源库的最大区别在于LORs 拥有学习对象（Learning Object，LOs），这是对于学习者非常有意义的资源，通过重新设计，采用有效的方法，整体地、聚合地、有序地产生"学习单元"（Units of Learning）。[⑤]

---

① J. Hylén, "Open Educational Resources：Opportunities and Challenges", *Annals of Thoracic Surgery*, Vol. 80, No. 3, 2006, pp. 969 – 975.

② 黄亚婷：《美国高等学校教育资源共享研究》，《现代教育科学》2012 年第 11 期。

③ J. Hylén, "Open Educational Resources：Opportunities and Challenges", *Annals of Thoracic Surgery*, Vol. 80, No. 3, 2006, pp. 969 – 975.

④ Rachel Heery and Sheila Anderson, "Digital Repositories Review", http：//opus. bath. ac. uk/23566/. October 11, 2011.

⑤ Allison Littlejohn and Anoush Margaryan, "Cultural Issues in the Sharing and Reuse of Resources for Learning", *Research and Practice in Technology Enhanced Learning*, Vol. 1, No. 3, 2006, pp. 269 – 284.

（二）国内相关研究成果现状

本研究对于国内相关研究成果的搜寻主要是利用网络数据库查询和实地书刊查阅相结合的方式，其中网络数据库查询主要是指利用"中国知识资源总库（简称 CNKI）"进行查询，具体包括中国期刊全文数据库、中国博士学位论文全文数据库、中国优秀硕士学位论文全文数据库、中国重要会议论文全文数据库以及中国重要报纸全文数据库等重要资源库；实地书刊查阅主要是指利用国内高校图书馆和院系资料室的藏书进行搜集、整理。

通过对文献资料的搜集、爬梳，与本研究有关的国内研究成果主要体现在以下几个方面：

1. 高校教育资源共享的含义

整体来看，关于高校教育资源共享的含义，与教育资源共享的含义并没有本质上的差异，只不过是主要限定在高校层面，而且一般都认为应当是跨学校的一种共享。如何洪涛认为高校教育资源共享是指在一定的区域内，教育部门对其应有的资源打破现有界限，实行共同享用①。林盾等认为高校教育资源共享是指个体教育资源、各高校教育资源跨越地域、行业、行政壁垒通过各种共享手段为全国高校中其他高校所共享，同时通过教育资源不断创新，实现高校整体的教育资源整体增值。②

2. 高校教育资源共享的内容

任磊认为高校教育资源共享的内容包括：人力资源共享、物力资源共享和无形资源共享③。其中人力资源主要是指从事高等教育教学、科研和教学科研管理人员；高校物力资源通常分为校舍、球馆、仪器设备和图书资料等；无形资源是高等学校在办学过程中积累的财富，除商标、版权、专利权之外，还包括校誉、办学传统与经验、招生与就业渠道，对外交流渠道和校友关系等。

① 何洪涛：《赣州市高等院校教育资源共享模式的研究》，硕士学位论文，南昌大学，2007年，第12页。
② 林盾、李建生：《高校教育资源共享悖论探讨》，《湖南科技大学学报》（社会科学版）2012年第2期。
③ 任磊：《高校教育资源共享的开放式教学模式的研究》，《高等函授学报》（自然科学版）2010年第5期。

　　骆泽敬认为，基于大学城的教育资源共享包括软件资源、硬件资源和信息资源三方面。其中，共享硬件教育资源包括共享体育场地和设施、实习实训室（含校办工厂）、教室、学生公寓等；共享软件教育资源包括共享教师、特色专业、精品课程、教科研项目成果、规划教材、课程互选、学分互认、教学管理等；共享信息教育资源包括图书资源，教学、学籍管理信息系统，专业、课程、教科研信息资源平台，教学名师数据库，学分换算与收费系统等。①

　　何洪涛则认为高校教育资源共享主要包括硬件资源的共享和软件资源的共享两个方面②。其中硬件资源共享包括教学硬件设施共享、教学公共设施服务体系共享、生活休闲公共设施共享等方面；软件资源共享包括校园文化共享、优质师资互聘、学生跨校选课、学分互认、学术报告共享、信息平台的共建与共享等方面。

　　吴磊认为高校教育资源共享可以分为高校各教学学院与各职能部门之间的共享，教育系统内部的资源共享和社会系统与教育系统之间的共享。③

　　关于高校教育资源共享的内容研究，往往是从某一具体的资源要素角度进行的，如关于高校教师资源的共享、高校物力资源的共享以及高校信息资源的共享等，主要的研究成果如下：

　　（1）高校教师资源的共享研究

　　关于高校教师资源共享的途径与模式主要有④：①解放思想，变

---

　　① 骆泽敬、陆林：《基于大学城教育资源共享的开放式教学模式构建研究》，《教育理论与实践》2009 年第 7 期。

　　② 何洪涛：《赣州市高等院校教育资源共享模式的研究》，硕士学位论文，南昌大学，2007年，第 34 页。

　　③ 吴磊、何洪涛：《高校教育资源共享管理的应为与可为》，《中国高教研究》2008 年第12 期。

　　④ 关于此部分的研究具体可参见张新《关于普通高校教师资源共享的探讨》，《辽宁教育研究》2003 年第 2 期；魏霞《高校人才共享战略的途径及手段》，《黑龙江高教研究》2006 年第4 期；成尚军、余连君《人才资源共享：地方高校师资队伍建设的有效途径》，《文教资料》2007年第 16 期；孔庆如《高校人才柔性引进政策与人力资源共享模式研究》，《武汉科技学院学报》2006 年第 12 期；汤涛、陈志鸿、何左等《高校教师资源共享途径与模式调研》，《中国高等教育》2002 年第 Z1 期；陈剑峰、陈风光《高校教师资源共享及流动体制研究》，《人力资源管理》2013 年第 4 期。

人才单位所有制为社会共享模式；建立"不求所有，但求所用"的运行机制。②重视本校现有人才的培养，采取留住人才与吸引人才并举的人才管理模式。③建立校际间的互聘、联聘制度。④采用互联网络技术，建立师资共享网站、平台等。⑤建立同城地方高校"师资联合体"。⑥校际学分共享模式。⑦聘请离退休教师以及跨校返聘退休教师等。⑧加强与企事业单位的合作，开发应用性、实践性教师队伍。⑨联合办学、合作办学。⑩对口支援；寻求重点大学对地方高校师资的传、帮、带。⑪基于项目的合作研究模式等。

除此之外，左凯旋对独立学院共享师资的三种主要管理模式如直接管理、间接管理、双重管理等的利弊进行了分析，在此基础上提出了若干对策建议，如建立健全科学合理的共享共赢机制；创新人力资源管理体制，调动共享师资的积极性；加强教学质量监控，优化管理部门和管理人员的服务意识等。① 蔡岚从构建大学联盟的角度提出了面向科技人力资源开发的大学联盟的创新模式以及促进联盟可持续发展的动力机制等，从而整合与共享大学的教学资源，培养出高质量的科技人力资源。② 张纪洪针对沈北大学城的教师资源共享的机制与模式进行了研究。③ 林长地针对福州大学城的高校公共体育教育人力资源校际共享的内容、方式以及对策等问题进行了研究。④

（2）高校物力资源的共享研究

关于高校物力资源的共享研究，主要集中在高校实验室大型仪器设备资源的共享方面，这又可以分为两个方面：一是对大型仪器设备资源本身的共享问题进行研究，如共享的机制、共享的保障体系、共

① 左凯旋、吴朵美：《独立学院共享师资管理研究》，《浙江师范大学学报》（社会科学版）2010年第2期。
② 蔡岚：《面向科技人力资源开发的大学联盟研究》，硕士学位论文，浙江大学，2009年，第58—76页。
③ 张纪洪：《沈北大学城教师资源共享的机制与模式研究》，硕士学位论文，辽宁工程技术大学，2006年，第37—49页。
④ 林长地：《福州大学城高校公共体育教育人力资源校际共享研究》，硕士学位论文，福建师范大学，2006年，第31—59页。

享的现状与对策等方面的研究。① 二是对大型仪器设备资源共享平台的建设问题进行研究，如基于 ASP（Application Service Provider，应用服务提供商）的区域高校实验仪器设备共享平台的建设及运行等。②

（3）高校信息资源的共享研究

①高校信息资源共享机制、体系的研究。关于高校信息资源共享机制、体系的研究主要以汤巨霞、江雪双、刘晓晓、汪大燕、娄立原等人的硕士学位论文为代表。③

②高校信息资源共享平台的研究。由于现代网络技术的发达，诞生了各种各样的高校信息资源共享平台，如基于 . NET 的教育资源共享交互平台、基于语义 Web 的教育资源共享平台、基于 OGSA（Open Grid Service Architecture，开放网格服务体系结构）的教育资源共享平台、基于 SOA（Service-Oriented Architecture，面向服务的架构）的分布式教育资源共享系统、P2P Grids（即对等网格）环境下的 P2P 教育资源网格平台等。④ 此外，我国于 1998 年 5 月还成立了由国家发展计划委员会正式批准立项的、由教育部直接领导的国家高等教育"211工程"公共服务体系之一的"中国高等教育文献保障体系（China Academic Library and Information System，CALIS）"⑤ 文献信息资源共享服

---

① 涂苏龙：《高校贵重科学仪器设备共享机制探究》，硕士学位论文，东北大学，2008 年，第 11—24 页。

② 何小兵、文亚星：《区域高校实验仪器设备共享模式探索》，《科技管理研究》2009 年第6 期。

③ 关于此部分的研究具体可参见汤巨霞《高等院校数字化教育资源共享机制的研究》，硕士学位论文，浙江师范大学，2007 年；江雪双《高校数字化教育资源共享机制的研究》，硕士学位论文，华中科技大学，2009 年；刘晓晓《区域性数字化教育资源共享体系的构建》，硕士学位论文，南昌大学，2010 年；汪大燕《影响网络教育资源共享的因素分析——基于网络教育资源开发环节》，硕士学位论文，华中科技大学，2009 年；娄立原《重庆高校校际外语网络教育资源共享研究》，硕士学位论文，西南大学，2010 年。

④ 关于此类平台的研究具体可参见宋尚平《基于 . NET 的教育资源共享交互平台的开发与试用》，硕士学位论文，曲阜师范大学，2008 年；张会平《基于语义 Web 的教育资源共享平台的构建》，硕士学位论文，武汉大学，2005 年；杜志源《基于 OGSA 的教育资源共享研究》，硕士学位论文，西安电子科技大学，2007 年；杨林《基于 SOA 的分布式教育资源共享系统的研究》，硕士学位论文，山东师范大学，2009 年；陈坤《P2P Grids 环境下教育资源共享机制研究》，硕士学位论文，山东师范大学，2010 年。

⑤ 邓均华：《"中国高等教育文献保障体系"简介》，《经济学情报》2000 年第 1 期。

务系统。

　　③高校信息资源共享激励的研究。田鹏构建了高校数字化教育资源共享的激励模型，并指出采用差异化服务策略的方案，对共享过程中各主体的收益进行调整，将各主体的效用与他人的贡献量和自己的努力程度相关联，能够有效地激励高校数字化教育资源的共享。①

　　（4）高校课程资源的共享研究

　　常亮以厦门大学为例，指出该校课程资源的共享程度还很低，造成这一现象的原因主要有课程资源的数量与质量的限制、人才培养的"专业模式"的影响、思想观念的落后以及高等教育管理体制的制约等，并有针对性地提出了若干解决对策。②

　　3. 高校教育资源共享的模式或途径

　　在借鉴国外先进经验的情况下，我国也逐渐探索出了许多高校教育资源共享的模式或途径，主要有高校合并、合作办学、独立学院、大学城、高校联盟等。

　　如吴磊指出高校教育资源共享的运作模式主要有：人力资源共享模式、物质资源共享模式、综合资源共享模式（即人力资源和物质资源相结合）以及无形资源共享模式等。③

　　秦秋田介绍了一种实现优质高等教育资源共享的新举措——国内留学，他指出，国内留学的理念是千方百计满足学生的学习愿望，千方百计开发利用一切优质教育资源；国内留学的具体形式有三种：寄读、连读和函读，统称"三读"。通过国内留学的形式，使普通大学的学生也能够享受到名牌大学、重点大学的优质教育资源，从而达到双赢的效果。④

---

　　①　田鹏：《高校数字化教育资源共享过程激励研究》，硕士学位论文，西安电子科技大学，2010 年，第 35—48 页。

　　②　常亮：《高校课程资源共享问题研究——以厦门大学为例》，硕士学位论文，厦门大学，2008 年，第 15—73 页。

　　③　吴磊、何洪涛：《高校教育资源共享管理的应为与可为》，《中国高教研究》2008 年第 12 期。

　　④　秦秋田：《国内留学——实现优质高等教育资源共享的新举措》，《辽宁教育研究》2004 年第 6 期。

崔峰认为，研究生教育资源的共享路径主要有：遴选研究生课程精品教材，共享研究新成果；鼓励境内外校际访学，促进学科交叉；开放实验室、图书馆，实现科研资料的共享；建立研究生公共教学资源网，搭建互动平台。[①]

商亚坤认为独立学院模式也蕴藏着资源共享的精神，他指出，目前独立学院办学的典型模式是：由社会力量出资提供办学所需的一切硬件设施，如教学楼、实验室、食堂、学生宿舍等，而由公立高校提供办学所需的部分师资和部分管理人员，这在一定程度上解决了高等教育发展中的办学资金不足的问题，是更好更快地扩大高等教育资源的一种有效手段，使得高等教育资源能够在社会中得以更加充分地共享。[②]

贾让成分析了促进高校教育资源共享的高教园区（也叫大学城）模式，对其教学资源共享的管理制度和运行机制等进行了研究，包括应建立有利于教学资源共享的学习制度——学分制；建立多方位教学资源共享的立体结构；建立教学资源共享的保障体系等。[③] 张小良认为"独立与共享"是大学城办学模式的核心理念，是贯穿我国大学城建设与发展始终的灵魂。[④] 胡蓉对大学城的资源共享问题进行了较系统的研究，探讨了大学城资源共享的内容和形式：硬件资源的分级共享和软件资源的分级共享，并指出大学城的新型管理体制为实现这些资源的共享提供了保障，这一新型管理体制包括：合理的大学城共同架构、高校自主管理、市场机制协调、社会参与。大学城的文化建设对于大学城资源共享也具有重要意义，因此必须加强大学城整体文化的建设和大学自身文化的建设。[⑤]

---

① 崔峰、李军：《尽快建立研究生教育优质资源共享体系》，《中国高等教育》2005年第11期。
② 商亚坤：《北京高等教育资源共享问题研究》，硕士学位论文，中国地质大学，2008年，第56—58页。
③ 贾让成、林麒、陶燕丽等：《高教园区教学资源共享机制设计与分析》，《教育科学》2002年第2期。
④ 张小良：《独立与共享：一种新的办学模式分析——我国大学城发展中的一个重要问题》，硕士学位论文，华东师范大学，2003年，第1页。
⑤ 胡蓉：《我国大学城的资源共享问题研究》，硕士学位论文，华中科技大学，2006年，第30—52页。

曹阳以南通市区域高校教学联合体为个案，指出目前在区域高校教学联合体实际运行中还存在着制度不完善、组织形式不确定、协调合作难度大、成本分担和利益分配难平衡等需要解决的问题。[①] 赵媛则分析了区域教学联合体的主要类型与实现途径，她指出，根据区域教学联合体的范围和内容，可分为区域内教学联合体和区际教学联合体两大类，其中，区域内教学联合体又有大学城模式和同城高校联合模式两种主要类型，具体途径有：允许跨校选修、辅修，实行真正意义上的学分制；建立大学城师资中心，实行教师资源共享；实行图书馆、实验室等物力资源共享；以课程建设为中心，整合大学城内的专业和学科。区际教学联合体也可分为跨区域高校共同培养模式和校外一体化实践教学模式两种基本类型。其中跨区域高校共同培养模式的具体途径有：实施分阶段联合培养、在一定范围内的教师互聘，学科共建、开展远程教学等；校外一体化实践教学模式的具体途径有：定期或不定期开展野外联合实习、开展横向联合，建立实习、实践基地等。[②] 廉澄从"教师教育资源共享""实验设备资源共享""文献信息资源共享"和"优质教育资源综合共享"四个模式方面分析了徐州高校教学联合体，并总结了该联合体得以组建和发展的成功经验。[③]

阳荣威对高校战略联盟模式进行了研究，并指出具体可有资源共享、学分互换、共同开发项目、合作办学和联邦等五种模式，高校要根据自身实际采用适当模式和对策。[④] 湛俊三针对地方高校战略联盟进行了研究，分析了联盟构建中的可行性与障碍性，并就联盟构建中的伙伴选择问题、组织模式问题、支持体系问题、管理问题和绩效评价问题等进行了研究。[⑤] 李锦奇提出了构建区域高校战略联盟的若干

---

①　曹阳：《南通区域高校教学联合体的构建与运作研究》，硕士学位论文，南京师范大学，2008 年，第 29—31 页。

②　赵媛、王娟：《基于教育资源共享的区域教学联合体建设》，《江苏高教》2006 年第 5 期。

③　廉澄：《区域高校优质教育资源共享模式建设研究——以徐州高校教学联合体为例》，《江苏师范大学学报》（哲学社会科学版）2016 年第 6 期。

④　阳荣威：《后合并时代高校的选择：战略联盟》，《高等教育研究》2005 年第 9 期。

⑤　湛俊三：《地方高校战略联盟研究》，博士学位论文，武汉理工大学，2008 年，第 52—164 页。

基本策略，如从实际出发，构建区域高校校际间的战略联盟；构建灵活多样的高校与非高校组织的战略联盟；加强高校战略联盟法规政策体系建设；建立财政金融等引导保护配套政策；充分发挥政府主管部门的引导与组织作用，鼓励社会中介组织参与高校联盟与合作的协调工作等。① 王秉琦专门讨论了我国海峡两岸建立跨区高校战略联盟的必要性和可能性，并指出：中华民族深厚的历史文化是两岸深化交流与合作的坚实基础；两岸政治、经济诸领域的交流将进一步推动高校间深层次战略合作；两岸宏观教育机制上的共同点使战略联盟组建成为可能；跨区跨国教育集团的出现为两岸高校战略联盟组建提供了经验；交通信息技术迅猛发展为战略联盟冲破限制提供了重要保障。② 吴越认为中国高校联盟可以分为区域同质高校联盟、全国同质高校联盟、全国异质高校联盟和区域异质高校联盟四种类型，并归纳出中国高校联盟的共同特质：①高校联盟的成员具有自主性，其开展的活动以交换为特征，成员高校间具有依赖性等三个基本特征；②高校联盟具有三项基本功能，即资源共享的交换器、调整关系的缓冲器与提供信息的服务器；③高校联盟的运行机制是：利益需求是高校联盟的原动力；联盟的组织设计一般呈简单结构型；联盟的内部运作具有资源交换的特征；联盟与政府是一种互动共生的关系。他还指出：过于简单的组织结构、欠完善的内部协调机制、缺位的利益分配机制以及不当的政府干预等影响着高校联盟的良性运转，并据此提出了相应的对策建议：采用矩阵模式的组织设计、完善沟通机制与信任机制、建立以成员高校贡献多少为前提的利益分配机制以及政府要适度参与高校联盟的建设。③

4. 高校教育资源共享的原则

何洪涛认为高校教育资源共享的原则主要有效益原则、育人原则、以人为本原则、创新原则、市场调节性与行政干预性相结合原则、取

---

① 李锦奇：《区域高校战略联盟浅论》，《教育科学》2009 年第 5 期。

② 王秉琦、贾鹏：《论海峡两岸建立跨区高校战略联盟的必要性和可能性》，《中国高等教育》2010 年第 Z2 期。

③ 吴越：《中国高校联盟运行机制研究——基于多案例的分析》，博士学位论文，华中科技大学，2011 年，第 50—230 页。

长补短原则等。① 也有学者认为高等教育资源共享的原则主要有系统性原则、开放性原则、公平与效率性原则、问责原则等。② 此外，还有学者提出高教园区教学资源共享过程中应当坚持育人优先原则、效益原则和特色原则等。③

5. 高校教育资源共享存在的问题及对策

商亚坤对北京市高等教育资源共享问题进行了研究，指出北京市高等教育资源共享存在的问题有：资源共享意识淡薄；高等教育资源缺乏统一的管理；资源共享工作受到体制制约，如高校缺乏办学自主权、高校之间的差异性在一定程度上阻碍了资源共享、缺乏市场调节机制、共享资源的知识产权保护问题、资源共享的领域单一、共享的受益面窄等，针对这些问题作者提出了一些共享的新思路，如组建资源共享协调机构、推广"教学共同体"的共享模式、创新资源共享方式、完善相关制度等。④

尚艳梅分析了南昌市前湖高校园区教育资源共享的问题及制约因素，主要有高校实施资源共享的内在动力不足，资源共享意识淡薄；管理模式封闭，资源共享信息渠道不畅；教育资源缺乏统一的管理；高校之间的差异性在一定程度上阻碍了资源共享；高校间实际利益的冲突；学校文化和社会心理上的隔阂；资源共享的领域单一。教育资源共享的有利条件有：地方政府的优惠政策；地缘优势；资源共享的迫切愿望等。最后提出促进南昌市前湖高校园区教育资源共享的对策和建议，如树立教育资源共享观念，增加内动力；构建教育资源共享的机制；创新资源共享方式；优化各高校间合作项目等。⑤

---

① 何洪涛：《赣州市高等院校教育资源共享模式的研究》，硕士学位论文，南昌大学，2007年，第32—33页。

② 西广明：《高等教育资源共享原则与策略研究——以效率为视角》，《江苏高教》2009年第4期。

③ 贾让成、林麒、陶燕丽等：《高教园区教学资源共享机制设计与分析》，《教育科学》2002年第2期。

④ 商亚坤：《北京高等教育资源共享问题研究》，硕士学位论文，中国地质大学，2008年，第39—51页。

⑤ 尚艳梅：《南昌市前湖高校园区教育资源共享现状及对策研究》，硕士学位论文，江西师范大学，2010年，第14—36页。

有学者运用博弈理论，提出采用优势互补与引入非零和博弈的策略解决高校教育资源共享困境的观点。[①]

6. 高校教育资源共享的理论支撑

关于高校教育资源共享的理论支持主要有和谐管理理论、公平理论、公共资源管理理论、委托—代理理论等。[②]

7. 高校教育资源共享的运行机制

何洪涛指出高校教育资源共享的运行机制有政府宏观调控机制，包括协调机制、激励机制；高校微观运作机制，包括决策机制、控制机制、评估反馈机制、预警机制；社会公众监督机制。[③]

（三）国内外已有研究成果的不足

从前面的梳理与总结，我们可以看出，随着整个社会对高校教育资源关注程度的提高，近年来国内外许多专家学者开始对高校教育资源共享问题进行研究，取得了一定的研究成果，这对于促进高校教育资源共享、提高教育资源利用率等具有重要的意义。但是，从总体来看，国内外学界对于高校教育资源共享的研究仍然存在一些不足之处，而这些不足也将成为今后研究的主要方向和领域。主要表现在：

1. 目前国内外学界对于高校大型仪器设备等物力资源共享、高校信息资源共享的研究比较多，但是对于高校人力资源共享、高校课程资源共享等方面的研究相对较少，客观上也导致了实践中这些方面共享程度的不高。

2. 目前国内外关于高校教育资源共享的内容研究尚未达成一致意见，对高校教育资源共享的基本问题如相关概念界定、构成要素分析等仍然存有争议，这既说明了高校教育资源共享研究的复杂性，在某种程度上也说明了我们对于高校教育资源共享的研究还有待进一步深化。

---

① 林盾、李建生：《高校教育资源共享悖论探讨》，《湖南科技大学学报》（社会科学版）2012年第2期。
② 西广明：《高等教育资源共享原则与策略研究——以效率为视角》，《江苏高教》2009年第4期。
③ 何洪涛：《赣州市高等院校教育资源共享模式的研究》，硕士学位论文，南昌大学，2007年，第41—46页。

3. 目前国内外对于高校教育资源共享的研究大多是从现状及对策等方面进行的，研究往往浮于表面，不够深入，对于深层次理论问题则研究不足，如为什么要实现高校教育资源共享、高校教育资源共享的动力问题，如何激励高校尤其是资源相对丰富的高校积极主动地实现教育资源共享则是目前实践中遇到的主要障碍之一。此外，不同层次、不同类型的高校之间能否实现教育资源的共享，高校教育资源共享过程中有没有可以遵循的原则等也是今后研究的重要问题。这些深层次理论问题如果得不到解决，高校教育资源共享就只能停留在"书本"上，实践中永远不可能真正实现。我们始终认为，造成当前我国高校教育资源共享存在的许多问题，很大程度上是由于相关理论问题没有得到解决。

4. 已有研究对于高校教育资源共享的现状及存在问题的分析，大多都是泛泛而谈，缺乏实证调查，缺乏令人信服的数据，研究结果也比较雷同，缺乏有突破性的研究。

5. 已有研究对于促进高校教育资源共享的对策研究大多停留在理论层面，比较笼统，较少具有实践操作性，较少能够对实践提供指导，这也在某种程度上阻碍了高校教育资源共享的全面实现。

七　理论基础

本研究的理论基础主要有：

（一）系统理论

1. 系统理论的主要观点

关于系统的定义，不同的学科由于研究范围和重点的不同，往往给出不同的答案。在基础科学层次上，通常采用贝塔朗菲的定义：系统是相互联系、相互作用的诸元素的综合体。这个定义强调的是元素之间的相互作用以及系统对元素的整（综）合作用。[1]

（1）系统的结构

一般来讲，系统的结构是指元素之间一切联系方式的总和。在元

---

[1]　苗东升：《系统科学精要》，中国人民大学出版社 1998 年版，第 26—27 页。

素众多、结构复杂的系统中，元素之间有一种成团现象，一部分元素按某种方式更紧密地联系在一起，具有相对独立性，有自己的整体特性。不同集团的元素之间往往不是直接相互联系，而是通过所属集团而联系在一起。这类集团被称为子系统或分系统。当我们考察系统的某一部分时，若只需把它当作最小结构单元，无须作为系统对待，就应称其为元素。如果我们关心的是该部分作为整体的结构和特性，则应称其为子系统。①

（2）系统的环境

广义地讲，一个系统之外的一切事物或系统的总和，称为该系统的环境。系统与环境相互作用、相互联系是通过交换物质、能量、信息实现的。系统能够与环境进行交换的特性，叫作开放性。系统自身抵制与环境交换的特性，称为封闭性。系统是封闭性与开放性的对立统一。一般来说，一个系统（特别是生命、社会、思维系统）只有对环境开放，与环境相互作用，才能生存和发展。但封闭性绝非单纯消极因素，而是系统生存发展的必要保障条件，具有检验、鉴别和过滤的积极作用。②

（3）系统的原理

一般来说，系统具有以下基本原理：

①整体突现原理。若干事物按某种方式相互联系而形成一个系统，就会产生出它的组分和组分的总和所没有的新性质，叫作系统质或整体质。这种性质只能在系统整体中表现出来，一旦把系统分解为它的组成部分，便不复存在。这就是系统的整体突现性原理，又称非加和性原理或非还原性原理。通俗地讲，整体多于部分之和，这是全部系统科学的理论基石。③

②开放性原理。系统的开放性是指系统与环境发生交换关系的属性，亦即系统具有从环境输入物质、能量与信息的属性，也具有向环境输出物质、能量与信息的属性。开放性是系统的主要特征之一。系

---

① 苗东升：《系统科学精要》，中国人民大学出版社1998年版，第32—34页。

② 同上书，第38—40页。

③ 同上书，第29—30页。

统的开放性由输入、输出、反馈三个环节构成。①

③自组织原理。系统的自组织原理指的是，在数目众多的要素组成的开放系统中，由于要素之间协同和竞争的矛盾运动，会出现某些偏离系统稳定状态的涨落，有的涨落会在一定的外界条件和系统内部非线性机制的作用下得到放大，使要素在更大范围内产生协同运动，使系统从无序到有序，从低级有序到高级有序。②

④环境互塑共生原理。环境能给系统提供生存发展所需要的空间、资源、激励或其他条件，也能给系统施加约束、扰动、压力甚至危害系统的生存发展，这两种作用是环境对系统的塑造；同样，系统既能给环境提供功能服务，也能与其他系统为争夺资源而展开竞争，这是系统对环境的塑造作用。总之，环境塑造着环境中的每个系统，环境又是组成它的所有系统共同塑造的，二者必须相互协调才能共同发展。③

⑤动态演化性原理。动态演化性是系统的另一基本原理。系统演化的终极动因在于相互作用。首先是系统内部元素之间、子系统之间、层次之间的相互作用，包括吸引与排斥、合作与竞争等，这是系统演化的内部动因。其次是系统与环境之间的相互作用，这是系统演化的外部动因。总的来说，系统是朝着增加复杂性方向演化的。④

2. 系统理论对于本研究的借鉴与指导意义

"系统分析是一个理智的工具，可以用来对现有教育体系进行全面的、批评性的研究，并且还有可能提出一些用科学计算得出来的新的教育模式。"⑤ 系统理论对于本研究的借鉴与指导意义主要体现在：

其一，系统理论为本研究提供了科学的方法论指导，指导本书在研究高校教育资源共享问题时全面、系统地考察研究对象，将共享视为一个系统，既要深入分析共享系统的内部诸要素及其之间的相互作

---

① 曾广容：《系统开放性原理》，《系统辩证学学报》2005 年第 3 期。

② 魏宏森、王伟：《广义系统论的基本原理》，《系统辩证学学报》1993 年第 1 期。

③ 苗东升：《系统科学精要》，中国人民大学出版社 1998 年版，第 43—45 页。

④ 同上书，第 48—49 页。

⑤ 联合国教科文组织国际教育发展委员会编著：《学会生存——教育世界的今天和明天》，华东师范大学比较教育研究所译，教育科学出版社 1996 年版，第 164 页。

用，又要充分关注系统与外部环境之间的关系，考察外部环境对高校教育资源共享的影响，存在哪些有利条件和不利条件，只有如此，才能更全面地研究高校教育资源共享问题。

其二，系统与外部环境之间的相互作用，为本研究探究制约高校教育资源共享的原因等问题提供了启示。当前我国高校教育资源共享程度比较低，除了有高校自身的原因之外，政府、社会等教育之外的力量也起到了重要作用，这是我们在分析原因时不能忽视的地方。

其三，系统理论的基本原理为本研究提供了理论基础和思考路径，如整体突现原理启发我们要重视系统内部诸要素之间的相互作用，重视教育资源共享各方之间的共同努力；开放性原理和系统环境互塑共生原理启发我们重视系统与外部环境的交流与合作，无论是作为个体的师生或者是作为组织的高校，都要时刻保持与外界的交流与合作，资源共享正是开放与共生的体现；自组织原理启发我们要重视系统自身的调节、协调作用，高校教育资源共享首要的还是要看高校乃至高等教育自身，自身一定要积极推动共享的实现；动态演化性原理启发我们系统不是静止不动的，而是要与时俱进，及时调整，从而适应新的环境。高校教育资源共享也是如此，例如要充分利用现代科学技术的先进成果来为资源共享提供便利条件等。

（二）新制度经济学理论

新制度经济学就是用经济学的方法来研究制度的经济学。"按照科斯的定义，新制度经济学就是利用正统经济理论（新古典经济学）去分析制度的构成和运行，并发现这些制度在经济体系运行中的地位和作用。"① 她正式形成于 20 世纪 70 到 80 年代。科斯于 1937 年发表的《企业的性质》一文成为新制度经济学诞生的标志，引起了经济学的革命。其后的奥列弗·威廉姆森、哈罗德·德姆塞茨、道格拉斯·诺思、詹姆斯·布坎南、张五常等一批杰出的经济学家对新制度经济学也做出了重要贡献。20 世纪 80 年代中后期以来，作为西方非正统经济学的新制度经济学不仅日渐引起了中国经济学界的浓厚兴趣，而

---

① 卢现祥、朱巧玲主编：《新制度经济学》，北京大学出版社 2007 年版，第 1 页。

且引起了人文科学和社会科学其他领域的广泛关注。

1. 新制度经济学理论的主要观点

（1）交易费用理论

交易费用是西方新制度经济学的核心范畴。在科斯看来，之所以存在交易费用，是因为市场交易是有代价的，市场价格机制的运行是有成本的，这个成本就是交易费用。阿罗将"交易费用"简明地定义为：交易费用是经济制度的运行费用。与阿罗的定义相似，张五常教授也认为，交易费用实际上就是所谓的"制度成本"。交易费用的类型主要包括：①市场型交易费用，主要有合约的准备费用（搜寻和信息费用）、决定签约的费用（谈判和决策费用）、监督费用和合约义务履行费用；②管理性交易费用，主要包括建立、维持或改变一个组织设计的费用，以及组织运行的费用；③政治型交易费用，它是集体行动提供公共品所产生的费用，可以被理解为与管理性交易费用类似的费用，主要有建立、维持和改变一个体制中的正式与非正式政治组织的费用，整体运行的费用等。①

交易费用理论的基本论点有：①市场和企业为互相替代而不是相同的交易机制，因而企业可以取代市场实现交易。②企业取代市场实现交易有可能减少交易的费用。③市场交易费用的存在决定了企业的存在。④企业在"内化"市场交易的同时产生额外管理费用。当管理费用的增加与交易费用节省的数量相等时，企业的边界趋于平衡（不再增长扩大）。⑤现代交易费用理论认为，交易费用的存在及企业节省交易费用的努力是资本主义企业结构演变的唯一动力。②

（2）产权理论③

产权一词是财产权（财产所有权）或财产权利的简称。E. G. 菲吕博顿和 S. 配杰威齐在《产权与经济理论：近期文献的一个综述》一文中将产权定义为："产权不是指人与物的关系，而是指由物的存在及关于它们的使用所引起的人们之间的相互认可的行为关系。产权

①　卢现祥、朱巧玲主编：《新制度经济学》，北京大学出版社 2007 年版，第 154—160 页。
②　同上书，第 167—168 页。
③　同上书，第 186—219 页。

安排确定了每个人相应于物时的行为规范，每个人都必须遵守他与其他人之间的相互关系，或承担不遵守这种关系的成本。因此，对共同体中通行的产权制度可以描述的，它是一系列用来确定每个人相对于稀缺资源使用时的地位的经济和社会关系。"①

产权的构成可以归结为四种基本权利，即所有权、使用权、用益权和让渡权。其中，让渡权是指以双方一致同意的价格把所有或部分上述权利转让给其他人的权利。让渡权是体现产权完整性的最为重要的组成部分，它确定了产权主体承担资产价值的变化的权利。产权的属性主要有：排他性、可分割性、可转让性（或可处置性）、永久性（或安全性）。产权的基本功能可以概括为以下几个方面：激励和约束功能、外部性内在化功能、资源配置功能。

针对交易费用和产权，科斯提出了著名的"科斯定理"，其中：科斯定理Ⅰ是指，当交易费用为零时，只要允许自由交易，不管产权初始界定如何，最终都能实现社会总产值的最大化，即帕累托最优状态。科斯定理Ⅱ是指在交易费用为正的情况下，可交易权利的初始安排将影响到资源的最终配置。科斯定理Ⅲ是指，当交易费用大于零时，产权的清晰界定将有助于降低人们在交易过程中的成本，改进效率。

（3）制度变迁与制度创新理论

诺思认为，制度变迁的诱致因素在于主体期望获取最大的潜在利润，它的存在，说明可以通过新的制度安排对社会资源的配置进行帕累托改进，即"正是获利能力无法在现存的安排结构内实现，才导致了新的制度安排的形成"。制度变迁的必要条件，假定在既定的制度安排下，已经获取了各种资源所产生的所有潜在收入的全部增量；或者潜在利润仍然存在，但改变现有制度安排的成本超过潜在利润；或者如不对制度环境做某些改变，就没有可能实现收入的重新分配，那么，既存的制度结构就处于一种均衡状态，即"现存制度安排的任何改变都不能给经济中的任何个人或任何团体带来额外的收入"。然而，

---

① ［美］罗纳德·H. 科斯等：《财产权利与制度变迁——产权学派与新制度学派译文集》，刘守英等译，上海人民出版社 1994 年版，第 204 页。

这种均衡状态未必能永久保持，因为某些因素的改变往往导致收益与成本的变化，导致潜在利润的产生，从而产生制度创新的诱致力。没有潜在利润，绝不会有制度变迁；即使有了潜在利润，制度变迁也不一定发生。只有当通过制度创新可能获取的潜在利润大于为获取这种利润而支付的成本时，制度创新才有可能。[1]

戴维斯（L. Davis）和诺斯（即诺思）试图用制度创新理论来解释制度的变迁。他们认为，制度非均衡是制度创新的必要条件，制度均衡只能是暂时的，制度总是在不断地变动。他们认为制度是从均衡到非均衡再到均衡的演变过程。制度创新的过程为：①制度非均衡的出现。②制度创新。制度创新的过程包括五个步骤：第一步，形成所谓的"第一行动集团"，即预见到潜在利益，又认识到只要进行制度创新便可获得之的决策者；第二步，"第一行动集团"提出创新方案，当时如果还没有一个可行的现成方案，那就需要等待制度的新发现；第三步，"第一行动集团"以最大化利益原则理性地选择他们认为最能实现自身利益的制度并实施之；第四步，形成"第二行动集团"，即在制度创新过程中助"第一行动集团"获益一臂之力的人或机构（如立法机构）；第五步，第一和第二行动集团一道努力，促成制度创新成功。③制度均衡形成。当所有的制度创新（机会）都被实现（利用）后，制度均衡便出现了。显然，这种均衡是暂时的，因为促进制度创新的因素总是在活动着。如果下面三种外在情况之一发生变化，制度均衡就会被打破。这三种情况是：①新的条件出现，可能是技术上的，也可能是风险方面的；②制度方面的创新或发明；③法律和政治情况的变化。因此，制度由均衡到不均衡的不断演变中，制度创新扮演着重要的角色。同舒尔茨所说的制度的"滞后性"类似，戴维斯和诺思亦讨论了制度创新的"时延"问题，即通过制度创新获取潜在利益的机会的出现，与获取该利益的制度创新实现，在时间上有段间隔。造成这种"时延"的原因有三，一是现有的法律规定了人的某些活动范围；二是制度方面的新安排替代旧安排需要时间；三是制度上

---

[1]　卢现祥、朱巧玲主编：《新制度经济学》，北京大学出版社 2007 年版，第 462—463 页。

的"新发明"并非轻而易举，而常常需要等待。①

诺思认为，制度变迁具有路径依赖的性质。制度变迁的路径依赖是指，一种制度一旦形成，不管是否有效，都会在一定时期内持续存在并影响其后的制度选择，就好像进入一种特定的"路径"，制度变迁只能按照这种路径走下去。在诺思看来，制度变迁的路径依赖有两种极端形式，即诺思路径依赖Ⅰ和诺思路径依赖Ⅱ，其中，诺思路径依赖Ⅰ是指沿着既定的路径，经济和政治制度的变迁进入良性循环的轨道并迅速优化；诺思路径依赖Ⅱ是指顺着原来的错误路径往下滑，甚至被"锁定"在某种无效率的状态下而导致停滞。一旦进入了锁定状态，要脱身就会变得十分困难。制约制度变迁路径依赖的主要因素有报酬递增、不完全市场、交易费用和利益因素等四个方面。制度变迁的自我强化的机制则取决于以下四种表现：降低成本、学习效应、协作效应和适应性预期。②

按照林毅夫的观点，制度变迁分为两种类型：诱致性变迁和强制性变迁。前者是指一群（个）人在响应由制度不均衡引致的获利机会时所进行的自发性变迁；后者是由政府法令引致的变迁。诱致性制度变迁又可分为正式的制度安排和非正式的制度安排，在正式的制度安排中，规则的变动和修改，需要得到受它所管束的一群（个）人的准许，因此，它的变迁需要创新者花时间与精力去与其他人谈判以达成一致意见。非正式制度安排中规则的变动与修改完全由个人完成，如价值观、伦理规范、道德、习惯、意识形态等。由于制度安排不能获取专利，诱致性变迁会碰到外部性和"搭便车"问题。因此，诱致性制度变迁就不能满足一个社会中制度安排的最优供给，而国家干预则可以补救制度供给的不足。国家的制度供给行为的发生是通过统治者的行为来完成的。国家只有在下面情况下才会提供制度供给的不足：即按税收净收入、政治支持以及其他统治者效用函数的商品来衡量，强制推行一种新制度安排的预期边际收益要等于预期边际费用。因此，

① 吕中楼：《新制度经济学研究》，中国经济出版社2005年版，第245—249页。
② 卢现祥、朱巧玲主编：《新制度经济学》，北京大学出版社2007年版，第474—475页。

如果制度变迁会降低统治者可获得的效用或威胁到统治者的生存，国家也可能维持一种无效率的制度不均衡。维持一种无效的制度安排与国家不能采取行动来消除制度不均衡，这都属于政策失败，导致这种局面的原因主要有以下几种可能：统治者的偏好和有界理性、官僚政治、集团利益冲突和社会科学知识的局限性。①

（4）委托—代理理论

委托—代理理论也叫委托—代理契约理论，其核心问题是：为了使交易双方的利益关系得到协调，委托人如何通过设计一种契约机制授权给代理人从事某项活动，并要求代理人为委托人的利益活动，即委托人如何选择或设计最优契约来克服代理问题。一个最优契约要满足以下条件：第一，要求委托人与代理人共同分担风险；第二，能够利用一切可能利用的信息；第三，在设计机制时，其报酬结构要因信息的性质不同而有所不同，委托人和代理人对未能解决的不确定性因素和避免风险的程度要十分敏感。

委托—代理理论主要以两个基本假设为前提②：①委托人和代理人之间利益相互冲突。由于利益的相互冲突，代理人便可能利用委托人委托的资源决策权谋取自己的利益，即可能产生代理问题。因而，委托人与代理人之间需要建立某种机制（契约）以协调两者之间相互冲突的利益。②委托人和代理人之间信息不对称。委托人对代理人已经采取了什么行动或应该采取什么行动的信息是不对称的，因为代理人的行为是不容易观察的，或者说要完全监督代理人的行为，其成本是非常高的。既然代理人的行为是不可观察的，而且代理人的行为又会对委托人产生影响，那么，委托人应该采取什么方式促使代理人在实现自己效用最大化的同时实现委托人的效用最大化呢？这个问题包含三个层次的内容：第一层次是委托人如何设计一份契约能够使代理人实现委托人的预期效用最大化；第二层次是在所设定的契约条款下，代理人如何实现自身的预期效用最大化；第三层次是契约中的代理人

---

① 张亦工：《交易费用、财产权利与制度变迁：新制度经济学理论体系透视》，《东岳论丛》2000年第5期。

② 刘有贵、蒋年云：《委托代理理论述评》，《学术界》2006年第1期。

是否愿意接受。这三个层次的内容归纳到一点，就是经济活动中的最核心内容——激励与约束问题。因此，委托—代理问题模型的基本问题就是由非对称信息和不完全信息引起的激励约束问题。[①]

2. 新制度经济学理论对于本研究的借鉴与指导意义

新制度经济学理论对于本研究的借鉴与指导意义主要体现在：

其一，新制度经济学的产权理论为高校教育资源共享提供了理论指导。由于教育资源要素具有公共品特性或准公共品的特性，导致其在配置和使用过程中会不可避免地产生广泛的外部效应和"搭便车"行为，涉及共享双方的利益分配问题、资源的维护与收费问题等，从而在一定程度上影响共享主体的积极性。因此，产权明晰可以节约交易费用，消除或减少共享过程中的问题，从而提高共享的效果。

其二，新制度经济学的制度变迁与制度创新理论为高校教育资源共享理念的提出和应用奠定了理论基础。在教育资源相对短缺的现实条件下，如果仅靠既有的资源配置方式，不可避免地会出现教育资源配置的不均衡，造成地区之间、高校之间乃至个人之间在享受教育资源方面的差距，如何在教育资源总量既定的限制下提高教育资源的利用效率，这就需要打破原有的制度安排，打破路径依赖，创新出新的制度，因此，旨在促进教育资源合理配置、提高教育资源利用效率的共享制度理念的提出和应用便水到渠成了。

其三，委托—代理理论为本研究探讨政府、高校、市场三者在共享过程中的关系与地位等问题有着重要的指导意义。同时，对于共享过程中主客体的激励与约束也有着重要的指导意义。

（三）治理理论

1. 治理理论的主要观点

20 世纪 90 年代以来，"治理"及"善治"概念日益成为公共管理的核心概念，治理理论成为在西方学术界日渐崛起的"显学"。时至今日，治理理论已经是在经济学、政治学、社会学、法学以及教育等社会科学领域均有广泛运用、有广泛影响的一种理论视角。由于分析

---

① 卢现祥、朱巧玲主编：《新制度经济学》，北京大学出版社 2007 年版，第 247—248 页。

角度和对象的不同，学者们对治理的内涵有着不同的理解，因此，使得治理理论有着三种不同的研究途径：政府管理的途径、公民社会的途径和合作网络的途径。由于合作网络治理理论综合考虑了政府层面和非政府层面有关治理的用法，克服了"政府管理途径"和"公民社会途径"的弊端，继承和吸收了二者的优点，对当代社会具有较强的解释力，因此，本研究主要是借用合作网络治理的一些观点作为理论基础，进而为高校教育资源共享问题提供理论指导。

我们认为，治理就是对合作网络的管理，又可称为网络管理或网络治理，指的是为了实现与增进公共利益，政府部门和非政府部门（私营部门、第三部门或公民个人）等众多公共行动主体彼此合作，在相互依存的环境中分享公共权力，共同管理公共事务的过程。对政府部门而言，治理就是从统治到掌舵的变化；对非政府部门而言，治理就是从被动排斥到主动参与的变化。由于该途径强调，多中心的公共行动者通过制度化的合作机制，可以相互调适目标，共同解决冲突，增进彼此的利益，所以，从这一意义上讲，治理实质上是一种合作管理。①

合作网络治理理论的主要观点如下：①多中心的公共行动体系。合作网络途径认为，我们生活在一个相互依赖的环境中，没有哪个机构拥有充足的资源和知识可以独自解决所有的问题；在解决公共事务时，相互依存的行动者通过交换资源，共享知识，谈判目标，采取着有效的集体行动。②反思理性的"复杂人"。这是合作网络途径的行为假设。由于公共行动者面临着不确定的社会条件，行为主体自身也有着复杂的动机，因此在信息的获得、选择与处理等都不可能完全理性。但是，由于行为者能够通过不断的对话交流信息、各种形式的合作、持续的学习等形式克服有限理性的先天不足，调整各自的行为，追求大家都可以接受的结果，这与建立在完全理性、"道德人"假设基础上的传统行政科学形成了鲜明的对比。③合作互惠的行动策略。在网络治理中，每个行动者所做的事几乎都会对其他行动者产生影响，

①　陈振明主编：《公共管理学原理》，中国人民大学出版社2003年版，第75—76页。

所以行动者在考虑个人的行动策略时都会考虑其他行动者的选择。在许多重复出现的博弈中，合作策略是最有利的利己战略，经过多次博弈，行动者之间倾向于建立面向长远的互动关系。相互依赖的公共行动者由于利害相关、信息共享，更有动机和条件采取合作行动，以创造"多赢"博弈的机会。④共同学习的政策过程。网络治理中的政策是公共行动者共同学习的产物，而不是中央政府自上而下的安排。这意味着集体行动变成一种上下互动的过程，成为"涉及特定政策问题的行动者（包括行政官员和目标群体等在内）的集合"，即由参与特定政策领域的相互依存的公共、准公共和个人行动者所组成的政策网络。在政策网络中，各种治理主体通过对话和协商，在各种集体选择的论坛中交流信息，谈判目标，共享资源，减少分歧，并努力地增进合意，在改善互动关系的同时达成各方都可以接受的政策方案。①

2. 治理理论对于本研究的借鉴与指导意义

治理理论对于本研究的借鉴与指导意义在于：

其一，治理理论的典型特征就是多元主体的共同治理，即"共治"，而"共治"恰恰是"共享"的基础。只有各利益相关者对共同事务的共同参与、相互依赖、相互合作、共同治理，才有共享的可能。

其二，治理机制是高校教育资源共享的协调机制。由于治理理论更多地强调非政府组织特别是跨界组织，公共物品的问题领域尤其跨边界问题是其核心议题，作为准公共产品和公共服务的高等教育恰恰适用此理论。治理理论综合考虑了政府层面和非政府层面有关治理的方法，指出对政府部门而言，治理就是从统治到掌舵的变化；对非政府部门而言，治理就是从被动排斥到主动参与的转变。作为一种新的协调机制，治理机制将有效的缓解政府、市场和高校之间的矛盾、冲突，这对于明确共享过程中三者的地位及关系等具有较强的指导意义。

其三，根据治理理论的多边治理观点，在高校教育资源共享的过程中，不同高校之间存在着权力的依赖和互动，各参与者间会形成一

---

①　陈振明主编：《公共管理学原理》，中国人民大学出版社 2003 年版，第 76—79 页。

个自主管理网络，共同实现共享。在这个过程中，高校之间如何实现角色定位，如何处理相互关系等，治理理论为我们提供了全新的理论视角。

其四，由于治理理论认为国家或政府不是政治中的首要行为体，相反更多地强调非政府组织特别是跨界组织，以及反政府的关系体等行为体。强调"没有政府的治理"。这对于我们国家来说应当注意有选择的借鉴，就目前而言，我们国家还处于社会主义初级阶段，有效地发挥政府的主导作用是必须的，尤其高等教育来说，政府的支持、监督、管理等功能是不可或缺的。

其五，由于合作网络建立在政府部门和非政府部门共享权力、分担责任的机制上，带来了公私界限的模糊、责任认定的困难，这为公共行动者互相推诿、转嫁责任提供了可能。因此，在使用这一理论指导时，应当建构和完善责任机制，来增强网络的责任性和回应性，以此来约束和促进共享中的各个高校。

其六，治理的目标是走向"善治"（good governance，"好治理"），而"善治"所包含的治理的有效性、稳定性、参与、透明、问责等特质有助于为高校教育资源共享从制度设计上扫清障碍。

（四）无边界高等教育理论

1. 无边界高等教育理论的基本观点

"无边界高等教育"指的是一种开放的高等教育理念，是在高等教育全球化、产业化以及迅猛发展的信息技术推动下高等教育活动跨越传统模式中的制度、形式、机构、空间上的边界而进行的交流与沟通。①

"无边界高等教育（Borderless Higher Education）"是英国大学副校长与院长委员会（CVCP）和英格兰高等教育资助委员会（HEFCE）在 2000 年的一份名为《无边界的教育业：英国的观点》报告中首先提出的，该报告指出"无边界"这一术语取自于 1998 年澳大利亚出

---

① 张宝蓉：《无边界高等教育：西方发达国家高等教育发展的新概念——以美、英、澳三国为例》，《外国教育研究》2005 年第 12 期。

版的题为《新媒体与无边界教育：评全球媒体网络和高等教育相结合》一书中。[①] "无边界"一词意味着："跨越（或潜在地跨越）高等教育（不论是地理的还是概念的）传统边界的那些发展。这一术语……包括了那些可能进入英国高等教育市场的各种活动（主要是但不唯一是技术发展的原因），以及对英国高等教育来说是新的出口机会。"无边界高等教育所指的边界跨越主要包括以下 4 个方面的内涵：①从教育的类型和层次看，由于成人继续教育、终身教育等非正规教育形式的出现，打破了正规学校学习与非正规学校学习之间的界限，主要强调终身教育机会的获得；②从公立和私立角度看，由于私立高等教育机构特别是营利性私立高等教育机构和教育提供形式的出现，打破了传统高等教育作为"公共产品"的概念上的界限；③跨越国家和地区的边界，例如企业、公共部门和高等教育机构建立新的公司大学、跨国协会以及各种合作组织在国内外提供的教育；④跨越时间、空间的界限，主要指远程教育、在线学习活动和各种虚拟大学。[②] 由此可见，无边界高等教育中边界的跨越并不是没有边界，而是主要指一种过程，即传统高等教育形式的机构性和地理性的边界正在分解，变得可以渗透或者说没有边界，或者形成新的界限。

与传统高等教育相比，无边界高等教育的基本特点主要有[③]：

（1）课程的流动性。在无边界高等教育中，除了有在传统高等教育中同样存在的学生、教师以及教育机构的跨越国界流动之外，更加包含了一种显著的、特有的流动现象，这便是课程的流动性。流动性课程流动的主要形式有：学生可以在自己居住国的学校学习其他国家大学所提供的课程；学生可以在自己的居住国学习被其他国家大学所认可的本国学校提供的课程；学生在自己的居住国学习部分课程并且在其他国家学习其他的部分课程；学生不是在传统的大学围墙中而是

---

① ［英］黎安琪：《无边界高等教育及其资格认证》，祝怀新、应起翔译，《高等教育研究》2002 年第 1 期。

② 张宝蓉：《无边界高等教育：西方发达国家高等教育发展的新概念——以美、英、澳三国为例》，《外国教育研究》2005 年第 12 期。

③ 黎琳：《无边界高等教育的教育理想》，《复旦教育论坛》2003 年第 4 期。

在远离大学校园的地方学习课程等。这些新的课程学习形式的产生，充分说明在无边界高等教育中学生和课程都是可以流动的，课程的流动性是无边界高等教育的一个基本特点。

（2）学习成本的低价化。信息与通信技术（ICT）的发展给高等教育带来了革命性的变革，它可以实现课程、教师、文化等的跨国界共享与交流，这些共享和交流都是即时的、无时空障碍的，它可以极大地降低以往由于传统形式的跨境学习给学生所带来的巨额学习费用和生活费用。基于ICT的学习成本降低、课程的优质化，正日益吸引越来越多的学生尤其是发展中国家的学生参与这种学习方式。

（3）学习方式的开放性。在无边界高等教育的形式下，学生只要交费注册，就可以进入网络大学的校门，可以接受各种教育机构所提供的高等教育职业培训，高等教育资本的全球化为那些高等教育还处于精英阶段的国家的适龄青年提供了更多的上大学机会。尤其是有了基于ICT的网络大学，学生可以在任何国家、任何时间、任何地点都可以开展学习，他们可以自由选择学习的时间和地点，这为学生的自主学习、自由学习、个性发展提供了一个广阔的空间。

2. 无边界高等教育理论对于本研究的借鉴与指导意义

无边界高等教育理论对于本研究的借鉴与指导意义在于：

其一，无边界高等教育理论作为一种开放、交流、沟通、合作的高等教育理念，其本质内涵就是促进高等教育资源的共享，从而为学习者提供所需的资源。"无边界"即打破固有的"边界"，实现跨界的共享。

其二，无边界高等教育理论强调课程、学生、教师、高校以及其他机构之间的流动性，实际上也就是强调了课程、教师等资源在不同高校之间、不同区域之间乃至不同国家之间的共享。

其三，无边界高等教育理论非常重视现代信息与网络技术在高等教育领域的运用，同样，现代信息与网络技术也为推动高校教育资源共享提供了强有力的技术支持。

其四，在无边界高等教育背景下，高等教育越来越突破区域、国家的边界，这提醒我们需要重新考虑政府、市场与高校之间的关系。

（五）博弈论

1. 博弈论的基本观点

在人类社会发展中，存在着大量的竞争或对抗性质的行为，我们将这种行为称为博弈行为。在这类行为中，参与竞争或对抗的各方各自具有不同的目标和利益，为了达到各自的目的，各方必须考虑对手的各种可能的应对策略，并力图选取对自己最为有利或最合理的应对策略。博弈论则是研究博弈行为的学问。博弈论是矛盾和合作的规范研究，是系统研究决策主体的行为发生直接相互作用情况下的决策以及这种决策均衡的理论，也就是说，当一个决策主体的选择受到其他决策主体选择的影响，并且他的决策也影响其他主体的决策时的合理选择问题。[①]

博弈论的基本假设有两个：一是要强调博弈参与者的个人理性，二是博弈参与者要最大化自己的利益。一般来说，每一局博弈都至少包含 3 个要素：[②]

（1）局中人（players）

在一个博弈中，每一个有决策权的参与者都被称为一个局中人（或称参与人、参与者）。局中人不仅可以是个人，还可以是国家、企业、组织或一群人。局中人是博弈的主体。

（2）策略集（strategies）

一局博弈中，每个局中人都有可选择的、实际可行的、完整的行动方案，即方案不是某阶段的行动方案，而是指导整个行动的一个方案。一个局中人的一个可行的自始至终全局筹划的行动方案，称为这个局中人的一个策略，一个局中人的所有策略的集合称为该局中人的策略集。

（3）支付函数（payoff function）

一局博弈结束时的结果称为支付或收益。一局博弈结束时，全体局中人所选取的一组策略，称为一个局势。每个局中人的"得失"是

---

① 肖条军：《博弈论及其应用》，上海三联书店 2004 年版，第 1 页。
② 焦宝聪、陈兰平、方海光编著：《博弈论——思想方法及其应用》，中国人民大学出版社 2013 年版，第 4—5 页。

局势的函数，通常称为支付函数或收益函数。支付函数值可能本身就是某种量值，如产量、利润、工资等，也可能是量化的某种效用，如幸福感、成就感、满意程度等。支付函数值可能是正值，也可能是负值。支付是局中人真正关心的东西，是进行判断和决策的依据。

除此之外，博弈论中的基本概念还包括：行动、信息、结果和均衡。行动是局中人的决策变量；信息是局中人在进行博弈时有关其他局中人的特征和行动的知识；结果是博弈分析者感兴趣的要素的集合；均衡是所有局中人的最优策略形成的局势或行动的集合，是博弈最可能出现的结果。如何找出博弈问题的均衡局势，是博弈中最关心的问题。

博弈论的内容非常广泛，如非合作博弈理论、合作博弈理论、演化博弈理论等。本研究主要采用博弈论中的合作博弈理论作为理论基础之一。

合作博弈是博弈论的一个重要组成部分，它所研究和揭示的是合作的必然性、合作方式和合作利益的分配等问题。在人们的社会经济活动中，出于种种原因，总会使或多或少的一部分人具有一致的利益或某些利益共同点，在这种情况下，参与博弈的局中人为了获取更多的利益，常以若干人一组结成联盟，以联盟为单位进行博弈，即产生合作。在博弈论中，对于合作的不同情形可以分为三种类型：①

（1）如果事先达成有约束力的承诺或合约时，则使用合作博弈的方法。这种方法不考虑参与者之间的讨价还价的具体细节，而专注于合作的结果。

（2）如果事先无法达成有约束力的承诺或合约，或者达成合约的成本过高，则使用实现合作结果的非合作方法。这类博弈专注于分析合作达成的具体过程。

（3）无限次重复博弈，即参与者之间长期进行重复博弈。事实上，参与者进行无限次重复的非合作博弈，仍有可能达到合作的结果。讨价还价博弈和无限次重复博弈都是达到合作博弈解的非合作

---

① 焦宝聪、陈兰平、方海光编著：《博弈论——思想方法及其应用》，中国人民大学出版社2013年版，第76页。

博弈方法。

合作博弈存在需具备两个基本条件：①对联盟来说，整体收益大于其每个参与者单独经营时的收益之和；②对联盟内部而言，即每个参与者都能获得比不加入联盟时多一些的收益。因此，能够使得合作存在、巩固和发展的一个关键因素是寻找某种分配原则，使得可以在联盟内部的参与者之间有效配置资源或分配利益，使其实现帕累托最优。这其中，夏普利值（Shapley 值）[①] 是一种较为适当的利益分配方案。夏普利值的思想，就是按照联盟博弈的参与人对所有可能的联盟的边际贡献加权平均，给出这个联盟博弈中的作用的一种适当评价，其遵循的原则便是：所得应该与自己的贡献相等。[②] 这就是夏普利值的含义。

2. 博弈论对于本研究的借鉴与指导意义

博弈论对于本研究的借鉴与指导意义在于：

其一，博弈论实际上就是专门研究在互动局势下参与者如何进行策略行为的选择，特别强调参与者行为的相互作用，即策略和利益的相互依存性。高校教育资源共享实质上是一种典型的博弈行为，共享各参与者之间的博弈关系是一种合作博弈，旨在实现各自利益的最大化。在这个博弈过程中，共享得以实现的一个关键性因素是利益的存在。共享各方通过资源共享和优势互补，无论是结成联盟与否都能获得比不参加共享时更多一些的利益。

其二，博弈行为追求的是利益，这是参与者进行判断和决策的依据。这种利益既可以是某种量值，如产量、利润、工资等，也可以是量化的某种效用，如幸福感、成就感、满意程度等。这启发我们在高校教育资源共享各参与者对于利益的理解可以广泛化，不一定非要限定在可见的物质利益上，这就为共享原则中"置换型对等"原则的提出提供了启示。

其三，合作博弈中能够使得合作存在、巩固和发展的一个关键因

---

① 因篇幅问题，有关夏普利值的计算方法暂略，可参见熊义杰编著《现代博弈论基础》，国防工业出版社 2010 年版，第 209—212 页。

② 熊义杰编著：《现代博弈论基础》，国防工业出版社 2010 年版，第 210—212 页。

素是寻找某种分配原则，使得可以在联盟内部的参与者之间有效配置资源或分配利益，使其实现帕累托最优。因此，如何形成多人有效率的合作博弈，关键是能够给出一个合理的利益分配方案。对于高校教育资源共享而言，共享所获得的利益如何合理分配将是制约共享实现的核心问题。这就要求我们要努力探索共享的利益分配机制，充分考虑到共享各参与者的利益保障。

其四，若要使合作博弈得以实现，事先能够达成有约束力的承诺或合约是一个重要条件。这就启示我们在高校教育资源共享过程中应当重视共享协议或规章制度的制定和执行，这种协议或规章可以由共享高校之外的主体制定，如政府等，也可以由参与共享的各高校自身通过协商共同制定。同时，要保证该协议或规章的效力和执行情况。

本章小结

通过对我国当前高校教育资源现状的简要分析，笔者提出所要解决的研究问题、研究意义、研究思路与方法、创新之处、研究基础等。通过对国内外相关研究成果的梳理，笔者发现国内外在高校教育资源共享方面的研究主要存在以下问题：对于高校大型仪器设备等物力资源共享、高校信息资源共享的研究比较多，但是对于高校人力资源共享、高校课程资源共享等研究相对较少；关于高校教育资源共享的内容研究尚未达成一致意见，对高校教育资源共享的基本问题如相关概念界定、构成要素分析等仍然存有争议；对于高校教育资源共享的研究大多是从现状及对策等方面进行的，研究往往浮于表面，不够深入，对于深层次理论问题则研究不足；对于高校教育资源共享的现状及存在问题的分析，大多都是泛泛而谈，缺乏实证调查，缺乏令人信服的数据等；已有研究对于促进高校教育资源共享的对策研究大多停留在理论层面，比较笼统，较少具有实践操作性，这也在某种程度上阻碍了高校教育资源共享的实现。最后笔者对系统理论、新制度经济学理论、治理理论、无边界高等教育理论和博弈论的主要观点进行了简要概述，为本研究提供了理论借鉴和指导。

第一章　高等学校教育资源共享的理论探索

我们认为，凡是实践问题的难以解决在很大程度上是由于其相关理论问题尚未得到解决，至少是没有得到完全解决。因此，只有先从理论上弄清楚，实践才有可能顺利开展。高校教育资源共享问题也是如此，只有先将基本的理论问题搞清楚，后面的研究才会顺利展开。

一　相关概念界定

1. 资源

"资源"这个词可以说是我们日常生活中最常见的词语之一，经常出现在报刊书籍或是人们的日常谈资中，这是不是意味着人们对它已经非常了解了？实际情况并不是这样。目前人们对"资源"的含义始终没有形成一个统一的认识，不同时期、不同领域、不同地点的学者也都对"资源"给出了不同的理解，"资源"本身也是一个发展性的概念，随着经济的发展、社会的进步，"资源"的含义也在不断地丰富和全面起来。

陈华洲认为人们对资源概念的认识经过了四个大的发展阶段：第一阶段是局限于自然资源的传统观念，第二阶段是从自然资源发展到社会资源中的资本、人力、科技资源，第三阶段是从社会资源中的资本、人力、科技资源到社会资源中的知识、信息资源的扩展，第四阶段是大资源观的逐步形成。① 所谓"大资源"是"相对于小资源或狭

---

① 陈华洲：《思想政治教育资源论》，中国社会科学出版社 2007 年版，第 27—30 页。

义资源而言，是一个包含复杂结构的、由数种子资源有机构成的、具有强大整体性功能的资源体系，包括自然资源、经济资源、文化资源、人力资源、政治资源和制度资源六大既相互独立又相互联系的子资源系统，其中后五种资源是人类社会劳动的成果，又通称社会性资源。"① 考虑到资源概念的历史演进过程、现实状况以及未来社会经济发展的需要，他将资源定义为："所谓资源，是指在一定的社会历史条件下存在的，能够满足人类需要并可以为人类开发利用，在社会的政治、经济、文化活动中经由人类劳动而创造出财富的各种要素的总和。"②

张斌认为人们对资源的认识经历了从狭义走向广义的过程。③ 狭义的资源仅指自然资源，这一认识最早起源于原始社会末期，直到20世纪20年代以前，人们始终把自然资源放在研究的中心地位。随着经济的飞速发展和科学技术的进步，资本、信息、技术、智力等纷纷纳入资源的范畴，并占据着越来越重要的地位，于是资源的概念也就从狭义走向广义，指 "人类生存发展和享受所需要的一切物质的和非物质的要素，既包括一切为人类所需要的自然物，如阳光、空气、水、矿产、土壤、植物及动物等等，也包括以人类劳动产品形式出现的一切有用物，如各种房屋、设备、其他消费性商品及生产资料性商品，还包括无形的资财，如信息、知识和技术，以及人类本身的体力和智力。"④ 陈德敏也认为可以从狭义和广义两个角度来理解资源，从狭义上理解，资源概念仅指物质资源，即一切能够直接可开发为人类社会所需要的用其作为生产资料和生活资料来源的、各种天然的和经过人工加工改造的自然物质要素，以及人们在自然资源使用过程中对产生的剩余物和弃置物通过加工重新使其恢复使用价值的物质资料；从广义上理解，资源概念泛指一切资源，即一切可以开发为人类社会生产和生活所需的各种物质的、社会的、经济的要素，包括各种物质资源

①　周鸿：《中国社会发展中的大资源问题及其根治对策》，《软科学》2000 年第 3 期。
②　陈华洲：《思想政治教育资源论》，中国社会科学出版社 2007 年版，第 32 页。
③　张斌：《小学教育资源论》，江苏人民出版社 2007 年版，第 1—3 页。
④　同上书，第 2 页。

（各种自然资源及其转化物料）、人力资源（劳动力、智力等人才资源）、经济资源、信息资源和科技文化资源等。不过值得注意的是，自然资源和物质资源二者是不一样的，前者一般是指天然存在的自然物，不包括人类加工制造过的材料，而后者则包括人类加工过的材料，泛指一切物化形态的要素。①

韦正球等认为人们对资源的认识应当从"小资源"向"大资源"转变。② 所谓小资源就是指我们传统的、基于经济学或生态学意义上的资源概念，随着社会的发展和进步，越来越多的、新的资源要素进入了资源系统，这一概念已经越来越表现出局限性了。正是基于这一考虑，我们迫切需要一种大资源观的指导。大资源包括既相互独立又相互联系的六个子资源系统，它们是：自然资源、经济资源、文化资源、人力资源、政治资源和制度资源。这里所谓的"大"包含两重含义，"一是从形式上看，与小资源相比，大资源覆盖范围大；二是从功能上看，与小资源弱小的支撑力相比，大资源的社会支撑力十分强大全面。"③

此外，还有学者提出了"泛资源"的概念，如周德群认为"泛资源（Pan-Resource）是自然资源概念的延拓。在这里，它被定义为'对人类或非人类有用或有价值的所有组分的集合'，包括自然资源、人力资源、信息资源、科技资源、时间资源、空间资源、社会资源（如权力）。"④ 他还认为，资源的主体并非单指人类，"既可以是个人、集体、地区、国家甚至整个人类，也可以是植物、动物、生态等自然系统中的对象"⑤，由此他提出了"竞享元（Competition-Sharing U-nits）"的概念，"竞享元是指泛资源所对应的广义主体。因此，凡对泛资源有分享需求的任何对象均称为竞享元。"⑥ 我们可以发现，"泛

---

① 陈德敏：《资源循环利用论——中国资源循环利用的技术经济分析》，博士学位论文，重庆大学，2004 年，第 5 页。

② 韦正球、覃明兴：《从小资源到大资源：一种新的资源观》，《广西大学学报》（哲学社会科学版）2006 年第 2 期。

③ 同上。

④ 周德群：《资源概念拓展和面向可持续发展的经济学》，《当代经济科学》1999 年第 1 期。

⑤ 同上。

⑥ 同上。

资源"和"大资源"本质上是相同的，即把资源的概念从相对窄化的范畴扩展到了极大的范畴，几乎包含了自然界和人类社会中的所有元素，"因此，从一定意义上可以说，资源就是一切，一切都是资源。"①二者的区别主要是"泛资源"将资源的利用主体扩展到了人类之外的其他任意对象，而"大资源"的利用主体仍然是指人类。

综观以上几种观点我们可以发现，这些学者在对资源进行界定时主要都是强调资源对主体（主要指人类或人类社会）"有用"，能够为主体带来益处或财富，即从资源积极作用的角度讲的，这也是当前学界的主流观点。除此之外，还有一种观点认为资源对主体也具有负面作用，能够为主体带来"弱点"，持这种观点的主要是罗友花等人，他们认为，资源是指"能够对特定主体带来力量或弱点的任何东西，包括有形的和无形的东西。"② 这一概念强调了资源是一把双刃剑，它既能给特定的主体带来优势，也可能形成劣势。他们认为那种将资源只是定义为对主体有利的东西的观点是不现实的，也是不理想的。

基于以上研究，本研究认为所谓资源，是指自然界和人类社会中存在的，一切能够满足人类社会③生产和生活需要的、用来创造物质财富和精神财富的各种要素的集合。

2. 教育资源

关于教育资源的概念界定，从不同的角度可以有不同的定义方式及内涵：

从教育技术的角度出发，丁兴富认为教育资源、教与学的资源和学习资源这三个术语表述意义非常相近，"在教育技术的新定义中，资源（Resources）包括了材料（Materials）和环境（Environment），

① 张宽政：《资源概念探析》，《学习论坛》2005 年第 11 期。
② 罗友花、李明生：《资源概念与分类研究——兼与罗辉道、项保华先生商榷》，《科研管理》2010 年第 1 期。
③ 有学者认为资源的主体并非单指人类，既可以是个人、集体、地区、国家甚至整个人类，也可以是植物、动物、生态等自然系统中的对象，资源就是对人类或非人类有用或有价值的所有组分的集合。——周德群：《资源概念拓展和面向可持续发展的经济学》，《当代经济科学》1999 年第 1 期。本研究主要指人类及人类社会。

即除了各种各样用于教与学的实物设施、设备和材料之外，有利于教与学的社会活动、环境和情境也是教育资源或学习资源的组成部分。"① 李克东则将教育资源定义为"支持学习的资源，包括支持学与教的系统和教学材料与环境"②。

从教育资源开发利用的角度出发，王嵘将教育资源定义为：具有教育意义或能够保证教育实践进行的各种条件。他从动态的角度，即从开发利用的角度，将教育资源分为原生教育资源、延生教育资源、再生教育资源、创生教育资源四类。其中，原生教育资源是指原本存在，但要经过开发才能生成的资源；延生教育资源是指随着某种教育资源的利用、消耗，其作用影响仍然存在的资源；再生资源是指该项资源使用过程中，在消耗完之后还可以重新产生的资源，主要是政策性教育资源，包括政策、法规、制度、建议、方案等；创生教育资源是由人的创造性思维和创造性劳动而产生的资源，主要包括原来没有而被创造出来的资源和资源重组而产生新型结构的资源。③

从教育生态系统的角度出发，范国睿对教育资源进行了研究，虽然他没有给出"教育资源"的明确定义，但是他认为，"教育资源是教育生态系统发生发展的基本条件，也是教育生态系统与社会生态系统进行物质、能量、信息交换的基本内容。"④

从教育资源载体形式的角度出发，罗江华认为在教育活动中，教育资源就是能进入教育实施过程并且能够发挥一定教育价值功能的各种资源的总称，一般意义上的教育资源概念应包括教育人力资源、教育信息资源和教育环境资源三个重要因素。⑤ 袁振国认为教育资源是指整个社会用于教育领域中培养不同熟练程度的后备劳动者和专门人才的人力和物力的总和。以货币的形式表现出来就是教育投资。⑥ 靳

---

① 丁兴富编著：《远程教育学》，北京师范大学出版社 2001 年版，第 152 页。
② 李克东编著：《新编现代教育技术基础》，华东师范大学出版社 2002 年版，第 267—268 页。
③ 王嵘：《贫困地区教育资源的开发利用》，《教育研究》2001 年第 9 期。
④ 范国睿：《教育生态学》，人民教育出版社 2000 年版，第 108 页。
⑤ 罗江华：《教育资源数字化的价值取向研究》，博士学位论文，西南大学，2008 年，第 17 页。
⑥ 袁振国主编：《当代教育学》，教育科学出版社 2004 年版，第 328—329 页。

希斌认为教育资源也称教育投资、教育投入、教育资本、教育经济条件等，其含义是指一个国家或地区和单位，根据教育事业发展的需要，投入教育领域中的人力、物力和财力的总和，或者说是指用于教育、训练后备劳动力和专门人才，以及提高现有劳动力智力水平的人力和物力的货币表现。[①] 在《教育大辞典》中，教育资源亦称"教育经济条件"，是指教育过程所占用、使用和消耗的人力、物力和财力资源，即教育人力资源、物力资源和财力资源的总和。其中，教育人力资源是指用于教育领域的人力总称，包括教育者人力资源和受教育者人力资源，即在校生数、班级生数、招生数、教学辅助人员数、工勤人员数和生产人员数等。教育物力资源是指用于教育领域的各种物质资料的总称，包括学校中的固定资产、材料和低值易耗物品。固定资产分为共用固定资产、教学和科学研究用固定资产，其他一般设备固定资产；材料和低值易耗物品包括各种原材料、燃料、试剂、低值仪表、工具、文具等。教育财力资源是指用于教育领域的人力和物力的货币表现形式，包括人员消费部分和公用消费部分。人员消费部分有工资、职工福利费、助学金、奖学金等；公用消费部分有公务费、设备购置费、修缮费、业务费、科学研究费和其他费用。[②]

综合以上研究，本研究中的教育资源是指进入到教育活动过程中并且能够发挥一定教育价值功能的各种资源的集合。

3. 共享

共享就是共同分享，词典中的解释是"表示接受者对于原为其他人所有的某物接受部分应用、享受或享有"[③]。本研究中的共享是指不同主体对于资源在不同程度上的共同享有、享受或使用。

4. 教育资源共享

关于教育资源共享的概念，主要有两类：一类是强调教育资源的共同使用，如贾让成认为教育资源共享是指通过校际合作，共同使用

---

① 靳希斌编著：《教育经济学》，人民教育出版社 2005 年版，第 204 页。

② 《教育大辞典》编纂委员会编：《教育大辞典》第六卷，上海教育出版社 1992 年版，第 250—251 页。

③ 王同亿主编：《语言大典》（上册），三环出版社 1990 年版，第 1231 页。

教育资源的过程；① 王晓漫认为教育资源共享是指在一定的区域内，教育部门对其应有的资源打破现有界限，实行共同享用。② 另一类是强调教育资源的合理配置，如黄淑芳认为教育资源共享就是指教育资源的合理有效的配置，最大限度地提高和使用现有的教育资源，盘活现有的教育资源存量。③

基于以上研究，本研究中的教育资源共享是指不同的主体对于教育资源在不同程度上的共同享有、享受或使用。

5. 高等学校教育资源

苟兴旺将高等学校教育资源定义为在一定社会环境和条件下，存在于高等学校内外并能服务于高等学校教育任务的不同形态资源的总体。④ 吴磊认为高校教育资源泛指与高等教育行为相关的所有人和物。⑤ 宋华明认为高校教育资源是一个具有特定内涵的范畴，是高校各项事业得以高效率运行的各类资源的总和。⑥

关于高校教育资源的构成要素，根据不同的分类标准可以有不同的种类。如按照资源的存在形态，高校教育资源可以分为有形资源和无形资源，宋华明认为有形资源（或硬资源）包括人力、财力、物力等，无形资源（或软资源）包括思想、办学理念、管理制度、校园文化等⑦；罗刚则认为有形资源包括房屋、设备、图书资料、运动场所等各种公共设施，以及教职工的工资、奖金、医疗费用、学生奖学金等货币形态，无形资源包括无形品牌、校园文化、制度资源⑧。

---

① 贾让成、林麒、陶燕丽等：《高教园区教学资源共享机制设计与分析》，《教育科学》2002 年第 2 期。

② 王晓漫：《效率视界的研究生教育资源共享问题研究》，《黑龙江高教研究》2009 年第 8 期。

③ 黄淑芳：《信息时代条件下高校教育资源的共享与利用》，《喀什师范学院学报》2004 年第 4 期。

④ 苟兴旺、吴介军、薛惠锋等：《高校教育资源分类及其优化》，《西北工业大学学报》（社会科学版）2008 年第 1 期。

⑤ 吴磊、何洪涛：《高校教育资源共享管理的应为与可为》，《中国高教研究》2008 年第 12 期。

⑥ 宋华明、范先佐：《高校教育资源优化与办学经济效益》，《教育与经济》2005 年第 3 期。

⑦ 同上。

⑧ 罗刚：《合并高校教育资源集约整合的策略研究》，硕士学位论文，武汉理工大学，2005 年，第 31—34 页。

按资源的自身属性来划分，高校教育资源可以分为硬件资源和软件资源，前者包括教学楼、实验室、图书馆、文体活动场所、生活服务设施等，后者包括师资力量、管理制度、教学内容、教育模式、学术风气等①。按资源的来源来划分，可以将高等学校教育资源分为三类，即来自政府、高校和社会的教育资源。来自政府的教育资源有高等教育法规、政策；高等教育资金；科研教学项目。来自高校的教育资源有党委、行政组织及领导；学科、专业；课程、教材；知识成果；管理人员；教师群体；研究生、本专科生；设施、设备、物品；合法收入。来自社会的教育资源有科研教学项目；企业捐赠与支持；生源；校友；声誉。在这种分类的基础上，苟兴旺借用力学中"刚性"的概念，把从各项资源中挑选出的"高等教育资金"，"党委、行政组织及领导"，"管理人员""教师群体"以及"研究生、本专科生"这三个重要层次的资源，按照各自"刚性"程度地不同命名为"约束性教育资源""中间性教育资源"和"扩张性教育资源"②。

此外，还可以根据资源与教育教学过程的远近关系分为直接资源和间接资源，其中直接资源包括实物资源、货币资源和人力资源（包括教师资源和学生资源），间接资源主要包括品牌资源、校园文化资源、制度资源、知识资源、政府资源、企业资源、校友资源等③。

基于以上研究，本研究将高校教育资源定义为存在于高等学校之中、为高等学校各项教育活动服务并且能够发挥一定教育价值功能的各种资源的集合。根据资源要素可以将高校教育资源分为高校物力资源、高校人力资源、高校信息资源、高校课程资源、高校品牌资源和高校管理制度资源等方面。

6. 高等学校教育资源共享

本研究认为，高校教育资源共享是指不同的主体对于存在于高等

---

① 吴磊、何洪涛：《高校教育资源共享管理的应为与可为》，《中国高教研究》2008 年第 12 期。

② 苟兴旺、吴介军、薛惠锋等：《高校教育资源分类及其优化》，《西北工业大学学报》（社会科学版）2008 年第 1 期。

③ 罗刚：《合并高校教育资源集约整合的策略研究》，硕士学位论文，武汉理工大学，2005 年，第 31—34 页。

学校的教育资源在不同程度上的共同享有、享受或使用，主要包括高校物力资源共享、高校人力资源共享、高校信息资源共享、高校课程资源共享、高校品牌资源共享和高校管理制度资源共享等方面。高校教育资源共享既包括校内教育资源共享，又包括校际教育资源共享，由于前者相对来说较为常见，如学校各院系共同利用图书馆、运动场地、后勤服务设施等行为，而后者在实际操作中则遇到许多障碍，更加具有研究的价值，因此，除非特殊说明，本研究中的教育资源共享主要是指校际教育资源共享，即高校与高校之间的教育资源共享。

二 高等学校教育资源共享的可能性

尽管"共享""分享"等词语已经成为当前社会的时髦用语，但是仍然有人认为，在我国现阶段，资源共享本身可能就是个伪命题，根本不可能实现共享。他们有许多理由：当前社会的竞争意识远远强于共享意识；各部门的条块分割局面导致的各自为政、自我封闭，缺少开放、合作；"小而全"的思想仍然存在等。对于这种观点笔者并不赞同，笔者一直认为，资源共享是一个真问题，资源共享是可以实现的。对于高校教育资源共享来说，是完全可以实现的，而且正在或已经部分实现了。且不说传统的图书馆文献传递、馆际互借等信息资源共享方式，单是近几年出现的大学城、高校联盟等就从教师互聘、课程互选、学分互认、实验室开放等各个方面努力开始践行资源共享的理念了。尽管在高校资源共享的道路上还存在着许多阻碍，具有一定的难度，但是，与资源共享所带来的好处和效益相比，这些困难显然不是不可避免的。只要我们冲破樊篱，敢于迈出开放的第一步，相信我们一定会在理论和实践中找到解决之道的。

（一）高等学校教育资源需要共享

关于高等学校之间为何需要教育资源的共享，在本书导论中问题提出部分已经有了详细的阐明，主要依据有：①教育投入依然不足，尤其是地方高校的财政经费缺位，导致广大地方高校负债累累，甚至严重影响了自身的正常运转，高校教育资源短缺成为当前我国高等教育不可否认的事实；②高校之间的差距明显，教育资源的配置与分布不均衡，这种差距既表现在"重点大学"与"普通大学"、中央直属高校与地方高校之间，而且在地方高校之间由于地区发展不均衡而导致的差距也很明显；③教育资源浪费现象严重，利用率不高等。面对这种局面，单独依靠增加教育投入的办法并不能完全解决所有这些问题，更主要的是要从资源的配置与使用方面着手，改善资源的配置与使用机制。正是由于以上问题的存在，为高校资源的共享提供了良好的作用空间，因为共享既可以借助资源的存量调整和优化来缓解高校教育资源供给不足的压力，同时还可以促进高校之间的互通有无、开放合作，从而避免高校之间教育资源的重复购置，提高优质教育资源的辐射力与利用效率，并且可以发挥区域高校的联动作用，有效提升共享各方参与高校的教育教学水平。同时，合作共赢已经成为世界高等教育发展的大趋势，加强高校间的优势互补、合作共享，是全面提高高等教育质量、促进高校协同创新的重要举措，也是我国乃至世界高校发展的必由之路。因此，高校教育资源的共享便呼之欲出了。

（二）高等学校教育资源共享可以实现

1. 国家和地方政府从政策层面为高校教育资源共享提供了政策引导

从我国高校教育资源共享的政策演变分析中我们可以看出（详见第二章），国家和地方政府还是赞成并积极推进教育资源共享的，出台了许多政策规章来促进共享，主要表现在：第一，政府在具体的高校教育资源要素的管理与运行规范中对共享提出了专门的要求，如实验室的管理与运行、教学科研仪器设备的管理与使用、教师队伍的建设与管理、现代远程教育的开放与共享、高校图书馆的开放与合作等。第二，政府出台专门规章制度和实行专项建设来推进高校教育资源的共享，如开展合作办学、"211工程"中建立高等教育公共服务体系（包括中国教育和科研计算机网、图书文献保障系统、现代化仪器设备共享系统等建设）、教育部科技基础资源数据平台建设、国家精品课程系统建设、高等学校本科教学质量与教学改革工程建设等。通过这些政策规章和专项建设为高校教育资源共享提供了规范和引导，有助于从政策层面为共享提供支持。当然，国家和地方政府所提供的政策引导和下面提到的经费保障主要都是针对公立高校的。

2. 国家和地方政府从财政层面为高校教育资源共享提供了经费保障

这主要体现在国家为推进高校教育资源共享的专项建设方面提供财政支持，中央一般投入专项资金，专款专用，并且经费的使用及监督须按照国家财务管理有关规定执行，争取为该建设项目的顺利完成提供经费保证。如旨在促进优秀教学成果和优质教育资源广泛应用和共享的"高等学校教师网络培训系统项目"，中央财政一次性提供3000万元专项建设经费，主要用于网络培训平台硬件建设、软件建设、培训资源建设和项目研究等①。再比如旨在促进研究生学术交流的"全国研究生学术交流平台"，国家设立专项经费，用于资助参加学术交流的研究生，包括聘请专家、为研究生提供免费住宿、伙食补贴以及免费教材、讲义等学习资料②。此外，还有许多项目需要地方政府给予配套资金，形成从中央到地方的经费保障体系。

3. 高校的共享意愿为高校教育资源共享提供了可能

随着经济全球化和现代科学技术的发展，使得开放、合作成为社会发展的大趋势，这也要求高等教育要打破传统的封闭办学模式，转向合作共享的新型办学模式，推动高校之间以及高校与其他机构之间的合作、交流，逐渐实现资源共享、优势互补、互惠互利、相互促进、共同提升。尽管当前我们国家高校教育资源共享的意识整体并不高，但是不能否认还是有许多高校具有较高的共享意愿，在面对这样的大背景下，主动去寻求合作共享，采取了各种各样的方式和途径，从最初的图书馆资源、实验室资源开放，到后来的教师互聘、学生交流、课程互选、学分互认等，再到今天的大学城、高校联盟等形式，通过各种形式和途径推动高校教育资源共享的实现。

4. 现代科学技术的发展为高校教育资源共享提供了技术支持

"从世界教育改革发展历史看，教育改革可能发端于教育理念的

---

① 中华人民共和国教育部、中华人民共和国财政部：《关于批准立项建设"高等学校教师网络培训系统项目"的通知》，2009 年 7 月 10 日，http：//www. moe. gov. cn，2011 年 9 月 11 日。
② 中华人民共和国教育部：《关于设立全国研究生学术交流平台的通知》，2010 年 10 月 22 日，http：//www. moe. gov. cn，2011 年 9 月 11 日。

变革，如在 19 世纪末 20 世纪初，美国著名哲学家和教育家杜威所领导的教育变革，也可能发端于教育方式或教育技术的突破，如夸美纽斯总结并推进的班级授课制。"① 笔者认为，如果分析高校教育资源共享实现的原因与条件，绝不能忽视现代科学技术尤其是网络技术的巨大冲击力与影响力。现代科学技术尤其是网络技术，以其特有的交互性、开放性、资源共享性、流动性②等特性，为高校教育资源的共享提供了技术上的支持，使同一高校内部、不同高校之间、高校与其他机构之间、不同区域乃至全世界范围内的人们有了共同享用优质教育资源的可能。这主要表现在高校之间各种网络平台、信息资源库的建立，如网络选课系统、学籍管理系统、网络精品课程共享系统、教育科研信息资源平台、仪器设备共享信息平台等。

三　高等学校教育资源共享的内涵与分类

"概念是思维的重要工具"③。研究高校教育资源共享，必须全面、深入具体地认识高校教育资源共享的含义。结合前面相关概念的界定，笔者认为，本研究中的高校教育资源共享是指不同的主体对于高等学校的教育资源在不同程度上的共同享有、享受或使用。由于资源即"资财的来源"④，马克思认为"形成财富的两个原始要素——劳动力和土地"⑤，"劳动力的使用就是劳动本身"⑥，恩格斯则认为"其实，劳动和自然界在一起它才是一切财富的源泉，自然界为劳动提供材料，劳动把材料转变为财富"⑦，由此可见，资源的来源及组成，不仅是自然资源，而且还包括人类劳动的社会、经济、文化、技术等因素，还

---

① 马治国：《网络教育本质论》，辽宁师范大学出版社 2006 年版，第 1 页。
② 同上书，第 83—88 页。
③ 李小融、唐安奎：《多元化学校教育评价》，浙江教育出版社 2009 年版，第 1 页。
④ 辞海编辑委员会编：《辞海》（中册），上海辞书出版社 1989 年版，第 3765 页。
⑤ 马克思：《资本论》第一卷，人民出版社 1975 年版，第 663 页。
⑥ 同上书，第 201 页。
⑦ 中共中央马克思恩格斯列宁斯大林著作编译局译：《马克思恩格斯选集》第四卷，人民出版社 1995 年版，第 373 页。

包括人力、物力、信息等资源。经费、资金等财力资源只是资源的货币表现形式，而不是资源的来源，其最终的价值仍体现于人力资源、物力资源和信息资源等，因此，本研究中不将财力资源作为高校教育资源的单独构成要素进行讨论。根据不同的分类标准，高校教育资源共享可以分为不同的种类：

1. 按高校教育资源的要素分类，可以将高校教育资源共享分为物力资源共享、人力资源共享、信息资源共享、课程资源共享、品牌资源共享和管理制度资源共享等。其中，物力资源共享主要包括实验室、教室、大型仪器设备、体育运动设施等资源的开放与共享；人力资源共享主要包括高校管理干部相互交流、挂职锻炼等，以及师资的共享；信息资源共享主要包括各种信息资源的共享以及电子平台的共建共用，如高校图书馆资源，教学、学籍管理信息系统，教育科研信息资源平台，教学名师数据库，学分换算与收费系统，网络精品课程共享系统等；课程资源共享主要包括高校的学科专业的合作共建、课程互选、学分互认、论坛讲座等；品牌资源共享主要包括高校品牌、社会声誉等的共享；管理制度资源共享主要包括高校各项事业管理规范等的共享。

2. 按高校教育资源各要素参与教育教学过程的远近关系，可以将高校教育资源共享分为直接资源共享和间接资源共享，其中直接资源共享包括物力资源共享、人力资源共享、课程资源共享，间接资源共享主要包括信息资源共享、品牌资源共享和管理制度资源共享等。

3. 按照共享发生的范围，可以将高校教育资源共享分为高校内部共享与校际共享以及高校与社会之间共享。高校内部共享主要是指某一高校内部各教学学院、各职能部门之间的共享。校际共享是指不同高校之间的资源共享，它又可以分为区域内校际共享和区域间校际共享，前者主要是指某一区域内如省域内、市域等的高校之间资源共享，后者主要是指跨区域的高校之间资源共享，如国家范围内、世界范围内的高校之间实现资源共享，主要形式有校际交流与合作、大学城、高校联盟等。高校与社会之间的共享主要是指高校与社会科研机构等企事业单位之间开展资源共享，如大型仪器设备的共用、教师互聘、共同培养研究生等。本研究中的高校教育资源共享主要是指高校教育资源的校际共享。

四　高等学校教育资源共享的主客体分析

（一）高等学校教育资源共享的主体

高校教育资源的共享主体是指对于高等学校的教育资源进行共建共有、合作共享的载体。这个载体既可以是组织，如高校、高校内部各职能部门等，也可以是作为个体的人，如学生、教师等。

高等学校作为高校教育资源共享的主体本身就具有复杂性，它具有双重身份，既是向学校内部各职能部门、广大师生以及其他学校提供资源以实现共享的供方，同时又是接受、共享别的学校提供资源的受方。

第一，高等学校在高校教育资源共享中具有资源供给者的身份。我们国家长期以来实行的"重点大学制度"如"985工程""211工程"等，使得我国高校之中一直有"重点大学"和"普通大学"之分，二者之间在办学条件、经费划拨等方面具有十分明显的差异，"重点大学"往往占有更多的教育资源，而"普通大学"的教育资源占有量则十分有限，有的学校甚至已经开始影响到其正常运转；另外，在我国，高等学校的构成主体是地方高校，地方高校的主管部门是省级政府，但是由于各省市的经济发展情况不一，造成地方高校的发展情况各异，东部沿海地区高校发展相对较好，往往拥有较为丰富的教育资源，而中西部地区的高校发展水平则相对较低，占有的教育资源也相对有限。正是由于我国高校之间存在着较大的差距，这就促使高校之间追求资源共享，尤其是对于"重点大学"和资源较为丰富的高校来说，一定要肩负起推动资源共享的主要责任，积极主动地为其他院校提供优质教育资源共享。

第二，高等学校在高校教育资源共享中具有资源接受者的身份。任何高校都具有资源接受者的身份，对于资源较为缺乏的高校尤其如此，这些院校往往由于各种原因而导致经费不足、资源短缺，严重限制了自身的发展。对于这类高校来说，应当积极主动地向其他院校去寻求资源共享，善于借助外力以提高自身的发展。

广大师生是高校教育资源共享的根本主体和最终受益者，他们对于教育资源尤其是优质教育资源的强烈需求是推动高校教育资源共享的主要动力，同时高校教育资源共享的成果最终也要落实到他们身上，并最终发挥培养人的作用。

（二）高等学校教育资源共享的客体

客体是指客观世界中同主体活动有功能联系而被具体指定的对象①。高校教育资源共享的客体主要是指存在于高等学校的、可用于共享的所有资源的集合。主要包括：

1. 物力资源：高等学校物力资源是指存在于高等学校的、以物化形态表现的资源总称。它体现为教育过程中物化劳动的占用和消耗，是教育教学过程中不可缺少的物质条件。在当今的教育观念中，高校物力资源的范畴十分广泛，既包括高校实验室、教室、运动场地等建筑资源，还包括教育教学仪器设备、体育运动设施等设备设施资源。高校物力资源是高校教育资源共享的主要内容之一，尤其是大型仪器设备资源，由于其显著的稀缺性导致并不是所有的高校都能够拥有，为了提高该资源的利用率，扩大服务半径，更应该对其实现共享。

2. 人力资源：高等学校人力资源是指高等学校各级各类人员的总称。高校人力资源主要是指教师，其次还包括高校里的科研人员、行政管理人员以及后勤人员等。其中，教师是高校人力资源的根本，"教师是教育事业的第一资源"②，谁都无法否认教师对于一所大学的重要性。因此，教师资源尤其是优质教师资源便成为一种稀缺资源，他们的共享成为高校教育资源共享的主要内容之一。另外，高校里的其他人力资源如科研人员、行政管理人员等对学校的发展和学生培养也有着重要的作用，因此他们也可以通过各种方式如相互交流、校际

---

① 赵文华：《高等教育系统论》，广西师范大学出版社 2001 年版，第 101 页。

② 刘延东：《国家发展希望在教育，办好教育希望在教师——在庆祝教师节暨全国教育系统先进集体和先进个人表彰大会上的讲话》，2009 年 9 月 9 日，http：//www.moe.gov.cn/edoas/website18/36/info1252537843327236.htm，2010 年 3 月 9 日。

间挂职锻炼等实现共享。本研究认为高校人力资源不应包括学生，学生只是接受教育的对象，是学校所有资源的最终享受者。从根本上讲，教育是一种培养人的活动，培养人既是教育活动的出发点，也是最终归宿点。学校的所有资源、所有活动都是为了培养学生而存在、进行的。那种把学生也当作高校人力资源的观点违背了教育的最本质内涵，容易催生高校纷纷抢夺优质生源而忽视普通学生的有悖于有教无类原则的"反教育行为"①，我国当前各高校对于各省市高考"状元"的争夺恰恰是这种观点的集中反映。

3. 信息资源：高等学校信息资源是指高等学校各项活动中经过加工处理并大量积累起来的各种信息、信息技术及信息载体的集合。高校信息资源主要包括图书资料信息资源以及各种信息资源平台，如教学、学籍管理信息系统，教育科研信息资源平台，教学名师数据库，学分换算与收费系统等。早期的信息资源共享主要是文献信息资源共享，即高校图书馆之间的馆际互借、资料室的开放等。随着以电子计算机和远程通信技术为代表的现代信息技术的迅猛发展及其在信息交流中的广泛应用，使得信息资源的共享突破了时间和空间的限制，出现了基于 internet 的网络化资源共享等形式，这也为高校信息资源的快速传播与广泛共享提供了技术上的可能。

4. 课程资源：课程是指学校按照一定的教育目的所建构的各学科和各种教育、教学活动的系统②。高等学校课程资源是指高等学校为实现教育目标而规定的教育教学科目及其相关活动的总称。高等学校课程资源主要包括高校的课程标准、课程设置、教材以及课程的实施、管理与评价等。之所以把课程单独作为一种资源列举出来，主要基于课程在高校教育教学、学生培养过程中的重要地位和作用，课程集中

---

① 顾明远先生曾经列举出我国基础教育中的 5 种"反教育行为"：之一，把学生分成三六九等，特别歧视所谓"差生""后进生"；之二，用暴力对待"后进生"；之三，用非人性的标语口号来督促学生拼命学习；之四，在学习中提倡竞争；之五，对学生实施过度的教育，学生学习负担过重。——顾明远：《要与反教育行为作斗争》，《中国教育学刊》2011 年第 9 期。笔者认为，凡是违背教育规律的行为都可以称为"反教育行为"，而且这种行为不仅存在于基础教育领域，在高等教育领域也随处可见。

② 王伟廉：《高等学校课程研究导论》，广东高等教育出版社 2008 年版，第 5 页。

体现了教育思想和教育观念，是组织教育教学活动的主要依据和重要内容，可以说，学校对于学生的德、智、体、美等各方面素质的培养主要是通过课程实现的。由于高校发展之间的差异，对于优质课程以及特色课程等资源的开放与共享就显得十分重要了。

5. 品牌资源：高等学校品牌资源是指高等学校在教育教学、科研以及服务社会等过程中逐渐积累形成的学校名声、社会评价等无形资源。高等学校品牌资源一般包括学校的校名、校徽以及学校通过各项事业获得的社会声誉以及满意度等。随着高等教育的发展，学校品牌资源也逐渐开始了共享的尝试，其中最为典型的例子就数独立学院的兴起了。独立学院作为我国民办高等教育的重要组成部分，主要是共享普通高等学校的"学校名称、知识产权、管理资源、教育教学资源等"①，如今还出现了仅仅共享普通高等学校的名称，其他的如校址、师资、管理以及后勤等统统是独立设置的现象，甚至有的独立学院与依托高校不在一个地区等②。

6. 管理制度资源：高校管理制度资源就是高校管理内部以及外部各种事务的相关制度资源。高校管理制度可以分为外向型管理制度和内向型管理制度，前者主要包括高校之间以及高校与社会其他组织机构之间相应的管理制度，后者主要包括高校的党建工作制度、教学管理制度、科研管理制度、学生管理制度、人事管理制度、财务管理制度以及后勤管理制度等。高校管理制度资源的共享对于良好管理经验的传播与学习具有十分重要的作用。

从共享的角度来讲，高校物力资源、人力资源、信息资源和课程资源是高校教育资源共享的核心资源，也是高校教学、科研、服务社会等各项功能得以实现的基础性资源。其中，高校信息资源的共享潜力是最大的，尤其是借助于现代网络技术，高校信息资源能够突破时

---

① 教育部：《独立学院设置与管理办法》，2008 年 2 月 22 日，http：//www.moe.edu.cn/，2011 年 10 月 25 日。

② 例如辽宁师范大学海华学院，该学院是 2000 年 7 月经辽宁省教育厅批准成立、2003 年 12 月教育部首批确认、由辽宁师范大学（在大连）按新机制和新模式举办的全日制普通本科学院（独立学院），2009 年开始迁往沈阳校区办学。

空的限制，实现最大程度的共享；高校物力资源也具有非常大的共享潜力，尤其是对于那些大型科研仪器设备、运动场馆设施等资源，完全可以实现共建共享，从而达到节约成本、提高利用效率甚至获得经济收益的目的；高校人力资源的共享也有广阔的发展空间，可以创造各种方式和途径实现优秀教师以及管理、服务人员的共享；高校课程资源也是高校非常宝贵的资源，高校之间可以通过课程互选、讲座报告等形式实现课程资源的共享，尤其是开放课程资源的建设，使得高校课程资源的共享具有蓬勃发展的潜力和趋势。除此之外，高校品牌资源和管理制度资源也是高校教育资源共享的重要内容。

五　高等学校教育资源共享的环境分析

"不要对我们所处的环境听之任之；哪怕只是很小的改变它也会带来新的结果。"[①] "环境的影响一直表现为一种威力强大的制掣力量。在新的时代，新环境的威力被看作是一种变革的动因。人们一旦认识到环境变革的潜力，同时付出努力来推动这种变革，所能获得的突破将会是惊人的。"[②] 环境也在很大程度上影响着高校教育资源的共享，因此，对环境的分析对于我们深入地了解高校教育资源共享并且推动共享有着重要的意义。

（一）什么是 SWOT 分析法

SWOT 分析法（也称 TOWS 分析法、道斯矩阵）即态势分析法，是一种综合考虑组织内部条件和外部环境的各种因素，进行系统评价从而选择最佳经营战略的方法，经常被用于组织战略制定、竞争对手分析等场合。其中，S 是指组织内部的优势（Strengths）；W 是指组织内部的劣势（Weaknesses）；O 是指组织外部环境的机会（Opportunities）；T 是指组织外部环境的威胁（Threats）。SWOT 分析法作为一种战略分析方法，目前已经广泛地应用于各行各业的管理实践中，成为

[①] ［加拿大］迈克尔·富兰：《变革的力量——深度变革》，中央教育科学研究所、加拿大多伦多国际学院译，教育科学出版社 2004 年版，第 38 页。

[②] 同上书，第 39 页。

最常用的管理工具之一，这种方法具有如下优点[①]：

1. 通过 SWOT 分析，能够把组织的内、外部环境有机地结合起来，明晰优势与劣势、机会与威胁等，进而帮助组织把资源和行动聚集在自己的强项和有最多机会的地方，并让组织的战略变得更加明朗。

2. 通过 SWOT 分析，能够把错综复杂的内、外部环境关系用一个二维平面矩阵反映出来，比较直观而且简单。

3. 通过 SWOT 分析，能够促使人们辩证地思考问题。优势与劣势、机会和威胁都是相对的，要善于从对比中发现优点，从威胁中寻找机会，及时地调整组织的发展策略。

4. 通过 SWOT 分析，可以为人们的决策提供多种选择，加上这些方案又是在认真的对比分析基础上产生的，因此可以提高决策的质量。

基于系统论的思想，本研究将我国高校教育资源的共享看作是一个系统或组织，因此可以利用 SWOT 分析法对我国高校教育资源共享的环境进行分析。

（二）我国高等学校教育资源共享的环境分析

1. 我国高校教育资源共享的优势（S 因素）

（1）高校的类型与层次多种多样

我国的高校类型多样，既有研究型大学、教学型大学，又有应用型本科高校；既有综合性大学，又有行业特色大学、专科性大学；既有中央直属高校，又有地方高校；既有公立高校，又有各种社会力量办学高校。高校类型的多样性为我国的高校教育资源共享提供了良好的契机。

（2）共享的内容、方式和途径丰富多彩

虽然我国高校教育资源的共享整体来说程度还不高，但是具体到个体来说还是探索出了许多经验，共享的内容、方式和途径也呈现出丰富多彩的特征。从共享的内容来看，我国高校教育资源共享的内容基本涵盖了当前高校教育资源中的所有方面，如运动设施资源、实验室资源、教师资源、课程资源、教材资源、仪器设备资源、信息资源

---

① 赵涛主编：《管理学常用方法》，天津大学出版社 2006 年版，第 110—116 页。

等。从共享的方式和途径来看，既有两校之间的科研合作、教师互聘、联合培养学生等，又有多校之间的交流合作，既有高校之间的合并，又有高校举办独立学院，既有区域内的大学城资源共享，又有区域内或跨地区的高校联盟资源共享，既有高校实体教育资源的共享，又有虚拟网络教育资源的共享，等等。这些多种多样的共享内容、方式与途径，都是我国高校教育资源共享研究与实践的有益探索。

2. 我国高校教育资源共享的劣势（W因素）

我国高校教育资源共享的劣势主要有：

（1）高校的共享意识整体不高

（2）高校内部的"行政化"管理特征明显

（3）技术限制

（4）高校共享制度的缺失

以上四点在后文原因分析部分将有详述，故在此不再重述。除此之外，还有两方面的劣势：

（5）共享的程度不高，流于形式

许多资源共享的形式如大学城、高校联盟等往往在实践中流于形式，共享的程度并不高，完全没有达到当初建立的目标。许多大学城或高校联盟各高校之间依然十分孤立，各自为政，本位主义仍然盛行，相互之间可供共享的资源寥寥无几，真正的核心资源如优质课程、实验室仪器设备等很少得到共享，甚至有的学生认为"大学城唯一共享的就是饭堂'一卡通'，像图书馆、实验室等资源，并未真正实现共享"[1]。

（6）高校教育资源的产权有待明晰

目前我国高校的许多教育资源产权模糊，这是导致资源闲置、利用率低下、共享程度不高的重要原因之一。高校教育资源产权的不清晰，必然会导致所有权和收益权的模糊，使共享的各方无法形成清晰、明确而稳定的预期，将会挫伤共享各方的积极性，从而最终导致优质教育资源的提供和组合缺乏稳定性和长效机制，不利于共享的长远发

---

① 贺林平：《学分互认，无人喝彩》，《人民日报》2011年7月18日第12版。

展。例如许多原本属于学校或院系的仪器设备资源，最终却落入某个人的腰包，成为某个人的私人财产，出现了为某个人长期独占使用的局面，这也导致该仪器设备长期闲置，利用率大打折扣。另外，当前我国高校知识产权保护的缺失在很大程度上也导致了教育资源共享各方的积极性降低。由于缺乏知识产权保护，导致高校科研成果被盗用、科研成果流失以及学术不端行为等现象屡见不鲜，这也在很大程度上促使各高校或教师将自己拥有的资源"严加看管"，较少与其他学校或别人共享。

3. 我国高校教育资源共享的机会（O 因素）

（1）全球化

"全球化"也许是当前世界各地最为流行的名词之一，而且它也实实在在地影响着人类社会生活的几乎所有领域，如政治、经济、文化、军事、国防等各个方面。尽管当前学术界关于全球化的观点仍未统一，"但是，不管人们是否喜欢它，全球化是一个客观的、正在发生的历史过程"。① 我们姑且不去关注那些观点之间的分歧，而是考虑全球化带给我们的究竟是什么。"全球化可以理解为一种流动的现代性——物质产品、人口、标志、符号、资金、知识、技术、价值观、思想以及信息跨国界和跨时间的流动，这种流动反映了各国之间与日俱增的联系和相互依赖的特征。"② 笔者认为，全球化强调的是突破地域的限制，突破国家的限制，而以一种全球性的视点来看待问题，它带给我们的更重要的是思维方式的变革，它代表的是一种开放、交流、合作、共享的思维方式。这种思维方式带给我国高等教育领域的启示就是打破校际隔阂，突破地区之间的限制，克服专业之间的偏见，努力实现资源共享。全球化的浪潮为我国高校教育资源共享提供了良好的机会和发展背景。

（2）政策机遇

在高校教育资源共享的过程中，政府一方面通过制定和发布那些

---

① 郑杭生主编：《社会学概论新修》，中国人民大学出版社 2003 年版，第 345 页。
② ［美］戴维·查普曼、安·奥斯汀主编：《发展中国家的高等教育：环境变迁与大学的回应》，范怡红主译，北京大学出版社 2009 年版，第 1 页。

散见于高等教育各有关规章制度中的共享要求来引导和规范共享的行为与方向，如对图书馆资源的共享要求、实验仪器设备的共享要求等。另一方面通过启动和实施各种各样的教育资源共享专项行动和建设项目来促进高校教育资源的共享，教育部原部长周济在 2005 年第二次全国普通高等学校本科教学工作会议上的讲话中提道："优质教学资源短缺是高等教育长期存在的问题，发达国家也是如此。在这方面，正好可以发挥我们制度上的优越性，集中建设，广泛共享。"① 我们国家利用制度上的优越性，启动和实施了许多教育资源共享的专项行动和建设项目，为其提供财政扶持。如 "211 工程" 中的高等教育公共服务体系（包括中国教育和科研计算机网、图书文献保障系统、现代化仪器设备共享系统等建设）、教育部科技基础资源数据平台建设、国家精品课程系统建设、高等学校本科教学质量与教学改革工程建设等。政府的这些政策或行动充分表明，政府还是非常赞成并且正在积极努力推进高校教育资源共享的。我们要充分利用这一契机，扩大高校教育资源共享的范围和深度，逐渐形成一个立体的、全方位的教育资源共享体系。

（3）社会对于优质教育资源的需求不断扩大

据统计，2009 年我国普通高等学校数量为 2305 所（不包括其他成人高等学校和民办院校），相比 1980 年的 675 所几乎翻了 4 番②，其中仅是本科院校就有 1090 所，这充分表明了社会对于高等教育的需求越来越大。而且随着经济的发展、社会的进步以及高等教育适龄生源人口的减少，人们对于高等教育的需求越来越高，这种需求不仅体现在数量上，即越来越多的人希望能够上大学，能够接受高等教育，而且主要体现在质量上，即更多的人开始寻求好大学，渴望接受优质高等教育。这表明，我国现阶段广大人民群众对于高等教育的需求正处

① 周济：《大力加强教学工作，切实提高教学质量——周济部长在第二次全国普通高等学校本科教学工作会议上的讲话》，2005 年 1 月 20 日，http：//www.ahedu.cn/AHEDUNSPortal/NewsCenter/WJFG/LDJH/List/10900.shtml，2011 年 10 月 25 日。

② 中华人民共和国国家统计局：《教育科技和文化年度数据》，http：//www.stats.gov.cn/tjsj/ndsj/，2011 年 10 月 25 日。

于由"上大学"向"上好大学"转变的阶段，这一阶段的核心要求是对优质教育资源的需求。"很显然，只有越来越多的人感受到享受到优质教育资源的权利和机会，整个社会的教育满意度才可能从整体上获得提升。"① 因此，要想办好高等教育，办出人民满意的高等教育，我们就必须十分关注人民群众教育需求的这种变化趋势，把扩充优质高等教育资源作为推进高等教育发展的基本战略目标之一。但是，所谓"好大学"、优质教育资源毕竟是稀缺资源，能够享受它们的也是少数人，更多的人只能进入到优质教育资源相对较为短缺的"普通大学"，那么如何满足社会对于优质教育资源的这种需要，使更多的人能够享受到优质的教育资源？如何确保优质教育资源能够惠及全体公民？基于我国社会主义初级阶段的基本国情，通过单纯由国家政府增加对高等教育的投入来扩大优质教育资源的做法不具备长远性和可持续性，于是，通过推动高等学校之间的共享来扩充优质教育资源的方式就成为缓解高等教育资源短缺、满足社会需求的必然选择。

（4）现代科学技术的发展

现代科学技术的发展为资源共享提供了良好的发展机遇，尤其是现代网络技术的发达为资源共享提供了技术上的可能，使得资源的利用能够突破时空的限制。我们要充分抓住这一机遇，将现代科学技术运用到高等教育领域，运用到教育资源共享领域，努力探索更多、更有效的高校教育资源共享形式与途径，使高校教育资源能够最大限度地发挥作用。

4. 我国高校教育资源共享的威胁（T 因素）

我国高校教育资源共享的威胁主要有：

（1）高等学校之间的竞争意识强烈

（2）政府的政策法规建设还不健全

（3）政府的财政投入力度不够

（4）教育评价标准的单一导致了高校发展的趋同性

（5）过于量化的教育评价指标阻碍了高校教育资源的共享

---

① 傅维利：《科学发展观视域下的人民满意的教育》，《中国教育学刊》2008 年第 1 期。

以上内容在后文原因分析部分将有详述，故在此不再重述。

为了比较直观地了解我国高校教育资源共享的内外部环境和相互关系，本研究将所有因素列于下表：

表 1.1　　　　　　　我国高校教育资源共享的环境分析

内部优势（S） S1. 高校的类型与层次多种多样 S2. 共享的内容、方式和途径丰富多彩	内部劣势（W） W1. 高校的共享意识整体不高 W2. 高校内部的"行政化"管理特征明显 W3. 技术限制 W4. 高校共享制度的缺失 W5. 共享的程度不高，流于形式 W6. 高校教育资源的产权有待明晰
外部机会（O） O1. 全球化 O2. 政策机遇 O3. 社会对于优质教育资源的需求不断扩大 O4. 现代科学技术的发展	外部威胁（T） T1. 高等学校之间的竞争意识强烈 T2. 政府的政策法规建设还不健全 T3. 政府的财政投入力度不够 T4. 教育评价标准的单一导致了高校发展的趋同性 T5. 过于量化的教育评价指标阻碍了高校教育资源的共享

综上所述，对于我国高校教育资源共享而言，当前是优势与劣势共有、机遇与挑战并存。通过对高校教育资源共享优劣势和机会、威胁因素的分析，我们可以对高校教育资源共享进行战略分析：

（1）SO 战略——发挥优势，利用机会：这是一种最理想的战略选择，在这种情况下，组织或系统应充分发挥内部优势来最大限度地抓住和利用外部机会，实现自身的良好发展。我们应当充分发挥高校类型与层次多种多样以及共享内容、方式和途径丰富多彩的优势，以全球化的推动、政策提供的机遇、社会对优质教育资源需求的不断扩大和现代科学技术的发展等为良好契机，大力推动高校教育资源共享向更高的水平前进。

（2）WO 战略——克服劣势，利用机会：在这种情况下，组织或系统应当抓住外部环境提供的机会，通过外在方式弥补自身的劣势。面对外部的有利机会，要想推动高校教育资源的共享，就要努力克服其内部劣势，如提高资源共享意识、改革高校管理体制、开发先进的共享技术、建立健全共享制度、深化共享的程度以及明晰教育资源共享过程中的产权等，促进其劣势向优势转化。

（3）ST 战略——依靠优势，回避威胁：在这种情况下，组织或系统应充分利用自身的优势来应对外部环境中的威胁，通过发挥优势而屏蔽或降低威胁。我们要充分依靠内部优势，敢于正视外部威胁、挑战威胁，努力使外部威胁转化为发展的机会和优势，如避免高校之间的恶性竞争、政府加大共享的政策支持和财政支持、转变教育评价机制等，为高校教育资源共享提供良好的发展条件。

（4）WT 战略——减少劣势，回避威胁：这是每一个组织或系统都不愿意处在的状态，然而一旦出现这种情况时，组织或系统应最大程度地做好防御工作，在减少内部弱点的同时回避外部环境所带来的威胁。当前我国高校教育资源共享面临着内外部的多重障碍，因此我们既要克服其内在之劣势，同时又要摆脱外部威胁，内外合力、双管齐下，共同推动高校教育资源共享的发展。

六　高等学校教育资源共享的动力

（一）高等学校教育资源共享动力的内涵

任何事物要想改变原来的状态都需要一定的力量或能量作用于它，促使它某些方面发生改变，而促使它发生变化的力量或能量，我们则可以称为动力。词典中对于"动力"一词给出的解释是："①提供能量的来源或能做功的能或力；②表示起作用的，作用于……的，影响……的或被影响的潜在的、能发挥的、肉体的、心理的、精神的力量。有时指具有这种能力的事物。"[①] "③可使机械运转做功的力量，如水力、风力、电力、热力、畜力等；④比喻推动事物运动和发展的力量。"[②] 可见，"动力"一词的基本含义就是"力量"。基于上述对"动力"一词的认识，本研究认为，所谓高校教育资源共享的动力就是引起或推动高等学校实现教育资源共享的所有力量的集合。这里需要强调的是高校教育资源共享的动力是一个"力量束"，是力量的集

---

① 王同亿主编：《语言大典》（上册），三环出版社 1990 年版，第 823 页。

② 《辞海》编辑委员会编：《辞海》（上册），上海辞书出版社 1989 年版，第 1240 页。

合，而不是某单个力量。高校教育资源的共享不是一个偶然的、单个因素决定的过程，而是涉及政府、社会、高校以及科学技术等多种因素的相互作用所决定的、具有一定自组织的系统动力的协调作用过程。只有通过各种动力因素的相互关联、协同作用才能激发和推动高校教育资源共享活动的开展和深入。

（二）高等学校教育资源共享的动力来源

矛盾是事物发展的动力和源泉。因此，笔者认为：高等教育资源供给的有限性与人民群众对于高等教育的需求日益增长之间的矛盾是推动高校教育资源共享的根本动力，也就是说，对资源的需求和满足需求的能力之间的相互作用，共同推动着高校教育资源的共享。鉴于治理理论中的多元主体的"共治"，并结合前文的 SWOT 分析，笔者将我国高校教育资源共享的动力来源分为两个方面：内部动力和外部动力。其中内部动力主要有主体的需求、利益吸引和制度创新，外部动力主要包括全球化的推动、社会需求（对资源的需求）、政府推动（政策和经济推动）、技术支持。

1. 高等学校教育资源共享的内部动力

（1）主体的需求

需求是经济学的范畴，指在一定时期内和一定价格条件下，消费者对市场上的商品和劳务有支付能力的需要①。高等教育需求是指国家、企业和个人对高等教育有支付能力的需要，是获得高等教育服务的愿望与对高等教育的支付能力的统一②。高校教育资源的共享首先源于主体的需求，源于主体对于高等教育资源尤其是优质高等教育资源的强烈需求，正是这种需求引导人们开始寻求资源的共享。主体的这种需求主要体现在两个方面：

①师生个体对教育资源的需求

个体的成长与发展总是要借助于一定的资源，这种资源对于高校内部的师生来说尤为重要。从师生个体的角度来讲，无不希望在其成

---

① 王培根主编：《高等教育经济学》，经济管理出版社 2004 年版，第 70 页。
② 同上。

长与发展的过程中能够获得充足的、适宜的、优质的教育资源，为其工作、学习和成长提供良好的发展条件。但是，"教育资源的本质之一是它是一种有限的重要资源"①，一所学校所能提供的教育资源毕竟是有限的，尤其是对于那些教育资源占有量相对较少的高校来说尤为如此，但是个体的需求又是无限的，当本校的教育资源不能满足师生的需要时，他们便会自然而然地想到向校外寻求帮助，从其他学校获得相应的资源。尽管在目前的现实实践中，有许多的障碍阻碍了这种向外寻求资源的行为，但是师生对资源的这种需求以及共享的愿望是不容抹杀的，我们有理由相信，广大师生也绝对不会放弃这种愿望，努力寻找机会与途径去实现资源的这种共享。

②高校对教育资源的需求

作为组织主体，高校对于教育资源尤其是优质教育资源的需求也是高校教育资源共享的内部驱动力。从高校的角度来讲，充足、优质的教育资源是高校培养人的必备要素，是高校全部活动的基础，离开了相应的教育资源，学校的一切活动都很难顺利开展。苏联教育家苏霍姆林斯基曾说："学校的物质基础（我们把学生周围的一切陈设也包括在内）——这首先是一个完备教育过程的必不可少的条件；其次，它又是对学生精神世界施加影响的手段，是培养他们的观点、信念和良好习惯的手段。"② 教育资源对于学校的各项事业发展有着重要的意义，一方面能够辅助教师教学、科研以及管理等各项工作；另一方面也能够为学生的学习、生活、娱乐等提供优质的服务。因此，学校有责任也有义务为广大师生提供和创造充足的、优质的教育资源，"努力使学校成为一个'好'去处，正如我们对家庭、办公室、剧院和购物中心所做的那样。"③ 因此，对资源的追求也越来越成为高校发展中的重要任务。当然，这里的追求不是指必须拥有资源的完全产权，共享其他学校

---

① 朱坚强：《教育经济学发凡》，社会科学文献出版社 2005 年版，第 89 页。

② ［苏］苏霍姆林斯基：《帕夫雷什中学》，赵玮等译，教育科学出版社 1983 年版，第 122 页。

③ ［美］克里夫·贝克：《优化学校教育——一种价值的观点》，戚万学等译，华东师范大学出版社 2003 年版，第 38 页。

的资源成为高校获取资源的重要路径选择。一方面，高校越来越意识到交流合作、协同创新的重要性，开始纷纷主动寻求资源共享，从图书馆、实验室开放，到教师互聘、学生交流，再到课程互选、学分互认，以及今天的大学城、高校联盟等，通过各种形式和途径推动高校教育资源共享的实现。另一方面，为了能够吸引到更多的生源，许多高校也开始将与其他高校的教育资源共享视为吸引学生和家长的"筹码"，借此提高自身教育资源的数量和质量，从而达到吸引更多生源的目的。

（2）利益吸引

作为个体的人总是会受到某种力量的驱动，然后外化成一种力量，从而影响到外在的事物，而作为群体的组织或系统也会受到某种力量的驱动，从而采取某种行为或发生某些变化，其中非常重要的一种力量就是利益的驱动。高校之间之所以能够进行教育资源的共享，很大程度上是源于共享为高校所带来的利益的吸引。通过资源共享，能够为参与共享的高校带来不同形式的利益，这种利益既可以是经济上的回报，也可以是教学、科研等方面的反馈，还可以是某种声誉的提高等。

一方面，高校之间教育资源的共建共享，可以实现成本的分担，降低高校的成本，成本的降低将会刺激高校主动去寻求教育资源的共享。例如共享平台的搭建、大型仪器设备的购买等，尽管许多高校对于这些资源都有需求，但是并不是所有的高校都能够"购买"得起，或者说这个费用不是一所甚至几所高校能够负担得起的。作为需求要具备两个条件：第一，有购买欲望；第二，有购买能力[①]。一般情况下，商品的价格越高，人们愿意购买的数量越少；价格越低，人们愿意购买的数量越多。通过资源共享，实现了成本的分担，相应地也就使得价格降低了，这也就提高了人们购买的可能性和能力，从而为高校的发展和培养人才提供了更多的教育资源。

另一方面，对于资源相对丰富的高校，通过与其他学校共享自身的资源，可以提高资源的利用效率，避免资源的闲置、浪费，能够深入挖掘自身在教学、科研等方面的余力，使教育资源在满足本校师生

---

① 梁小民编著：《西方经济学导论》，北京大学出版社 2007 年版，第 7 页。

的教学、科研、学习等活动之外，还能够服务外校师生，尤其是对于那些大型的、比较昂贵的科研仪器设备、场馆设施等，通过共享能够极大地提高其利用效率。同时，通过有偿共享行为，还可以获得金钱方面的回报，为学校实现经济创收等。对于利益的追求，也在很大程度上推动了高校教育资源的共享。

（3）制度创新

高校教育资源共享的实现和推动，离不开制度的保障。根据新制度经济学的理论，制度是约束人们行为的一种规范，制度是一种"游戏规则"。这里的制度主要是指高校之间所制定或发布的关于高校教育资源共享的规章、规范等，这些规章、规范对于高校教育资源的共享起到指导和规范作用，它们不同于政府颁布的政策、规章，往往是由高校自身主动发起和签订的，或针对某一项共享项目进行规范，或主要见于大学城及高校联盟的章程里面。有了制度的"保驾护航"，高校教育资源的共享才能走得更远、更顺利。

高校教育资源共享在我国仍然处于一个"初级阶段"，共享程度还很低，共享过程中的教育资源产权明晰问题、共享过程中的利益分配问题以及共享的评价、监督等问题还没有解决，这使得许多有意向参与资源共享的高校存有顾虑，在很大程度上阻碍着共享的实现。因此，亟须相应的制度来保障，将以上问题等都界定清楚、明确规定，使共享过程中不同主体的责、权、利等问题得到妥善的解决，这将会极大地调动主体的积极性和主动性，使他们积极主动地参与到高校教育资源共享过程中来。

2. 高等学校教育资源共享的外部动力

"作为一个非线性的复杂系统，高等教育的改革与发展受其外部力量，如政治、经济、科技、文化、环境等因素的深刻影响，这些外部力量或力量的组合要么'雷厉风行'要么'悄无声息'地推动着高等教育的深度变革。"[①] 高校教育资源共享也是如此，外部力量的推动

---

① 张会杰：《生源数量减少与需求多元化：高等教育深度变革的强劲动力》，《现代大学教育》2010 年第 3 期。

也起着非常重要的作用。高校教育资源共享的外部动力主要有全球化的推动、社会的需求、政府的推动（包括政策引导和经济扶持）以及现代科学技术的支持等。鉴于这一部分内容在前文共享的环境分析部分已有详述，故此不再重述。

　　3. 合力作用——共同推动高等学校教育资源共享

　　关于事物的发展，恩格斯曾经有过这样的描述："历史是这样创造的：最终的结果总是从许多单个的意志的相互冲突中产生出来的，而其中每一个意志，又是由于许多特殊的生活条件，才成为它所成为的那样。这样就有无数互相交错的力量，有无数个力的平行四边形，而由此就产生出一个总的结果，即历史事变，这个结果又可以看作一个作为整体的、不自觉地和不自主地起着作用的力量的产物……各人的意志……虽然都达不到自己的愿望，而是融合为一个总的平均数，一个总的合力，然而从这一事实中绝不应做出结论说，这些意志等于零。相反地，每个意志都对合力有所贡献，因而是包括在这个合力里面的。"①

　　高校教育资源的共享也不是某一个力在起作用，而是既需要内部动力，也需要外部动力，是内部的诸多动力因素与外部诸动力因素的相互影响、共同作用的过程。高校的广大师生等主体拥有强烈的资源需求；面对生存和发展，整个高校对于资源共享也具有强烈的内在要求；另外，资源共享能够降低高校的发展成本，能够为资源提供者带来不同形式的利益回报；同时，还需要高校围绕教育资源共享建立健全相应的制度。在此基础上，全球化的推动，使得交流与融合、合作与共享成为全球的趋势；社会对于高等教育资源尤其是优质教育资源的需求以及政府对于资源共享的政策支持和财政扶持也在很大程度上推动了高校教育资源的共享；除此之外，现代科学技术的进步与发展也为高校教育资源的共享提供了便利条件。这些力量的共同作用，推动了高校教育资源共享的实现。

　　① 中共中央马克思恩格斯列宁斯大林著作编译局译：《马克思恩格斯全集》第三十七卷，人民出版社1971年版，第461—462页。

尽管高校教育资源共享从理论上讲拥有以上多种动力，但是在现实操作中高校教育资源共享的实践效果却并不乐观，究其原因就在于动力的不足或者缺失，例如内部动力方面，虽然主体有资源共享的需求、共享能够为主体带来利益，以及针对共享制定相关的制度规范能够保障共享的顺利进行，但是由于内部劣势和外部威胁的制约下，这种主体的需求和利益吸引无法转化为动力，相关制度的建设也不健全；外部动力方面，虽然政府已经开始意识到教育资源共享的重要性，也采取了一些措施，但总体来看，政府的支持力度不够，相关政策的引导和财政扶持还有待提高；另外，如何将现代科学技术广泛应用到高校教育资源共享之中也还有广阔的发展空间。因此，动力的补足或者完善将会极大地推动高校教育资源共享的实现。

七 高等学校教育资源共享的原则

高等学校教育资源共享是有一定的原则可以遵循的，本部分提出了高校教育资源共享应当遵循的五个原则，分别是：

（一）置换型对等原则

高校教育资源共享应遵循的第一个也是最重要的原则是置换型对等原则。对等原则实际上在我们的日常生活中无处不在，如运用在法律当中指一国司法机关对他国公民、企业或组织的相关权利加以限制的，他国司法机关也可以对该国公民、企业或组织施加同样的限制；运用在国际关系当中指处理国际关系时体现的对等，如国际之间的互访就要体现互访人员身份等方面的对等；运用在日常生活当中指日常行为的对等，如请客吃饭，对方请在高档酒店吃饭，那作为回请，肯定就不能选在路边摊、小饭店吃饭，最起码也得是档次相差不多的饭店才可以，等等，它实际上的含义是符合经济学中的等价交换原则。我们发现，在高校教育资源共享当中也存在着对等原则，共享往往发生在比较对等的资源之间以及实力比较对等的高校之间等，例如有的大学城内部的各高校课程资源的共享情况很少，很少有学校把自己的优势学科、精品专业等资源拿出来共享，往往共享的都是一些普通课程、选修课程，当问及原因的时候得到的回答是"他们都没有拿出真正的优势学科来，那我为什么要拿呢"，或者是高校之间"强强联合"比较多，很少见"强校"和"弱校"之间的联合，等等。但是这种"对等"使得共享的广度和深度都非常有限，只能说是一种较低程度的共享，要想实现高校教育资源的全面共享，就要扩大"对等"的含义。

实际上，从以上对等的实例中我们可以发现，对等原则所包含的最重要的内涵是平衡，是指某一关系的各方之间在某些方面的相等或者平衡，或者是主体之间能够感受到的心理平衡，具体到教育资源共享方面，对等就是指发生共享关系的各主体之间在某些方面的相等或者平衡。这里所说的"对等"，不是简单的、机械的资源对等，比如说我用你的仪器设备，你也用我的仪器设备，或者只能是"重点大学"之间的共享等，而是资源的置换型对等，通过资源的置换实现多元性对等，例如你提供给我仪器设备资源，作为对等，我可以为你提供实习、实训基地，也可以是我向你提供仪器设备，你派教师过来为我传授课程、培训人才等。也就是说，对等不能够拘泥于简单的、形式上的对等，而是要抓住实质上的对等，要坚持置换型对等原则，这才是对等的本质含义。通过置换，只要能够满足各方的需求，或者是使各方觉得获得了某种平衡，资源的共享就可以发生。这样就把资源对等的内涵扩大了，为不同实力的高校之间实现教育资源共享提供了依据。例如我们国家高等教育的发展长期以来一直奉行的都是"重点高校"发展战略，将学校人为地划分为不同的等级，如果简单地以学校的地位、名气、实力等作为选择共享对象依据的话，那么共享的范围和程度就大大受限了，可能就会出现"985 工程"的高校只会找同属"985 工程"的高校进行资源共享，"211 工程"的高校只会找同属"211 工程"的高校进行资源共享，省属高校只能找同是省属的高校进行资源共享等情况，而像"985 工程"高校或"211 工程"高校和地方普通高校这种不同层次学校之间就无法进行资源共享了。但是如果我们坚持置换型对等的原则，那么共享应该是在所有高校之间都是可以发生的，比如说"重点大学"和"普通大学"之间，前者可以为后者提供先进的科研仪器设备资源,后者则可以为前者提供大量的科研人员、实验被试,或者是承担前者科研任务中的子课题、子项目等,通过这种置换,可以促使不同的高校充分发挥和利用各自的特色或优势,实现不同学校之间的资源共享。所以说,建立在资源置换基础上的对等原则,为不同的高校之间实现教育资源共享提供了依据。

(二) 互补原则

当前我国高校之间的差距比较明显,而这种差距已越来越影响到高校自身的发展乃至整个高等教育的发展。这种差距说到底还是资源的问题。如何变高校之间的"差距"为"差异",再将这种"差异"转变为可供自己利用的资源优势,成为摆在各高校面前的关键问题。互补原则是解决这一问题的重要原则。互补原则是指具有资源互补性的高校之间可以或者是容易实现教育资源的共享。所谓的资源互补性是指不同高校所拥有的教育资源在数量以及质量上能够互相弥补对方的不足的特性。由于办学历史、地理条件、经济状况、地方政府的发展策略等因素的影响,使得每一所高校在占有资源的数量、结构方面产生了极大差异甚至差距,任何高校都只能在某些资源方面拥有优势,而不可能拥有全部的优势,每一所学校都会有自己的比较优势,也都会有不如其他学校的地方,这就使得寻求资源几乎成为每所高校都要做的事情,尤其是对于规模较小的高校或者是处于资源劣势的高校来说,资源瓶颈约束更是不得不面对的事情。当高校向外寻求资源的时候,应当善于从对方那里获得自身发展所需的资源,注意体现互补性。坚持互补原则对于共享高校的意义主要有:

通过互补原则,一方面可以有效解决资源单一高校面临的资源缺失问题。其精髓就在于可以使高校无须花大气力在一些非特色、非优势资源的培育上面,而将主要精力都集中在核心资源、优势特色的积累上面,从而提高自身的比较优势和核心竞争力。从学科专业的设置上讲,任何一所高校都不可能也没有必要囊括所有的学科、专业,它总是会重点围绕某几个专业领域建立学校的学科体系,如理科院校、工科院校、师范类院校、财经类院校、医学类院校等,这些学校之间看似好像相关不大,但其实如果能够实现资源共享,那么将对双方都会产生良好的效益，避免同类专业、课程等资源的重复设置，从而做到互通有无，共同提高，同时也能够避免高校之间的恶性竞争，激发学校办出特色、办出水平，防止学校都向"大而全"的方向发展，防止"千校一面"局面的产生。如理工类高校、医学类高校等往往没有师范类专业，或者是虽然开设了但专业实力不强，但是这些学校的师生有时却有这方面的强烈需求，如教师的教学、科研能力需要提高，许多学生希望从事教育行业，想要当老师，希望能够接受师范类专业的教育，而师范类高校的师资培训这一块又是其他高校所不能比拟的，这些学校之间如果实现资源共享，那么师范类高校可以从其他类高校中获得先进的科研仪器设备资源、高端的学术发展平台等资源，从而促进本校教学与科研的提升，而其他类高校也可以从师范类高校中获得先进的教师培训、学生培养等资源，从而提升本校教师的教学与科研能力、促进本校学生的全面发展。

另一方面，可以有效解决资源劣势高校面临的资源质量问题。不同的学校往往拥有不同的资源水平，每一所学校它总是会在一个或几个专业方面具有优势，而在其他的方面不如其他的高校，即使是在我们国家被大家公认的实力比较强、声誉非常好的北京大学来说，它也不是每一个学科专业都是最强的，比如它的文史类学科被公认为非常不错，但是它的理工类学科相对来说就不是特别强，而对于同样是实力比较强、声誉非常好的清华大学来说，它的理工类学科应该说是实力非常强的，但是它的文史类学科相对来说也不是特别强，在这种情况下，如果这两所学校能够实现资源共享，那么北京大学不仅不会削弱它本来就很强的文史类学科，相反它原来相对比较弱的理工类学科就会得到很大提升，反之，清华大学也是这种情况。

（三）邻近原则

邻近原则是高校教育资源共享应遵循的又一原则。邻近原则是指具有地缘优势的高校之间更容易实现教育资源的共享，如果在本区域内高校能够获得的资源就尽量不要舍近求远，这也是节约成本的做法。在实践中我们也发现，地理空间的限制也是制约高校教育资源共享实现的主要障碍之一，主要是由于如果学校之间的空间距离太远，会增加许多成本的消耗，如经济成本、劳动力成本以及管理成本等，就会限制许多资源的共享（电子信息资源除外），许多资源方面就无法实现共享或者是共享效果不佳，比如课程资源共享，如果距离太远的话，两校之间的课程互选就很难实现，学生为了在不同的学校选课需要花费大量的时间、精力、交通等，甚至还存在着一定的安全隐患，如学生人身安全的考虑等，因此学校距离太远的话课程资源的共享就不太现实。再比如，学校距离太远的话，教师资源的共享也受限制，教师总不能每天在两地来回奔波，即使可以的话学校或教师个人为此付出的代价也会非常巨大，而且可能会得不偿失，等等。因此，邻近原则带给我们的启示就是当前我国高校教育资源的校际共享首先以区域共享为主，充分挖掘区域内的高等教育资源潜力，构建区域高校教育资源共享体系或平台，当本区域内无法满足本校对资源的需求时，或者区域高校教育资源共享已经发展到一定水平了，这时就可以把目光转向区域外，从全国乃至全世界的范围去寻求资源，实现教育资源更大范围的共享。

（四）补偿原则

补偿原则是指不同的高校在共享时一所高校通过给予另一所高校一定的补偿从而促成共享的实现。这里所说的补偿与当前大家普遍谈论的教育补偿不是一个概念，后者主要是为了实现教育公平而对那些处于教育不利地位的群体施加的补偿，而在高校教育资源共享中的补偿则主要包含了两种含义，既包括针对共享过程中因为各种原因所造成的损失或损耗等进行的补偿，如软硬件设备资源的损失或损耗、人员的福利待遇条件等，也包括为了平衡、匹配对方付出的资源而进行的补偿，如对兼职教师等的工资、职称待遇等方面的补偿。补偿原则既可以发生在实力相差较为悬殊的高校之间，比如"重点学校"提供优质课程资源共享，而"普通学校"则为对方提供一定的经济补偿等，也可以发生在对等高校之间的不同资源的共享。因此，补偿原则的运用也为不同层次、不同类别、不同性质高校之间实现教育资源的共享提供了理论依据。

高校教育资源共享过程中的补偿主要来源于两个方面：

第一，来自于参与资源共享高校的补偿。共享肯定会消耗一定的成本，比如共享对方高校的精密的科研仪器设备资源，这就涉及仪器设备的自身损耗、原材料的消耗、管理人员的管理成本以及日常维护等成本，通过参与共享的高校双方或多方经过协商一致，对于共享过程中所涉及的补偿机制达成一致，由接受该资源的一方承担补偿。

第二，来自于各级各类政府的补偿。当前我国高校教育资源共享的积极性和程度都不是很高，其中一个原因就是对于共享成本的担忧，有时候共享的成本比较大，超出了单个高校或几个高校的承受能力，这个时候如果政府能够提供一些补偿，为共享分担一定的成本，那么高校共享的积极性和程度就会大大提高。政府补偿的方式有很多，比如提供专项资金、搭建基础共享平台、减免行政审批手续、提供税收优惠政策等。

（五）以生为本原则

以生为本原则是指高校教育资源的共享要以学生为本，其出发点以及落脚点都是为了培养学生。"有别于其他公共服务，教育毕竟是一种为提升人类臻善的服务，是'育人'的事业。"[①] 作为高等教育主要载体的高校，最重要的任务就是要培养出满足时代需求的人才。尽管当今社会赋予了高校若干职能，如培养高素质人才的职能、科学研究的职能以及服务社会的三大职能，甚至还有人提出了高校具有"知识转化""促进就业"和"终身教育"等"新三大职能"[②]，但是无论其职能如何改变，如何增多，高校的核心职能永远不会发生改变，那就是培养人才的职能永远不会变。随着高等教育大众化时代和学习型社会的到来，以及终身教育理论的兴起，笔者认为，高等教育（或者说教育）在培养人才方面主要有两个方向：一是为社会培养符合要求的各级各类人才，二是为个体的全面发展、素质提高服务。因此，高校的一切活动都是为了促进学生的全面发展，高校教育资源共享也是

---

① 戴晓霞、莫家豪、谢安邦主编：《高等教育市场化》，北京大学出版社2004年版，第112页。

② 王洪才：《大学"新三大职能"说的缘起与意蕴》，《厦门大学学报》（哲学社会科学版）2010年第4期。

如此。共享的目的是为了让广大的学生能够享受到更多的、更优质的教育资源，从而使学生获得更好的成长机会，达到更高的发展水平，而不是主要为教师群体提供资源。衡量高校之间教育资源共享的必要性、效果等，要看是否对培养学生有利，是否使广大学生受益了，而不是共享仅止于教师就行了。北大原校长周其凤在一次演讲中也明确指出："大学是为学生办的，如果只是为了老师的学术，办一个科研院所就可以了，衡量任何事情，第一位的（是）是否对培养学生有利。"① 我们当前许多高校有时候本末倒置了，似乎忘记了自己的本职工作，不是"以生为本"，而是"以物为本"，许多资源实际上并没有应用在培养学生身上，而更多的是用在了教师的科研、学术上面，用于学校的评级、创优上了，譬如学校的科研仪器设备等资源往往是为了申报学位点、研究中心、国家级、省部级重点实验室等而购置的，大多数时候都是在为教师申请课题、写论文等所使用，而这些科研成果最终却很少应用到学生身上，那些真正用于学生身上的教学、实验等实际上很少。调查中我们也发现，许多学生真正能够共享到的资源非常可怜，仅仅限于电子文献资源等的共享方面，其他方面的资源共享非常少，这也充分说明了当前我国高校教育资源的共享并没有做到以生为本。

以生为本原则需要注意以下两点：第一，充分了解学生的需求，尽一切可能为学生提供所需的资源，真正从学生的角度出发去共享资源。了解学生需要什么样的资源，哪些资源能够在本校内部获得，哪些资源则需要与其他学校共享，明确了这一点之后，学校就要想方设法为学生去寻求这些资源，从而使共享的资源能够更加有效地满足学生的各方面需求。第二，让学生充分享受共享到的资源，使资源真正落到实处。学校要努力创设各种途径和方式使广大学生切实享受到教育资源，使资源不是束之高阁，成为学生可望而不可即的东西，也不是仅仅局限于教师群体，仅仅为教师的科研服务，而是更多地服务于

① 胡力丰：《北大校长：美国教育"一塌糊涂"，总统不懂尊重人》，2011 年 12 月 25 日，http：//news. xinhuanet. com/edu/2011 - 12/25/c_ 111295546. htm，2011 年 12 月 25 日。

普通学生，为广大学生的全面发展提供机会和条件。

综上所述，这几个原则不是孤立的，也不是互相排斥的，而是相互联系、相互影响、共同起作用的，高校在实现教育资源共享时需要全面考虑、综合运用，只有这样，才能使高校之间教育资源的共享迈向一个更高的水平。

本章小结

笔者在对资源、教育资源、共享、教育资源共享等相关概念进行重新界定的基础上，指出高校教育资源是指存在于高等学校之中、为高等学校各项教育活动服务并且能够发挥一定教育价值功能的各种资源的集合。高校教育资源共享是指不同的主体对于存在于高等学校的教育资源在不同程度上的共同享有、享受或使用，主要包括高校物力资源共享、高校人力资源共享、高校信息资源共享、高校课程资源共享、高校品牌资源共享和高校管理制度资源共享等方面。概念的清晰为后面的深入研究奠定了基础。

笔者认为，高等学校教育资源共享是需要的，也是可以实现的，而且正在或已经部分实现了。利用系统论的分析方法，笔者对高校教育资源共享的主客体进行了分析，其中，高校教育资源的共享主体是指对于高等学校的教育资源进行共建共有、合作共享的载体。这个载体既可以是组织，如高校、高校内部各职能部门等，也可以是作为个体的人，如学生、教师等。客体是指存在于高等学校的可用于共享的所有资源的集合，主要包括高校物力资源、人力资源、信息资源、课程资源、品牌资源和管理制度资源等。利用SWOT分析法对我国高校教育资源共享的内部优势、内部劣势、外部机会和外部威胁等环境情况进行了分析，并在此基础上提出了高校教育资源共享的四种战略：SO战略（发挥优势，利用机会）、WO战略（克服劣势，利用机会）、ST战略（依靠优势，回避威胁）、WT战略（减少劣势，回避威胁），为高校教育资源共享对策的提出奠定了基础。

所谓高校教育资源共享的动力就是引起或推动高等学校实现教育

资源共享的所有力量的集合。笔者认为高等教育资源供给的有限性与人民群众对于高等教育的需求日益增长之间的矛盾是推动高校教育资源共享的根本动力。高校教育资源共享的动力来源主要有两个方面：内部动力和外部动力。其中内部动力主要有主体的需求、利益吸引和制度创新，外部动力主要包括全球化的推动、社会需求、政府推动以及技术支持等。高校教育资源共享的实现是一个合力的作用，是各力量要素共同作用的结果。

高校教育资源共享应当遵循的原则主要有：第一是置换型对等原则，这里所说的"对等"，不是简单的、机械的资源对等，而是资源的置换型对等，通过资源的置换实现多元性对等。也就是说，对等不能够拘泥于简单的、形式上的对等，而是要抓住实质上的对等，要坚持置换型对等原则，这才是对等的本质含义；第二是互补原则，互补原则既可以有效解决资源单一高校面临的资源缺失问题，也可以解决资源劣势高校面临的资源质量问题；第三是邻近原则，邻近原则告诉我们在推动教育资源共享时要考虑高校的地理位置等因素；第四是补偿原则，高校教育资源共享过程中的补偿有两个来源：来自于参与资源共享高校的补偿以及来自于各级各类政府的补偿；第五是以生为本原则，一方面要为学生提供所需的资源，另一方面要让学生真正共享到教育资源。在实践当中，这几个原则是相互配合、共同起作用的。

第二章　高等学校教育资源共享的政策演变

　　我国高等学校教育资源共享理念的提出源于特定的社会背景：由于我国"穷国办大教育"的社会背景，使得投入到教育领域的经费相对于社会其他部门来说一直都很有限，"资源瓶颈"一直以来都是制约我国教育尤其是高等教育发展的最大约束条件。我国的高等教育长期以来都面临着这样的矛盾：一方面，许多高校的教育资源严重不足，无法满足广大学生的学习与生活需求；另一方面，却有不少学校重复购置、重复建设，资源利用效率低下，追求"小而全"和外延发展的现象却屡见不鲜。这种"既缺经费却又浪费，既没钱却又乱花钱"①的状况，无疑进一步加重了这种"资源瓶颈"的束缚。为了摆脱"资源瓶颈"的束缚，尽可能提高有限教育资源的利用效率，减少重复建设、资源浪费现象，教育资源共享理念开始提出并慢慢发展起来。

　　本部分旨在考察我国高校教育资源共享理念在政策规章当中的提出与发展过程，目的是想借此梳理出我国高校教育资源共享理念在国家政策规章中的发展脉络，为今后的相关政策研究和制定奠定基础。依据的材料主要是何东昌主编的《中华人民共和国重要教育文献》系列，共五本：1949—1975、1976—1990、1991—1997、1998—2002、2003—2008，以及教育部法制办公室 2010 年编撰的《中华人民共和国教育法律法规规章汇编》（上、下册）。2008 年以后的相关文献主要从教育部网站（网址：http://www.moe.edu.cn/）中获得。选择文献的依据主

---

　　① 张保庆：《关于中国教育经费问题的回顾与思考》，载何东昌主编《中华人民共和国重要教育文献》（1998—2002），海南出版社 2003 年版，第 477 页。

要是教育部或国家其他各部委颁布的包含有"教育资源共享"相关概念或内容阐述（如"共享、合作、协作、开放、联盟"等）的政策法规、重要领导人发言等。

一　我国高等学校教育资源共享的政策演变历程

共享其实并不能算作是一个新理念，生活中处处都存在和发生着共享行为，即使是在教育领域，教育资源的共享理念在新中国成立初期也已经有了萌芽，只不过那个时候共享更多的只是当时教育资源极度匮乏背景之下的一种无奈之举，并非高等教育发展的一种主动选择。经过 60 多年的发展，我国在经济、社会、政治、文化等各方面都有了翻天覆地的变化，这期间高校教育资源共享的内涵也随之发生了转变，越来越成为当前高等教育发展的重要理念之一。这期间我们国家针对高校教育资源的共享也颁布、出台了许多政策规章，每个时期的政策规章对于共享的理解或规定也都不同。想要用具体的年份来对这个时期区分出明确的阶段是一件很难的事情，因为共享的发展是一个渐进演变的过程，而不是一个突变的过程，很难找出一个独立的"节点"。因此，本研究用年代作为区分工具，希望借此来对我国政策规章中关于高校教育资源共享理念的提出与发展做一个大概的描摹，以求对其发展演变过程有一个粗略的了解。

我国高校教育资源共享理念在政策中的提出与发展大体经历了以下三个阶段：

（一）被动选择阶段

第一阶段，1949 年—20 世纪 70 年代，为高校教育资源共享的被动选择阶段，也可以称为萌芽阶段，此时已经开始有人提出"共享"理念，但是此时各种因素都还不成熟，只能作为一种潜在的因素，具有明显的被动特点。从这一时期的政策条文中也能够看出被动的态度，如政策中往往含有"必要时"等措辞，反映了一种消极应对的态度，而不是主动选择。

这一时期出台的最重要的法规条文是 1962 年 9 月 8 日教育部发布

的《高等学校实验室仪器设备暂行管理办法（草案）》，其中的第二十一条指出："学校、系和教学研究室应及时做好仪器、设备的调剂和组织协作的工作，对精密、贵重、稀缺的仪器设备，必要时，可参加当地的校际协作及与其他部门的协作，以提高仪器、设备的利用率。"除此之外，这一时期针对高校和科研机构之间的合作共享也开始有所涉及，如在1956年1月11日中国科学院、高等教育部发布的《关于高等学校和科学研究机关几项试行的合作办法的通知》中就提出了高等学校和科学院之间的几种合作方式、方法，体现在：（1）软硬件设备资源方面。为了发挥某一学科或培养科学研究干部，高等学校和科学院的一方可以利用另一方的特有的高级研究人员和设备进行科学研究工作，具有一定条件的一方应尽最大可能给予另一方以合作的便利；高等学校和科学院的图书资料和仪器，在不妨碍原单位本身任务的情况下，应做到互通有无，使双方的科学家能充分利用现有的图书、资料和仪器进行科学研究工作。（2）师资培训方面。高等学校的科学家和科学院的科学研究机关应在基本上不妨碍其本身任务情况下，尽可能代对方培养某种学科的研究生或青年科学干部。同时，高等学校和科学院应鼓励科学家在工作需要、本人自愿的情况下，在双方兼职。（3）科研方面。高等学校为了完成教学任务，提高教学质量，可以商请科学院的某些科学家进行某种教学工作，而科学院的科学研究机构也可以委托高等学校的某一科学家进行某种科学研究工作。

通过梳理我们可以发现，虽然这一时期还没有"共享"这个词汇的出现，但是已经出现了共享精神的萌芽，如软硬件设备资源方面的"互通有无"、师资培训方面的"双方兼职"、科研方面的"商请""委托"等，这在我们今天的资源共享中仍然能够觅得它们的影子。这一时期我国高校教育资源共享的理念尚未清晰，而且带有明显的被动色彩，究其原因主要是由于我国刚刚建国，百废待兴，资源的严重短缺而导致的不得不为的状态。

（二）主动探索阶段

第二阶段，20世纪80年代—90年代前期，为高校教育资源共享的主动探索阶段，在这一时期，真正意义上的共享开始出现，并为后来高校教育资源共享的蓬勃发展起了不可估量的作用。这一时期我国在高校教育资源共享方面开始了主动探索，但是主要局限于物质资源共享方面。这一阶段出台的相关政策条文主要有：

1983年12月15日教育部发布的《高等学校实验室工作暂行条例》中提道："第十一条，实验室应积极开展校内外协作和实验技术与情报资料交流等活动。第十四条，购置大型、精密、稀缺、贵重仪器设备前，要进行可行性论证，避免造成积压浪费。"从这一条例中我们可以清楚地发现，从这个时候开始，我们对于共享的态度已经有了明显的转变，由之前的"被动"转为了"主动"，指出要"积极"开展校内外的协作与交流等活动，这表明，我们已经开始认识到协作共享的意义，开始主动寻求校内外的资源共享。因此，可以说，从这个时候起，资源共享已经开始成为我国高等教育发展的一个极为重要和优化的路径选择。

1984年5月22日教育部发布的《高等学校仪器设备管理办法》中提道："第十九条，要通过研究仪器设备管理和使用工作中的经济规律，逐步确定技术状况、完好率、利用率等综合性考核指标，进行经济技术分析，采取相应的措施，调动各种积极因素，努力提高仪器设备的利用率。第二十二条，精密贵重仪器要实行专管共用，在完成教学和科研任务的前提下，要积极参加校际和地区协作，对外开展技术服务，并制定合理的收费（包括收取必要的折旧费）标准。"这一办法中首次将仪器设备的利用率作为高校仪器设备管理的考核指标之一，并指出精密贵重仪器要"积极"参加校际和地区协作，有利于促进仪器设备资源的共享。

1987年7月25日国家教育委员会发布的《普通高等学校图书馆规程》中提道："第十三条，高等学校图书馆应积极参加本地区、本系统的馆际协作，做好文献资料采集、馆际互借、编制联合目录、组织业务交流、人员培训以及新技术应用的研究等方面的协调工作，实行资源共享。"本规程对高校之间图书馆资源的共享内容与方式等做了规定。

1988年9月7日国家教育委员会发布的《国家教育委员会直属高等学校科学技术研究机构管理暂行办法》第二十六条指出："要本着

适用、节约的原则，不断改善科研条件；加强科研设备管理，努力提高仪器设备使用效益。充分发挥现有大型精密仪器设备的作用，有条件的应积极对外开放。"此办法对教育部直属高校科研机构的资源应与校外共享提出了一些要求。

1990 年 3 月 28 日国家教育委员会发布的《关于高等院校物资工作若干问题的规定》中提道："第八条，要加强校、系两级对重大设备布局的统筹，避免低使用效率的重复购置。第十一条，凡利用学校仪器设备和设施开展社会服务或兴办企业，必须以不妨碍正常教学、科研和生活秩序为原则，并应向学校上交设备折旧费和各种消耗费，补偿相关费用。第十二条，要提高设备器材的利用效益。通用的大型仪器设备原则上要向全校开放使用，有的要按中心实验室建制，由学校或系领导协调，拟定办法实行共用；一般实验室按面向的范围不同，在系一级或教研组（或研究室）一级建制，仪器设备器材在系或教研组统一协调下使用。凡是将实验室分得过小，建制过多，分散了人力、物力，降低了利用效益的，要进行实验室建制的整顿。"此规定对高校内部的教育资源共享做了较为详细的规定，有利于校内资源的整合统筹，提高资源的利用效益等。

1991 年 4 月 28 日国家教育委员会发布的《高等学校开放研究实验室管理办法》中第五条提道："开放研究实验室以研究工作开放为主，同时实行仪器设备、设施及技术、图书资料、软件等条件的开放。"此办法对高校开放实验室的资源共享做了规定。

1992 年 6 月 27 日国家教育委员会发布的《高等学校实验室工作规程》中第十七条指出："高等学校应通过校际间联合，共同筹建专业实验室或中心实验室。也可以同厂企业、科研单位联合，或引进外资，利用国外先进技术设备，建立对外开放的实验室。"此规程提出高校实验室可以实行校际联合、共建，为校际实验室资源的共建、共享做出了规定，从而利于校际资源的整合。

从以上政策条文我们可以看出，这一阶段我们国家对于高校教育资源的共享已经开始了主动探索，从措辞上开始出现了"积极""努力"等词汇，从态度上实现了从"被动选择"到"主动探索"的转变，"共享"一词也开始在政策条文中出现，这表明，我们已经开始认识到共享的意义，并开始主动寻求教育资源的共享。这一时期开始关注教育资源的利用率问题，对于共享的一些具体方式也有了初步的研究，而且对于共享中的收费问题也有了基本的规定，但是共享的局限性很大，仅限于高校物质资源层面，主要是仪器设备、图书馆和实验室等资源的共享，对于高校的其他教育资源共享尚未涉及。

（三）全面发展阶段

第三阶段，20 世纪 90 年代后期至今，为高校教育资源共享的全面发展阶段，此时，我国的高校教育资源共享已经开始为社会所认可和接受，并对共享的形式与内容等开始了更深入的探索，表现出了全面性、多样性的发展特征。

这一阶段以 1995 年 7 月 19 日国务院办公厅转发的《国家教委关于深化高等教育体制改革的若干意见》为标志，该意见中指出："积极开展多种形式合作办学试验。距离相近的不同类型、不同科类的学校，开展学校之间的合作办学，在自愿互利的基础上，实行资源共享、优势互补、学科交叉、协同发展，共同提高办学水平和效益。合作办学的高等学校，要通过互聘教师、互相承认学分、共同开展科学研究和技术开发、联合培养研究生、合作开展对外交流活动、实行计算机联网、共用图书资料和教学、科研试验设施、共办产业以及共同建设公共服务设施等，充分挖掘各校潜力，真正做到互惠、互利、互补，共同发展，共同提高。积极创造条件，促进部分学科互补的或一些规模较小、科类单一、设置重复的学校进行合并。合并学校的目的在于优化某一地区或全国高等教育的结构和布局，合理使用有限的教育资源与经费，提高教育质量和办学效益。"正是这一意见的出台，规范了高校之间的合作办学、学校合并等资源共享行为，使得高校教育资源共享的层面被进一步扩大了，因此，这一意见的出台具有里程碑式的意义。

这一阶段出台的相关政策比较多，大致可以分为以下几个方面：

1. 关于高校课程资源共享的规定

1998 年 12 月 24 日教育部颁布的《面向 21 世纪教育振兴行动计

划》中指出："（有条件的高等学校）要依托现代远程教育网络开设高质量的网络课程，组织全国一流水平的师资进行讲授，实现跨越时空的教育资源共享，向各行业的管理人员和专业人员提供多种继续教育课程。"该计划提出了通过现代远程教育网络实现高校教育资源共享的方式。

2000 年 7 月 28 日教育部发布的《关于支持若干所高等学校建设网络教育学院开展现代远程教育试点工作的几点意见》中指出："加大经费投入，减少重复建设，协作开发丰富的高质量的网上教学资源、试题库及网上测试系统，保证网络教学工作的顺利进行；要依法保护知识产权，并建立起资源共享的形式和运行机制，形成网上教育资源建设的滚动发展机制，促进我国信息产业的发展。""在开展网络教学工作的过程中，要树立资源共享的观念，积极保护知识产权，建立资源共享的形式和机制。不仅要共享网上教学资源，还应共享校外的教学支撑服务体系。例如，可以充分利用广播电视大学遍布全国的办学网点，建立起网络教育学院的校外教学支撑服务体系，将高等教育送到农村、边疆和不发达地区。又如，通过认证或收购建立全国共享的课件库，尽量减少学校自行建设课件的重复，保证国家投入的经费能够最大限度地发挥作用，产生最大限度的效益。"该意见中明确提出了在实现网络教育资源共享过程中要注意保护知识产权的问题，并努力建立资源共享的形式和运行机制等。

2002 年 7 月 8 日教育部发布的《关于加强高校网络教育学院管理提高教学质量的若干意见》中指出："加强远程教育公共服务体系建设，促进资源共享，提高校外教学支持服务水平。""试点高校应转变观念，逐步实施和完善各自的学分认可制度，主动共享其他高校的优秀教育资源。"此意见进一步提出要逐步实施各试点高校网络教育学院的学分认可制度，从而推动高校优秀教育资源共享程度的深化。

2004 年 3 月 3 日国务院批转的《2003—2007 年教育振兴行动计划》中指出："改善高等学校基础课程教学，建设精品课程，改造和充实基础课教学实验室，进一步建设全国高等学校数字图书文献保障体系（CALIS）和全国高等学校实验设备与优质资源共享系统。""继续实施'985 工程'，……紧密结合国家创新体系建设，集成优质资源，创建一批高水平、开放式、国际化的科技创新平台和人文社会科学研究基地，造就学术大师和创新团队，使之在国际上占有一席之地，促进资源共享为国家现代化建设做出重大贡献，全面提高学校的整体水平和综合实力。"

2006 年 9 月 11 日教育部发布的《关于进一步深入开展对口支援西部地区高等学校工作的意见》中指出："积极利用中国教育和科研计算机网、教育卫星网，使受援高校共享优质的教育资源。要创造条件，利用现代远程教育，帮助受援高校开设紧缺的高质量课程，并积极进行支援高校为受援高校开展专业教育的探索。"该意见提出通过现代远程教育网络，使得高校教育资源共享突破地理区域的限制，使得东西部的高校都能够共享优质的教育资源。

2009 年 7 月 1 日教育部、财政部发布的《关于批准立项建设"高等学校教师网络培训系统项目"的通知》中指出："为有效促进优秀教学成果和优质教学资源的广泛应用和共享，解决广大青年教师教学经验缺乏和教学能力不足的突出问题，提高高校教师的教学水平和教学效果，在教育部、财政部组织专家论证的基础上，经研究，现批准立项建设'高等学校教师网络培训系统项目'，并纳入高等学校本科教学质量与教学改革工程总体规划。"该通知指出建设"高等学校教师网络培训系统项目"的目的就是促进优质教学资源的共享，从而提高广大青年教师的教学经验和教学能力。

2011 年 7 月 1 日教育部、财政部发布的《关于"十二五"期间实施"高等学校本科教学质量与教学改革工程"的意见》中指出："（加强）国家精品开放课程建设与共享：利用现代信息技术，发挥高校人才优势和知识文化传承创新作用，组织高校建设一批精品视频公开课程……按照资源共享的技术标准，对已经建设的国家精品课程进行升级改造，更新完善课程内容，建设一批资源共享课。完善和优化课程共享系统，大幅度提高资源共享服务能力；继续建设职能完善、覆盖全国、服务高效的高校教师网络培训系统，积极开展教师网络培训。""整合各类实验实践教学资源……形成一批高等学校共享共用的国家大学生校外实践教育基地。"该意见指出重点通过国家精品开放课程建设来实现高校课程资源共享以及实现实验实践教学资源的共享。

2011 年 10 月 12 日教育部发布的《关于国家精品开放课程建设的实施意见》中提出："国家精品开放课程包括精品视频公开课与精品资源共享课，是以普及共享优质课程资源为目的、体现现代教育思想和教育教学规律、展示教师先进教学理念和方法、服务学习者自主学习、通过网络传播的开放课程。"该办法对国家精品开放课程的建设和运行机制做了总体规定。

2012 年 5 月 21 日教育部办公厅颁布的《精品资源共享课建设工作实施办法》中提出："鼓励高等学校采取校际联合、学校与社会联合等方式，建设精品资源共享课，实现课程共建共享。""教育部组织建设国家开放课程共享系统，并通过协议约定，实现课程的基本资源免费共享、拓展资源有条件共享，保证国家级精品资源共享课的便捷获取和使用，满足高校师生和社会学习者多样化需求。"该办法鼓励高校之间共建共享精品课程资源，并实现分层次共享。

2. 关于高校教师资源共享的规定

1999 年 8 月 16 日教育部发布的《关于新时期加强高等学校教师队伍建设的意见》中指出："适应学科发展的趋势，根据高校自身特点，改革、调整教学科研组织方式，优化教师资源配置，加强校际合作，加大学科交叉合作的深度和广度，积极组织以学科群为基础的高层次人才协作。按照相对稳定、合理流动、专兼结合、资源共享的原则，探索和建立相对稳定的骨干层和出入有序的流动层相结合的教师队伍管理模式和教师资源配置与开发的有效机制。通过加强协作、联合办学、研究生兼任助教、青年教师兼做班主任和学生政治辅导员、互聘联聘教师、聘任兼职教师、返聘高级专家等多种途径，拓宽教师来源渠道，促进教师资源的合理配置和有效利用。"该意见对于教师资源共享的具体途径提出了一些建议，对于新时期推动高校教师资源的共享具有重要的意义。

2017 年 1 月 25 日教育部办公厅发布的《关于坚持正确导向促进

高校高层次人才合理有序流动的通知》中指出："鼓励高校建立协商沟通机制，探索建立人才成果合理共享机制，探索人才流动中对前期培养投入的补偿机制，努力形成高校、人才各方共赢的良好局面。"该通知的最大亮点在于提出要探索人才流动中对前期培养投入的补偿机制问题，实质上即是要探索解决高校教师资源共享的前期培养成本问题，该问题的解决有可能为高校教师资源共享扫清部分障碍。

3. 关于高校物力资源共享的规定

2000 年 3 月 21 日教育部发布的《高等学校仪器设备管理办法》中指出："第五条，仪器设备在使用中应保持完好，做到合理流动、资源共享。杜绝闲置浪费、公物私化。第十四条，高等学校仪器设备要实行专管共用、资源共享。尽量使用外单位已有的仪器设备，避免出现区域性仪器设备的重复购置。学校仪器设备在完成本校教学、科研任务的同时，要开展校内、校际和跨部门的咨询、培训、分析测试等协作服务工作，努力提高仪器设备的使用率。第十五条，高等学校应根据仪器设备的使用情况制定收费标准。学校对内教学使用仪器设备不得收费，科研使用仪器设备可适当收取机时费。学校仪器设备对外服务应按规定收取机时费，所收经费由学校财务部门统一管理，并根据学校、省级、国家级主管部门有关规定将其大部分经费返还有关实验室用于补偿仪器设备的运行、消耗、维护、维修及支付必要的劳务费用。"该办法对于高校仪器设备资源的共享做了较为详细的规定，如避免区域性仪器设备资源的重复购置、杜绝闲置浪费等，并对共享费用的收费情况也提出了指导性的要求，有利于实践中资源共享的实现。

2003 年 4 月 16 日教育部印发的《高等学校重点实验室建设与管理暂行办法》中指出："重点实验室实行'开放、流动、联合、竞争'的运行机制。重点实验室应重视和加强管理工作，仪器设备要相对集中，统一管理，凡符合开放条件的仪器设备都要对外开放。"此办法对高校重点实验室的仪器设备资源共享提出了规定性。

2005 年 1 月 17 日教育部发布的《关于转发国家发改委批复高等学校仪器设备和优质资源共享系统"十五"建设项目及成立项目管理

机构的通知》中指出："'高等学校仪器设备和优质资源共享系统'是'十五''211 工程'建设的国家高等教育公共服务体系之一，由清华大学牵头，联合北京大学、上海交通大学、华中科技大学、南京大学、浙江大学、西安交通大学、吉林大学、中山大学、四川大学等高校共同建设的。"这是在我国"211 工程"高校中建设的教育资源共享系统之一，有助于促进我国"重点大学"之间的优质教育资源共享。

2015 年 8 月 20 日教育部印发的《教育部重点实验室建设与运行管理办法》中指出："实验室的科研设施和仪器设备、数据库和样本库等科技资源，在满足科研教学需求的同时，应建立开放共享机制，面向社会开放运行。实验室应设立公众开放日，面向社会开展科学知识传播。"

2015 年 12 月 25 日教育部办公厅出台的《关于加强高等学校科研基础设施和科研仪器开放共享的指导意见》从建立开放共享机制、建设信息服务平台、加强人才队伍建设、创新完善管理模式、建立成本核算和服务收费管理机制、建立分类考核评价办法、建立激励和调控机制、加强信息安全和知识产权保护等八个方面切实推进高等学校科研基础设施和科研仪器的全面开放、充分共享。该意见的亮点在于对共享的收费问题、激励问题和知识产权问题等有了概括性的规定，为今后相关问题的细化提供了基础。

4. 关于高校信息资源共享的规定

2002 年 2 月 21 日教育部发布的《普通高等学校图书馆规程》（修订）中指出："高等学校图书馆的主要任务之一是：积极参与文献保障体系建设，实行资源共建、共知、共享，促进事业的整体化发展。开展各种协作、合作和学术活动。""有条件的高等学校图书馆应尽可能向社会读者和社区读者开放。面向社会的文献信息和技术咨询服务，可根据材料和劳动的消耗或服务成果的实际效益收取适当费用。"本规程对于高校图书馆面向社会和社区读者开放的收费问题做了规定。

2004 年 11 月 15 日教育部颁布的《高等学校中长期科学和技术发展规划纲要》中指出："抓住信息化建设的发展机遇，以信息化带动教育、科研工作现代化，并以此为基础搭建教育科研公共服务平台。

具体包括：高水平的计算机网络服务平台，以科技成果信息、科技期刊信息、图书馆和博物馆为主体的数字化科研信息资源平台，大型仪器设备共享平台，成果转化综合服务平台。""改善科技创新基础条件，加快实现资源共享。支持在高校建立国家大型仪器中心，推动科学仪器和科学数据的共享。"该纲要重点针对高校为实现科技方面的发展而推动科学仪器和科学数据等方面的共享做出了规定。

2005 年 6 月 8 日教育部印发的《教育部科技基础资源数据平台建设管理办法》中指出："教育部科技基础资源数据平台是运用现代信息技术，对高校科技基础资源数据，特别是自然科技资源和科学数据等进行战略重组和系统优化，以促进高校科技资源的高效配置和综合利用，提升高校科技创新能力，拓宽人才培养手段的共享性基础设施。""平台建设按照统筹规划、分步实施、共建共享、优化提升的原则……整合高校优势资源。""平台建设是一项长期的基础性工作。在明晰平台未来建设内容和发展目标的基础上，遵循'整合、共享、完善、提高'的建设思路，本着'以发展为动力、以共享为核心、以服务求支持'的原则，确保平台健康、持续发展。"该办法针对为推动高校科技基础资源数据共享而搭建的教育部科技基础资源数据平台提出了建设思路、原则等，突出了"资源共享"在平台建设当中的重要性。

2006 年 3 月 23 日教育部、科技部颁布的《关于进一步加强地方高等学校科技创新工作的若干意见》中指出："（地方高校）要深化内部科研管理体制和运行机制改革，加强制度建设，创新科研管理与组织模式，建立有利于创新、开放和共享的运行机制，鼓励前沿、交叉和边缘学科的发展，适应现代科学发展的趋势。""加强科技基础性工作，整合高校的数据资源形成主题数据库或科学数据中心（网）并实现共享。地方高校要加强动植物种质资源库、微生物和人类遗传资源库、标本库等资源平台建设。对于社会有需求、已具备开放共享条件的高校科技资源平台，地方科技部门应予立项支持。""地方高校和教育部直属高校之间要加强大型科学仪器设备、基础性科技数据库和资源库的开放和共享。支持地方高校与教育部直属高校合作申请国家科技计划项目。鼓励地方高校和其他高校联合建立科技创新基地，合作培养高层次人才，共同承担科技计划项目。提倡教育部直属高校采取多种方式帮助地方高校培养拔尖创新人才，提高地方高校科技人员的学术水平和创新能力。"该意见的最大亮点在于明确提出地方高校和教育部直属高校这两类不同主管部门的学校之间要进行资源的共享，这对于拓宽高校教育资源共享的层次和范围具有十分重要的意义。

2006 年 8 月 15 日教育部办公厅发布的《关于印发教育部科技基础资源数据平台评估规则的通知》中指出："评估规则和评价指标根据平台建设的特点和要求，着重评价平台的资源数据数量与质量、资源数据共享与服务、平台运行管理以及可持续发展的能力等。"其中将资源的共享程度和水平等列为平台的评估指标之一，有助于推动共享的实现。

2010 年 1 月 22 日教育部发布的《关于进一步推进对口支援西部地区高等学校工作的意见》中指出："充分利用现代信息技术，共享高等学校优质资源。受援高校要在支援高校的帮助下，充分利用现代信息技术，以提升接受国内外优质高等教育资源能力为目的，着力建设数字化校园、数字化图书馆和数字化教室等优质资源共享平台，解决自身优质资源匮乏问题，实现优质高等教育资源共享，促进人才培养、科学研究和社会服务水平等方面实现跨越式发展。教育部将进一步采取措施推进现代信息技术在对口支援工作中的利用。"该意见指出要充分利用现代信息技术，从而实现支援高校与西部受援高校之间的资源共享，解决西部高校自身的优质资源匮乏问题。

5. 关于共享平台或组织的规定

2004 年 10 月 19 日教育部印发的《教育部工程研究中心建设与管理暂行办法》中指出："工程中心是高等学校科技创新体系的重要组成部分。是高等学校加强资源共享、促进学科建设与发展、组织工程技术研究与开发、加快科技成果转化、培养和聚集高层次科技创新人才和管理人才、组织科技合作与交流的重要基地和平台。"该办法对于依托高校开展工程技术创新与系统集成的教育部工程研究中心其加强资源共享的内在要求做了规定。

2006 年 10 月 27 日教育部发布的《关于加强国家重点学科建设的意见》中指出："发挥国家重点学科的骨干和示范作用。国家重点学科建设要构筑能够承担国家重大任务的学科平台，建立资源共享机制，提高建设效益。要利用国家重点学科在教学、科研、人才培养、师资等方面的优质资源，大幅度增强高等学校科研和创新能力，带动高等教育整体水平的提高。"该意见指出国家重点学科建设也要建立资源共享机制，以实现优质教育资源的共享。

2012 年 3 月 15 日教育部、财政部颁布的《关于实施高等学校创新能力提升计划的意见》中提出要创建一批"2011 协同创新中心"，大力推进高等学校与高等学校、科研院所、行业企业、地方政府以及国际社会的深度融合，探索建立适应于不同需求、形式多样的协同创新模式。

6. 关于"重点大学"之间教育资源共享的规定

1995 年 11 月 18 日国家计委、教委、财政部印发的《"211 工程"总体建设规划》中指出："高等教育公共服务体系以重点建设的学校为依托，按照资源共享、服务全国的原则，从整体上加强我国高等教育基础设施建设，提高高等学校的办学水平和办学效益。"提出在"211 工程"的建设任务之一是构建高等教育公共服务体系，主要包括中国教育和科研计算机网、图书文献保障系统、现代化仪器设备共享系统等建设内容，其目的是实现重点大学的优质教育资源共享，并服务全国。随后国家计委、教育部和财政部又相继印发了"十五""十一五"以及"十二五"期间"211 工程"项目的建设意见，其中指出要继续建设高等教育公共服务体系，逐渐形成高等学校优质资源共享机制。

2004 年 6 月 2 日教育部、财政部颁发的《关于继续实施"985 工程"建设项目的意见》中指出："突破以传统学科界限为基础的科研管理与学科组织模式，建立有利于创新、交叉、开放和共享的运行机制，以适应现代科学发展综合化趋势。"该意见指出要建立共享机制以适应现代科学发展的综合化趋势。

7. 关于本科教学资源共享的规定

2001 年 8 月 28 日教育部印发的《关于加强高等学校本科教学工

作提高教学质量的若干意见》中指出："鼓励高校之间、高校与科研机构、企业的教学合作和有序的人才流动，鼓励派出优秀骨干教师到国外著名大学进行教学进修学习。""学校的各类实验室、图书馆要对本科生开放，打破学科壁垒，加强统筹建设和科学管理，实现资源共享，提高使用效率。"该意见指出高校内部要打破学科壁垒，从而实现资源共享。

2004 年 12 月 2 日教育部原部长周济在第二次全国普通高等学校本科教学工作会议上的讲话《大力加强教学工作，切实提高教学质量（节录）》中指出："大力推进优质教学资源建设与共享……集中建设，广泛共享。一是抓精品教材建设。二是抓优质课程建设，要建设国家、省、学校三级精品课程体系，重点建设 1500 门国家精品课程和共享平台……我们还要加快大型仪器设备共享系统、高校数字图书馆、多媒体网络教学环境等优质资源建设，扩大优质教学资源的领域和共享范围。""要加强教学实验室建设，提高实验设备的共享程度和使用效率。高等学校的科研实验室要向本科教学开放，教学实验室要增加开放时间，努力为大学生创造更好的实验教学条件，给大学生创造更多动手操作的机会。"他提出要从精品教材建设、优质课程建设、大型仪器设备共享系统建设、高校数字图书馆建设、多媒体网络教学环境建设等方面来实现和扩大高校优质教学资源的建设和共享。

2007 年 1 月 22 日教育部、财政部发布的《关于实施高等学校本科教学质量与教学改革工程的意见》中指出："质量工程以提高高等学校本科教学质量为目标，以推进改革和实现优质资源共享为手段，按照'分类指导、鼓励特色、重在改革'的原则，加强内涵建设，提升我国高等教育的质量和整体实力。""积极推进网络教育资源开发和共享平台建设，建设面向全国高校的精品课程和立体化教材的数字化资源中心，建成一批具有示范作用和服务功能的数字化学习中心，实现精品课程的教案、大纲、习题、实验、教学文件以及参考资料等教学资源上网开放，为广大教师和学生提供免费享用的优质教育资源，完善服务终身学习的支持服务体系。"该意见指出高等学校本科教学质量与教学改革工程以实现优质资源共享为手段，同时提出网络教育资源应使广大师生能够免费享用。

2007 年 2 月 17 日教育部发布的《关于进一步深化本科教学改革全面提高教学质量的若干意见》中指出：“全面推广和广泛使用‘国家精品课程’，积极鼓励高等学校之间的跨校选修课程机制，加强高等学校之间学分互认等，使学生享受更多的优质教学资源，并逐步实现教学资源共享机制稳定化、常规化。”“要根据培养学生动手和实践能力需要，不断改善实验和实习教学条件，采用多种方法改造和更新实验设备，提高实验设备的共享程度和使用效率，为教学提供必要的实验和实习条件。”“高等学校要在教学活动中广泛采用信息技术，不断推进教学资源的共建共享，逐步实现教学及管理的网络化和数字化。”该意见指出为了进一步深化本科教学改革，全面提高教学质量，可以从“国家精品课程”推广、跨校选修课、学分互认、实验仪器设备共享、网络教育资源等方面来实现资源的共享。

2007 年 7 月 13 日教育部、财政部发布的《关于印发〈高等学校本科教学质量与教学改革工程项目管理暂行办法〉的通知》中指出：“‘质量工程’包括专业结构调整与专业认证、课程教材建设与资源共享、实践教学与人才培养模式改革创新、教学团队和高水平教师队伍建设、教学评估与教学状态基本数据公布和对口支援西部地区高等学校六个方面建设内容。”该办法对高校课程教材资源的共享做了规定性。

8. 关于研究生教育资源共享的规定

2005 年 1 月 21 日教育部发布的《关于实施研究生教育创新计划，加强研究生创新能力培养，进一步提高培养质量的若干意见》中指出：“建立优质教学资源共享体系：加强优质研究生教学用书建设，发挥高校知名专家、学者的优势，在一些基础性、通用性课程编写出系统性强、内容新、水平高的教学用书或精品教案，或有组织地引进一批国外先进的教材或教案。”“建立优质研究生教学资源网络共享体系，如高水平系列学术讲座、精品课程等多媒体课件、精品教案库、信息与学术交流网站以及其他网络资源利用平台。”“建立博士生访学制度。为优秀博士生访学提供支持，配备导师并为其进行实验、合作研究等学术访问活动提供条件，以发挥特色优势学科的辐射作用，实现学科间、高校间的优势互补、资源共享。"本意见针对研究生教育资源的共享方式和途径作了规定，包括优质研究生教学用书建设、优质研究生教学资源网络共享体系建设以及博士生访学制度等方式。

2010 年 3 月 30 日教育部发布的《关于开展高等学校和工程研究院所联合培养博士研究生试点工作的通知》中指出："要按照'联合招生、合作培养、双重管理、资源（成果）共享'的基本模式，逐步优化培养方案，使联合培养工作成为培养高层次拔尖创新工程科技人才的重要渠道。"该通知提出了在高校与工程研究院所联合培养博士研究生的过程中也要注意资源共享，从而提高培养的质量。

2010 年 9 月 20 日教育部发布的《关于设立全国研究生学术交流平台的通知》中指出："设立全国研究生学术交流平台，支持开展全国性研究生学术交流活动，扩大院校之间、学科之间、研究生之间交流，创新培养模式，共享优质教育资源，促进高层次创新人才脱颖而出。"该通知指出通过设立研究生学术交流平台来实现研究生教育资源的共享。

9. 关于教师教育资源共享的规定

2011 年 10 月 8 日教育部颁布的《关于大力推进教师教育课程改革的意见》中提出："实施'教师教育国家精品课程建设计划'，通过科研立项、遴选评优和海外引进等途径，构建丰富多彩、高质量的教师教育国家精品课程资源库。大力推广和使用'国家精品课程'，共享优质课程资源。"该意见提出通过教师教育国家精品课程建设加大教师教育课程资源的共享。

2012 年 9 月 6 日教育部、国家发展改革委和财政部联合发布的《关于深化教师教育改革的意见》中明确指出："支持部属师范大学与地方师范院校合作建立区域性教师教育联盟。""支持师范大学与综合大学、科研院所、行业企业、地方政府及国外教育科研机构深度合作，建立教师教育协同创新中心。推进高等学校内部教师教育资源的整合，促进教师培养、培训、研究和服务一体化。"该意见明确指出部属和地方师范院校之间通过建立区域性教师教育联盟的方式实现教育资源的共享，并通过构建教师教育协同创新中心的方式实现师范院校与其他校企等机构的深度合作。

10. 关于职业教育资源共享的规定

2006 年 11 月 3 日教育部、财政部发布的《关于实施国家示范性高等职业院校建设计划，加快高等职业教育改革与发展的意见》中指出："对需求量大、覆盖面广的专业，中央财政安排经费支持研制共享型专业教学资源库，主要内容包括专业教学目标与标准、精品课程体系、教学内容、实验实训、教学指导、学习评价等要素，以规范专业教学基本要求，共享优质教学资源；针对职业岗位要求，强化就业能力培养，为实施'双证书'制度构建专业认证体系；开放教学资源环境，满足学生自主学习需要，为高技能人才的培养和构建终身学习体系搭建公共平台。"该意见提出为了推动高职院校的建设，由中央财政支持研制共享型专业教学资源库，从而实现高职院校的优质教育资源共享。

2009 年 2 月 20 日教育部发布的《关于加快高等职业教育改革，促进高等职业院校毕业生就业的通知》中指出："（高职院校）后期调整方向的专业，更要加强与其他高职院校相关专业和企业的联合与协作，尽力获得专业教师、企业技术能手、行业专家顾问的支持，并共享实训实习条件，以弥补本校本专业在师资、实践条件上的不足。'国家示范性高等职业院校建设计划'立项建设院校和中央财政支持建设的职业教育实训基地，必须起到模范带动作用，向其他高职院校开放实习实训基地，共享教学资源，帮助本地区、同行业高职院校完成学生顶岗实习前的实训教学。"该通知对高职院校的实习实训基地等教学资源的共享给出了指导性意见，有助于促进高职院校的教育资源共享。

11. 关于区域高等教育资源共享的规定

2013 年 2 月 20 日教育部、国家发展改革委和财政部联合印发的《中西部高等教育振兴计划（2012—2020 年）》提出："加强信息化公共服务平台建设……加强数字化教室、数字化图书馆等信息化条件建设，将东部高校和中西部中央部委属高校的优质教学资源输送到中西部地方高校。""推进优质数字化资源共建共享。建立东中西部高校之间、中西部高校之间优质数字化资源共建共享机制。国家精品视频公开课程和精品资源共享课程，向中西部高校免费开放。完善数字化教学支持、使用、评价等服务体系，促进教育信息资源与课堂教学的有机结合，加速实现各种优质教育资源的集成共享。"该计划不仅提出东部高校和中西部高校之间在优质教育资源上的共建共享，而且对于精品课程资源的共享明确提出免费的概念。

2014年6月6日教育部出台的《关于进一步推进长江三角洲地区教育改革与合作发展的指导意见》中提出要从加强区域高校校际合作、共建区域教育协作发展平台、构建区域内优质教育资源共享平台和推进区域性师资队伍建设合作四个方面创新区域教育合作体制机制。该意见为跨省的区域教育资源共享做出了规定。

12. 关于全面共享的规定

1998年8月29日颁布的《中华人民共和国高等教育法》中第十二条指出："国家鼓励高等学校之间、高等学校与科学研究机构以及企业事业组织之间开展协作，实行优势互补，提高教育资源的使用效益。"其中明确指出高校之间应加强合作共享。在2015年12月27日新修订的版本中这一条没有任何变化。

2010年7月29日公布的《国家中长期教育改革和发展规划纲要（2010—2020年）》中明确提出"促进高校、科研院所、企业科技教育资源共享"。纲要中将教育资源的共享扩大到了高校、科研院所以及企业之间，目的是充分调动一切资源。

2012年3月16日教育部颁布的《关于全面提高高等教育质量的若干意见》中提出："建设优质教育资源共享体系。建立高校与相关部门、科研院所、行业企业的共建平台，促进合作办学、合作育人、合作发展。鼓励地方建立大学联盟，发挥部属高校优质资源辐射作用，实现区域内高校资源共享、优势互补。加强高校间开放合作，推进教师互聘、学生互换、课程互选、学分互认。加强信息化资源共享平台建设，实施国家精品开放课程项目，建设一批精品视频公开课程和精品资源共享课程，向高校和社会开放。推进高等职业教育共享型专业教学资源库建设，与行业企业联合建设专业教学资源库。"

与前面两个阶段相比，这一阶段的政策规章明显增多，这充分说明了我们国家对于高校教育资源共享问题的重视程度在不断增加。这表明我国在高校教育资源共享方面开始了更深入的探索，共享的内容与程度也都逐渐扩大，不再局限于物质资源或软硬件设备资源方面，而是拓展到包括高校教师资源、课程资源、信息资源在内的其他许多方面。特别是进入 2000 年以后，我国高校教育资源共享的内容基本涵盖了高校教育资源中的所有方面，如软硬件资源共享、教师资源共享、课程资源共享、教材资源共享、信息资源共享等，共享的层次也涉及了不同主管部门高校之间（地方高校与部属高校）、高职院校之间，共享的途径与方式也更加丰富多彩。这一时期对于共享过程中的一些问题如共享成本问题、知识产权问题等开始进行了初步的规定。可以说，高校教育资源共享开始进入了一个全面发展的阶段。

我国高校教育资源共享的政策演变轨迹可以参见图 2.1。

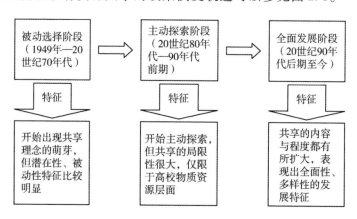

图 2.1　我国高校教育资源共享政策演变

二　从政策演变中探寻我国高等学校教育资源共享发展的特点

通过梳理新中国成立以来我国政府出台的关于高校教育资源共享方面的政策规章，我们可以发现我国高校教育资源共享的发展特点，主要有以下几个方面：

1. 人们对于高校教育资源共享的态度经历了一个由"被动"向"积极""主动"转变的过程。如新中国成立初期的政策条文中往往含有"必要时"等措辞，这表明这个时期资源的利用仍然主要限于本院系、本学校，虽然人们已经开始意识到资源共享，但往往是一种被动的接受，尚未成为高校发展乃至高等教育发展的主动选择。随着经济的发展和社会的进步，人们越来越认识到高校教育资源尤其是优质教育资源在高等教育乃至整个社会发展方面所起的重要作用，为了合理利用这些教育资源，使更多的人和组织能够享受到这些教育资源，人们对于推动高校教育资源共享的呼声与愿望也越来越强烈，开始主动寻求策略以促进高校教育资源的共享，这个时候的政策条文中往往含有"积极地""主动地""努力"等词语，这表明，我们对于共享的态度已经有了明显的转变，由之前的"被动接受"转为了"主动选择"，如今，实现高校教育资源共享也已经成为我国当前高等教育发展过程中的重要任务和路径选择。

2. 专项资源的共享与整体资源的共享相互交织在一起，相互促进。从前面对共享政策的梳理我们可以看出，关于高校教育资源的共享，既有如高校实验室资源、仪器设备资源、图书馆资源、网络教育资源、教师资源等专项资源的共享，也有如高校与科研机关共享、高校之间合作办学、高校合并、研究生优质教育资源共享、东西部高校之间优质教育资源共享、国家重点学科建设、高等学校本科教学质量与教学改革工程等从高校整体出发而推行的资源共享，这些从高校整体出发的资源共享往往涵盖了以上若干专项资源共享，而专项资源的共享往往又能够推动整体资源共享的深化，二者相互交织、相互促进，共同推动高校教育资源的共享。

3. 总体来说，我国的高校教育资源共享理念是一个缓慢发展的过程，在这个过程中，共享的内容、层次与途径等都在不断地丰富和完善。首先，共享的内容不断得到拓展，从最初的仅限于实验室、仪器设备、图书馆等的物质资源共享逐渐扩大到包括教师资源、课程资源、网络教育资源、教材资源等在内的全方位资源共享。其次，共享的层次也在不断得到扩大，从高校内部校、院、系之间的共享，到校际共享，从地方高校与教育部直属高校之间的共享，到高等职业院校之间的共享，再到高校与科研机构、企业之间的共享，可以说，高校教育资源共享的层次在不断扩展，有利于高校优质教育资源得到更合理的利用，提高其利用效益。最后，共享的途径也在不断得到丰富，不断探索出丰富多样的教育资源共享途径，主要有校际协作、地区协作、高校之间合作办学、高校合并、研究生优质教育资源共享、东西部高校之间优质教育资源共享、国家重点学科建设、高等学校本科教学质量与教学改革工程等方式。

三　现行有关高等学校教育资源共享政策存在的主要问题

1. 高等学校教育资源共享立法相对滞后。作为高等教育领域非常重要的、基础性的法律，2015年12月27日新修订的《中华人民共和国高等教育法》，其中虽含有共享的含义在内（第十二条："国家鼓励高等学校之间、高等学校与科学研究机构以及企业事业组织之间开展协作，实行优势互补，提高教育资源的使用效益。"），却并没有明确使用"共享"一词，从现实情况及未来发展来看，明显已不相适应，故建议在法律修订时应增添有关资源共享的专项内容，进而专门研究制定《高等学校教育资源共享法》或《高等教育资源共享法》（拟定名），将资源共享提高到法律的高度，并注意相关配套规章的研究和制定。另外，还要注意，高校教育资源共享立法重在激励性，而非惩罚性，基于资源的不同属性、来源、种类等区别强制共享与鼓励自愿共享等。同时我们也要充分认识到，立法的作用是巨大的，但立法不是万能的。

2. 我国现行的政策中关于高校教育资源共享的收费问题规定比较笼统，缺乏实践中的指导意义。例如共享应不应该收费？应该在哪些方面收费？如何收费？所收费用如何处理？若收费是不是表示高校具有营利性，与我国公立学校的非营利性是否相矛盾？同一财政来源的高校之间如何收费？不同财政来源的高校之间若共享，收费问题如何处理？等等，这些问题在当前的政策中很少得到明确体现。由于共享涉及利益分配问题，因此，共享收费问题的解决对于推动共享的实现具有重要的意义。

3. 现行的政策规章中对于高校教育资源共享的动力问题没有做出相应的规定。动力问题是高校教育资源共享的关键问题，如何激励高校积极参与共享，尤其是如何激励那些拥有优质教育资源较多的高校（此类高校往往是资源共享过程中的关键一方）主动和那些优质教育资源占有量相对薄弱的高校之间实现共享将是推动高校教育资源共享的主要突破点。

4. 现行的政策中对高校教育资源共享中的知识产权问题有了一些规定性，但是对于高校教育资源的其他产权问题尚未引起重视。我们认为，高校教育资源的产权不明问题是制约当前共享程度不高、共享效果不好的主要障碍之一，由于产权不明晰在共享过程中导致了许多"搭便车"的现象，这些现象严重挫伤了共享中优质资源提供一方的积极性，久而久之，就会打击这类学校的共享积极性。

5. 现行的政策规章中对于不同财政来源高校之间（市属、省属与部属）的教育资源共享缺乏规定，缺乏实践中的指导作用。较多的是对同一财政来源的高校之间的共享，如"211工程"高校之间、"985工程"高校之间、地方高校之间等，而对于不同财政来源的高校或不同主管部门的高校之间的资源共享则较少涉及。我们认为，要实现全面意义上的高校教育资源共享，首先应当从政策上突破不同财政来源的高校之间共享的障碍，从而扩大共享的层面，真正扩大优质教育资源的利用效益。

6. 现行的政策规章中对于高校教育资源共享的评价问题关注不多。我们认为，如果没有有效的评价和监督，那么共享很有可能只会停留在书面和口头上，或者是停留在比较低的层次和水平上，无法真正达到广泛共享。

7. 对高校教师资源共享的涉及还太少。现有的法规中关于高校教育资源共享的内容仍然更多集中在高校物力资源、课程资源、信息资源等方面，很少提及教师资源共享，即使提到的也是泛泛而谈，非常笼统。这也许在一定程度上反映了我们当前对于高校教师资源的忽视，但更为重要的应当是反映了当前高校教师资源共享的困难程度。但是改革就是这样，不能因为畏惧困难就停滞不前，而应当发扬大无畏的精神，攻坚克难。我们认为，教师资源是高等学校的首要资源，是教育资源中的重中之重，也是高校教育资源共享的重要内容之一。为此，我们应当首先在法规当中对于高校教师资源共享作出必要的规定，然后积极探索共享的具体操作内容。

本章小结

通过对新中国成立以来我国关于高校教育资源共享相关政策演变的梳理，指出我国高校教育资源共享的政策演变经历了三个阶段：被动选择阶段、主动探索阶段和全面发展阶段。其发展特点是：人们对于高校教育资源共享的态度经历了一个由"被动"向"积极""主动"转变的过程；专项资源的共享与整体资源的共享相互交织在一起，相互促进；总体来说，我国的高校教育资源共享理念是一个缓慢发展的过程，在这个过程中，共享的内容、层次与途径等都在不断地丰富和完善。

在这其中也存在着许多问题，如高等学校教育资源共享立法相对滞后；现行的政策规章中关于高校教育资源共享的收费问题规定比较笼统；对于高校教育资源共享的动力问题没有做出相应的涉及；对高校教育资源共享中的知识产权问题有了一些规定性，但是对于高校教育资源的其他产权问题尚未引起重视；对于不同财政来源高校之间（市属、省属与部属）的教育资源共享缺乏规定，缺乏实践中的指导意义；对于高校教育资源共享的评价问题关注不多；对高校教师资源共享的涉及还太少。这些问题都是今后相关政策制定和出台时应当重点考虑的。

第三章　高等学校教育资源共享的现状考察

一　现状考察的方法

　　为了能够对我国高校教育资源共享的现实状况有一个比较全面的了解，进而发现当前高校教育资源共享过程中存在的一些问题，力求比较准确地反映我国当前高校教育资源共享的真实样态，本研究主要采用了访谈法和开放式问卷调查法相结合的方式，调查时间为 2011 年 11 月 1 日至 12 月 9 日，历时一个多月，共选取学校 22 所，学校取样以辽宁省高校为主，兼顾其他省份的高校，其中民办高校选取的是在国家计划内统招的民办学校，也就是我们常说的民办高校，具体的取样情况见表 3.1；调查对象以高校的管理人员、教师、服务人员以及学生为主，调查人数共计 52 人，其中问卷调查 38 人，访谈 14 人（其中实地访谈 12 人，网上在线访谈 2 人），为了使调查的结果更加具有代表性，更加接近事物的本来面目，本研究主要采取目的性抽样的方式，具体的对象抽样为：管理层，分为学校中层干部以下、学校中层干部及以上两类；教师层，按照教师的职称划分为讲师、副教授以及教授；服务层，主要包括图书馆、资料室、实验室等机构的服务人员；学生层，主要包括本科生和研究生两类，调查对象的具体分布情况见表 3.2。

表 3.1 样本学校分布 单位：所

		辽宁省	山西省	安徽省	山东省	河北省	黑龙江省	海南省	合计
公办	部属	3	0	0	0	0	0		3
	省属	7	2	1	2	2	0		14
	市属	2					1		3
民办		1						1	2
合计		13	2	1	2	2	1	1	22

表 3.2 调查对象分布 单位：人

	分布	人数
管理层	中层干部以下	7
	中层干部及以上	10
教师层	讲师	14
	副教授	6
	教授	4
服务层	图书资料	2
	实验室	1
学生层	本科生	4
	研究生	4
合计		52

二 我国高等学校教育资源共享的现状考察

（一）对高校教育资源共享的基本认识现状

1. 人们对于高校教育资源共享内涵的把握基本一致

通过调查发现，人们对于高校教育资源共享内涵的把握基本一致，普遍认为高校教育资源共享是指不同高校之间各种教育资源的互通有无、优势互补，比如说师资、硬件设备设施、信息、图书资料等的开放共享，它的内涵是公平、交流、合作、开放、互补、共同提高等。从调查结果来看，绝大多数的人都认为高校教育资源共享是指不同高校之间的共享，当然也有个别人认为高校教育资源共享也包括校内共享，但是持这种观点的人所占比例很小，仅有 1 人，这充分说明，人们对于高校之间的教育资源共享更为关注，这也从侧面反映了当前人们对于高校之间教育资源共享的期望和需求。

2. 人们对于高校教育资源共享的态度不一致

通过调查发现，尽管没有一个人对于高校教育资源共享表达了否定的态度，但是这并不代表人们的态度就是一致的肯定。具体来讲，人们对于高校教育资源共享主要存在三种态度，具体见表3.3。

表3.3　　　　　　　　　　共享态度调查

	人数	比重（%）
肯定	47	90.38
中立	4	7.69
分情况	1	1.92
否定	0	0

第一种是持肯定态度，这种态度认为高校教育资源共享是必要的，"值得鼓励的"，"是一个很好的契机"，这也是调查对象的主流观点，占到调查对象的90.38%。

第二种是持中立态度，这种态度认为高校教育资源共享问题是一个复杂问题，不能简单地肯定它还是否定它。持这种态度的仅有4人，占被调查人数的7.69%。持这种态度的主要原因在于共享是一个复杂问题，出发点虽然是好的，但是在现实操作中会受到很多限制，需要较好的制度、人文环境做支持，需要经过一个漫长的过程才能建立起来：

高校教育资源共享有助于全国高校教育的发展，提高高校人才培养质量，节约社会教育成本。但是，这跟共同富裕的政策一样（缺少了国民素质极大提高，并且愿意帮助落后人群的重大前提，怎么帮也是个问题），其出发点都是好的，但是很难落实，因为很多高校要保持自己办学特色，保持自己人才培养的独家秘方；并且随着高校办学市场化、商业化，利益牵动中要涉及方方面面：领导层、共享师资、教学资源、经费计算、共享方式等等。——难。

（问卷调查人 04，某大学某研究中心主任）

不难看出，人们之所以对高校教育资源共享持有这种态度，主要还是出于对共享实现困难的担忧，认为共享实现还有许多障碍需要去克服。

第三种是认为应该分情况看待，持这种态度的仅为 1 人，占被调查总数的不到 2%。这种态度认为共享的好坏应当根据参与共享的高校的实力强弱情况来分析，比如说强强联合的话，即共享的高校双方自身实力都很强，互相之间能够弥补各自的不足，这种情况就值得鼓励；如果说强弱联合的话，即共享的高校双方实力有强有弱，这种情况下比较强的高校可以带动相对比较弱的高校，从而促进较弱学校的快速提高，这种情况也是好的；但是如果要是弱弱联合的话，即共享的高校双方实力都很弱，双方都得不到提高，这种情况下共享的优势就不大了。

其实从调查结果我们可以看出，当前人们对于高校教育资源共享实际上还是比较赞同的，认为共享对于高校自身发展、区域高等教育发展乃至国家高等教育发展都是有好处的，只不过由于受到方方面面的限制而在实践中的开展效果难以令人满意，这也反映出当前高校教育资源共享在我国确实存在着许多问题，在推行过程中遇到了许多的障碍，这也是本研究所要解决的重要问题之一。

（二）当前我国高校教育资源共享的现状

1. 整体而言，高校内部的共享较多，高校之间的共享较少

当前，我国高校教育资源共享呈现出内部共享较多、校际共享较少的整体样态。实际上，高校内部的教育资源共享一直就存在，比如说高校内部各院系共用一个图书馆，在一块运动场上锻炼身体，在一间食堂里就餐，在一栋教学楼里上课，学校为不同院系开设的选修课，等等，这些行为实际上都是资源共享的一种表现，只不过是由于它们太过普通了，就像我们去超市里买东西一样简单，已经成为我们校园生活的一部分，以至于我们反而对它们视而不见了，很少有人想到这

些也属于资源共享的内容。当然，这些都是属于最基本的共享行为，或者可以说属于"低端"共享，除此之外，我国现阶段高校内部各职能部门之间的"高端"共享实际上并不多，基本上还是处于各自为政的局面，比如说一所学校的教务部门和学生部门各自有各自的信息平台，二者之间较少有合作共享，基本上是各行其是，学生入学以后学生处需要采录一些信息，同时，教务处在管理的时候还需要再采录一遍信息，浪费了大量的时间，效率还不高。至于一些优秀的师资、优秀的课程，包括一些实验的平台、实训的平台，校内的共享效果其实也并不是很好，一所学校内部的资源共享尚不完善，那么高校之间的共享情况就更少了。

2. 从共享的规范性来讲，个体的自发行为居多，规范性、制度化行为较少

当前我国高校教育资源共享整体呈现出零散、无序、不规范的状态，绝大多数的共享行为都是自发行为，主要依靠一些私人关系获取相应的资源，例如一些实验仪器设备、图书资料信息、课程资源等。对于教师而言，需要依靠教师自身的学术地位、人际交往等实现，对于普通学生而言，要想获得所需的资源，则主要依靠自己导师或者其他学校自己同学的帮助，即使在同一所学校内部，大部分的共享也主要依靠一些私人关系才可以实现。例如邀请一些专家学者来校讲学，这种行为不仅主要是通过私人关系邀请而来的，而且对于许多高校来讲这种行为也很少，例如笔者所熟悉的一所高校，一年之内该校面向全校师生召开的学术报告少得可怜，这里边既包括校内专家学者的报告也包括外请的专家学者的报告，甚至有的学生反映其大学四年或读研期间根本就没有聆听过几场报告。另外，对某大学某二级学院 P 院长的访谈或许比较有代表性，他指出：

> 像我们现在计算机啊、机械和 DG 大学（重点大学，笔者注）联系很好，和它的实验室是互通有无的，这也主要是一种自主行为，政府这块搭台的、合作唱戏的现在很少，而且力度也不够，主要是自主联系的多。（为什么？）因为咱们学校很多的这种骨干

人员包括一些院长是 DG 大学的博士，主要是因为有人员的这种学缘关系，很多是那儿毕业的，这样的话都是很熟，可能就合作起来了。如果没有一种学缘关系的话，都是很生疏的情况下，就不太容易。你像我们学校主要跟 DG 大学搞联合，跟 HS 大学就没有这种关系。

（访谈人 08，某大学某二级学院院长）

P 院长的回答不仅指出当前高校的这种教育资源共享主要是自发行为，主要靠学缘关系、人际关系等私人关系，规范性的、制度化的共享行为很少，而且还指出在共享当中政府的参与度太低，力度也不够。P 院长的看法颇有代表性。

相对而言，规范性的、制度化的共享行为很少，其中做得比较好的应该要算图书馆资源的共享了。现在各个高校内部基本上都实现了图书馆资源的共享，各学校基本都购买了相应的学术资源数据库，供校内共享使用，但是校际图书馆资源共享仍有限制，各学校数据库平台的兼容性较差，许多外校的用户很难直接享受该校的图书馆资源，只能通过馆际互借、文献传递以及到校信息查询等方式，这无疑为共享增添了许多困难。例如作为某师范大学图书馆信息咨询部主任的 Z 主任就提出了她对于当前我国图书馆资源共享的一些看法：

从我们的工作服务体会来讲，咱们国内资源共享应该是，感觉还是初级阶段，就是刚刚起步。实际上在真正的获取资源的过程中，比如说教师，除了在学校自购的数据库使用之外，他基本上都要依靠我们来进行文献传递啊，就是说在真正开放获取的免费资源很少很少。我们现在行业内部比如说在图书馆界有很多比较前沿的理论家在国外吸取的理论就是如何进行开放资源的建设，现在真正称得上开放的、免费的，很少很少。

（访谈人 01，某师范大学图书馆信息咨询部主任）

这一现状带来了一个问题，由于那种公开的、规范性的渠道很少，对于那些不具备这些私人关系的人来说就很难获得这个资源，而且这种靠私人关系建立起来的共享关系究竟能够维持多久、效果如何也都还是一个未知数。

当然，当前我们国家也有了一些"看似"比较规范的资源共享方式和途径，如大学城和高校联盟等，但是仍然存在许多问题，真正意义上的资源共享还没有完全实现。例如许多的大学城仅仅是把几所大学聚集在一起的"区域"，根本谈不上资源的共享。另外，高校联盟近几年可以说是雨后春笋，全国出现了各种各样的高校联盟，如 2008 年 12 月 26 日成立的"安徽省应用型本科高校联盟"、2009 年 10 月建立的我国首个名校联盟——"九校联盟"、2010 年 1 月 19 日成立的"湖北高校师范教育联盟"、2011 年 4 月 23 日成立的"高水平行业特色大学优质资源共享联盟"、2011 年 5 月江苏省组建的"区域高校联盟"、2011 年 6 月 10 日成立的"重庆市大学联盟"、2011 年 8 月 20 日成立的"福州地区大学新校区高校联盟"以及 2011 年 10 月 19 日成立的"北京高科大学联盟"等。这些联盟虽然形式各不一样，但是它们最重要的目的之一就是通过资源共享，实现区域高校的共同发展。由于这些高校联盟成立时间都比较短，许多都只是签订了共享合作框架（具体可参见附录 1 和附录 2），尚未广泛开展具体的、深入的资源共享行为，还存在着许多问题，例如：①许多高校联盟的宣传和展示平台尚未建立，比较滞后。如在上述的几个联盟中，只有"安徽省应用型本科高校联盟"和"重庆市大学联盟"建立了自己专门的网站，其他的"九校联盟"等都还没有建立专门网站，这既无法为联盟成员提供一个交流与展示的平台，同时也让公众缺少一个了解联盟运作情况的最佳途径。另外，即使是有专门网站的两个联盟，其网站也是不健全，仅有各盟校的介绍和联盟章程，真正的资源共享方式与途径等内容则没有。②当前许多高校联盟关于共享的相关规章制度尚不健全，不利于实践中共享的顺利开展。如"安徽省应用型本科高校联盟"中对于实验室开放、师资互聘、学生交流等方面都出台了相关规章制度，但是对于对外交流与合作、图书文献资源的共享等方面尚未出台相关规章制度，这不利于共享的全面推行。

3. 从师生共享的角度来看，高校教师的共享行为和机会较多，学生相对较少

从调查的结果来看，当前我国高校教育资源共享呈现出教师共享多、学生共享少的特点，这一特点既表现在校内共享上，也表现在校际共享上。这与当前我国高校教育资源共享的不规范性、缺乏制度性等特点是紧密相关的，因为缺乏这种制度化的保障，导致了广大师生不得不通过一些私人关系去获得资源，教师由于具备这样的关系、条件，因此他们能够比较容易的通过各种渠道获得所需的资源，而广大学生则由于不具备这样的关系、条件，或者是条件有限，因此他们就很难获得所需的资源。对于这个问题，对某师范大学 Y 教授的访谈或许比较有代表性，她指出：

> 对老师来说没这个界限，比如说我要想去历史系查资料，很容易，那我去了，是个人认识我他就不能不让我查，教师是很容易的，因为教师没那么多人有闲心去查这些东西，那来一个半个的，而且都是研究的比较有积累了，时间比较长，在学校又是老人了，他有什么困难？新人也没困难，找个认识老教师就去了呗，对不对，因为这个数量有限，不会给他带来特别多的负担，但是你要是资源对所有学生开放，你要对社会上开放，那这个负担是，可以说是他个人工作量没办法承担和没法完成的，变成一种不现实的东西，没法实现共享的功能。

（访谈人 09，某师范大学教授）

另外，在调查中我们还发现，学生在被问及"您自己有没有参与过资源共享的行为？都是哪些？"的时候，答案基本是"很少"，而且参与过的也主要限于文献信息数据平台的共享，还有就是参与一些学术交流活动如学术年会等，除此之外基本没有其他的方式。

由此可见，学生在共享教育资源时无论是共享渠道还是共享内容方面都是非常有限的，虽然广大学生对于教育资源尤其是优质教育资源有着强烈的需求，但由于共享方式与途径等的缺乏，从而导致了其

所能共享到的资源非常有限，学生参与的积极性也不高，这对于高校的人才培养是极为不利的。高校尽管担负着培养人才、科学研究以及社会服务等职责，但归根结底，培养人才是它的根本任务，高校的一切活动都要围绕着培养人才这个中心，因此应当努力创造条件使优质资源尽可能地让更多的学生共享。

4. 从学校层次的角度来看，同一层次高校之间的共享较多，不同层次高校之间较少

这里的学校层次既指学校的办学主体层次，如部属、省属、市属之分，还包括学校的实力层次①，如入选"985 工程""211 工程"的"重点高校"和没有入选的"普通高校"之分。从学校的办学主体层次来看，同一办学主体高校之间的教育资源共享情况较多，如部属高校之间、省属高校之间、市属高校之间的共享较多，不同层级办学主体高校之间的教育资源共享情况较少，如部属高校很少同省属和市属高校之间实现教育资源共享，从近几年出现的高校教育资源共享的最新形式——高校联盟也可以看出端倪，如安徽省应用型本科高校联盟主要是由安徽省省属的 13 所新建本科院校组建成立，九校联盟是由 9 所首批"985 工程"建设高校"强强联合"组建而成，等等。

从学校的实力层次来看，"重点学校"之间、"普通学校"之间的合作共享情况较多，而"重点学校"和"普通学校"之间的合作共享情况相对较少。例如大连地区高校众多，其中仅本科院校就不下十数所，学科门类齐全，办学层次丰富，而且由于大连地区地理条件的限制，这些学校在地理位置上相距都不是太远，完全有可能也有条件实现区域内的高校教育资源共享。但是现实情况是这些高校之间的合作共享非常少，尤其是其中的某"重点学校"，它会和大连地区之外的甚至全国范围的"重点高校"结成联盟，实现人才培养等共享行为，却很少和本区域的高校开展交流合作，这不能不说是一种资源的浪费。

---

① 根据当前我国高等教育的实际情况，国内高校一直有所谓的"重点大学"和"普通大学"之分，凡是进入"985 工程""211 工程"的高校，在各方面实力通常都比没进入该工程的高校要高，这类高校往往被称为"重点大学"，而那些没有进入的高校则被称为"普通大学"。

5. 从学校的类型来看，同一类型高校之间的共享较多，跨类型高校之间的较少

当前我国高校教育资源共享比较倾向于发生在类型相近的高校之间，而不同类型的高校之间则很少实现共享。比如说文科类高校与文科类高校之间、师范类高校与师范类高校之间、理工类高校与理工类高校之间的共享情况较多，跨类型的高校之间的共享情况较少，这一点也可以从高校联盟中得到验证，例如高水平行业特色大学优质资源共享联盟是由全国 13 所具有鲜明特色的教育部直属高校组建成立的，这些成员高校全部都是农林类、矿业类以及其他工科类"重点学校"；北京高科大学联盟也是由 11 所行业特色型高校共同发起组建成立，这 11 所高校也都是农林、科技以及其他工科类高校，而且全部属于"985 工程"或者"211 工程"高校。这可能就会带来一个问题就是双方学校都差不多，可能相同的学科专业都很强，而比较薄弱的学科专业也都差不多，因此对于资源的需求也会有很大的相似性，就会出现一个"我有的你也有，我没有的你也没有"的局面，这样对对方的需求就不会很大，共享的深度和广度就会很受限了。

6. 从共享的程度来看，高校之间的"低端"共享情况较多，"高端"共享较少

当前我国高校之间的教育资源共享总体来讲程度很低，大部分处在一个较低的水平徘徊，有共享的高校各方往往都是将一些边缘的、无关紧要的资源拿出来共享，而真正的优质资源或者说核心资源则隐藏得比较深，很少拿出来与其他学校共享，这也是当前我国高校教育资源共享非常突出的一个表现，直接导致了共享效果的不尽如人意。通过研究者对我国辽宁省沈北大学城的调查发现，沈北大学城尽管拥有道义大学城的 6 所高校和虎石台职教城的 7 所高职学校，高校资源比较丰富，各高校的地理位置也很近，但是却没有利用这些优势来实现教育资源的共享，呈现出简单聚集的状态，各高校之间仍然是各自为政，缺乏共享合作，用大学城内某大学某二级学院 T 副院长的话说就是：

沈阳南北大学城就是把高校从市内搬到郊区，每个学校一块地，只是地域上都是距离很近，别的没有任何实质性的联系与合作。沈北大学城就是一个概念，好多学校聚集在这儿，没有专门负责的人或机构，现在也没有所谓的互选课，互认学分等。

（访谈人 14，某大学某二级学院副院长）

还有调查显示①，济南长清大学城里各个学校之间管理非常严格，相邻学校之间互相探访都有障碍，学生需要凭自己的学生证才可以进入其他学校；至于其他学校的硬件资源诸如教室和运动场，除了有时候各校之间偶尔举行的联谊会之外几乎没有学生用过；而至于图书馆和师资资源等这类"高端"的资源，用学生的话讲就是"各校之间共享根本就不用想，是不可能的"，各校的图书馆都必须凭本校有效证件进入，外校学生进本校大门都有障碍，更何况进入本校图书馆。如果想从本校图书馆借书的话，只有委托本校学生帮忙一种方式，其他手段根本不可能；共享师资资源，像是各校之间互相上选修课这种事，目前来看更是遥不可及。即使是被大家普遍认为是资源共享程度比较高的广东大学城也存在这个问题，从 2003 年起，广东先后在两个"大学圈"——石牌 6 校和大学城 10 校大张旗鼓地推广"课程互选、学分互认"，开全国先河，但如今，8 年的时间过去了，和当年的大张旗鼓、轰轰烈烈相比，如今已化为落寞。笔者曾于 2011 年 11 月 28 日登录"广州大学城高校互选课程管理系统"，点开"互选课程"，发现2011—2012 学年第一学期，只有华南师范大学（9 门，其中含 2 门网络课程）、广东外语外贸大学（1 门）两所大学开设了互选课，中山大学、华南理工大学、广东工业大学、广州中医药大学、广东药学院、广州美术学院、星海音乐学院、广州大学等都没有开课，所有选课学生加在一起仅 2210 人，与大学城内十几万的学生总数来讲，这个比例几乎可以忽略不计。另外点开"专题讲座"，发现里边只有 41 条记录，其中最新的一则讲座通知是 2008 年 10 月 28 日发布的"信息时代

---

① 王云峰：《长清大学城：资源共享有点难》，《济南时报》2011 年 9 月 16 日第 A04 版。

大学生学习方式的变革"的信息,这显然说明这个互选课程管理系统的更新和利用率等都有待提高。据反映,一些高校对于课程互选态度消极,个别甚至存在私心,比如说,有的高校只派出经验尚浅的老师去开课,名师和优势课程都有所保留,更谈不上什么"协调配合,资源共享"。一些学生的看法是:很多学校并没有把自己的优势学科拿出来,有的理工科院校却开法学互选课,学不到真正的好东西。还有的同学讽刺:"大学城唯一共享的就是饭堂'一卡通',其他像图书馆、实验室等资源,并未真正实现共享。"[①] 作为资源共享代表的大学城其内部高校在资源共享时尚且有所保留,那其他个体高校之间的共享效果就更是可想而知了。

7. 从具体的资源要素来讲,高校信息资源共享程度相对较高,物力资源、人力资源、课程资源等其他资源共享程度相对较低

这里的信息资源主要是指高校的文献资料信息资源,当然也包括高校的教学、科研和管理信息资源。高校之间信息资源的共享程度相对于其他资源要素来说要高,主要表现在:第一,作为高校图书馆,其本身就担负着资源共享的责任和义务。早在 1987 年 7 月 25 日国家教育委员会发布的《普通高等学校图书馆规程》中就明确提道:"高等学校图书馆应积极参加本地区、本系统的馆际协作,做好文献资料采集、馆际互借、编制联合目录、组织业务交流、人员培训以及新技术应用的研究等方面的协调工作,实行资源共享。"正是由于这个规定性,所以当前我国高校的图书馆基本都提供了馆际互借、文献传递以及到校信息查询等资源共享方式,前两种方式都是免费的,主要是由图书馆的工作人员协助有需求的师生获取相关资源;后一种方式则需要师生自己到相应的学校进馆查询,这个过程一般需要有效证件,并且需要缴纳相应的信息查询费或机时费。第二,政府出台政策建立高校信息资源共享平台,推动信息资源共享。其中最典型的例子莫过于我国于 1998 年 5 月成立了由国家发展计划委员会正式批准立项的、由教育部直接领导的国家高等教育"211 工程"公共服务体系之一的"中国高等教育文献保障体系(China

---

① 贺林平:《学分互认,无人喝彩》,《人民日报》2011 年 7 月 18 日第 12 版。

Academic Library and Information System，CALIS）"文献信息资源共享服务系统。其总体目标是建设以中国高等教育数字图书馆为核心的教育文献联合保障体系，实现信息资源的共建、共知、共享，以发挥最大的社会效益和经济效益，为中国的高等教育服务。全国的高校图书馆、公共图书馆和科学研究机构只要签订相应的服务协议书即可成为成员馆，各成员馆的用户都可以享受该系统提供的馆际互借、文献传递与代查代检服务。除此之外，许多地区也纷纷建立了区域性的高校图书馆联盟，如广州地区高校图书馆联盟、江西昌北高校图书馆联合体、洛阳高校图书馆馆际联盟等，这些联盟的成立为这些区域的大学生享受到更多更优质的文献信息资源提供了良好的平台。尽管如此，当前我国高校之间信息资源的共享仍然存在许多问题，如校际信息资源库的兼容性较差，功能不完善；缺乏相应的信息技术人才，信息资源共享缺乏有效的技术支持；文献资料的数字化水平有待提高等问题，这都在很大程度上阻碍了高校信息资源共享的深度和广度。

相对于高校信息资源的共享而言，高校的物力资源、人力资源、课程资源等其他资源的共享程度则较低。当前做得比较好的高校物力资源共享主要表现在同为"211工程"建设的我国高等教育公共服务体系之一的"高等学校仪器设备和优质资源共享系统（China Education Resource System）"，该系统依托中国教育科研网，运用现代信息技术、网络技术手段，通过管理和机制创新，建立分层次的高等学校仪器设备和优质资源共享系统，形成互为适应的教育资源管理和应用服务新机制。该项目强化组织和协调配置、利用高等学校优质教育资源的能力提高优质教育资源使用效益，建设成为布局合理、定位准确、功能齐全、开放高效、体系和机制健全的资源共享系统。经过近几年的建设，该系统形成了超过2000台套大型科学仪器设备，500余家国家级实验教学示范中心，近4000门国家精品课程的优质资源规模，为教学、科研提供了良好的支撑。① 除此之外，大部分高校的仪器设备

---

① 《高等学校仪器设备共建共享》，2012年9月4日，http：//www.edu.cn/kygx_ 6508/20120904/t20120904_ 838733.shtml，2014年10月8日。

资源利用都存在着：①封闭使用，利用率低下。在调查中笔者发现，许多学校的大型科研仪器设备往往是出于某种科研任务购买，或者是为了迎接评估检查、申报学位点等而购买，使用人群仅限于课题组或该实验室或学院的人，外系的以及外校的师生很少有机会能够使用，而且一旦科研任务结束或者评估检查、申报工作等结束，该仪器设备就会重新被"保护"起来，利用率非常低，而那些相对小型的科研仪器设备如摄像机、照相机等，则往往沦为某个人的"私有财产"，在某个人手里一放就是好几年，自己反倒不怎么使用，造成真正有需求的人也无法使用，用访谈人的话说"就是在自己手里把着"，纯粹就是资源的一种闲置、浪费。②重复购置，资源浪费。不同的学校争相竞购大型科研仪器设备，而不管该地区的同类设备的拥有率，导致资源的重复购置，利用率不高，资源浪费。③管理分散，相关信息不畅通。有被调查人反映，同区域高校的一些高端科研仪器设备资源的信息公开、共享程度不高，互相保密，自己做实验不知道，其实本地区就有这些资源，反而要"舍近求远"，通过导师介绍等途径前往北京、上海等大城市去借用，浪费了大量的时间、精力和金钱。

高校人力资源尤其是教师资源的共享程度目前来看相对较低，比较常见的就是校际教师兼职、演讲报告等形式，但是教师资源共享的效果却不尽如人意，常常是流于形式，起不到实际的作用。实际上，高校教师资源共享也不是一个新鲜事物，它的理念早在新中国成立初期就已经出现雏形，如在1956年1月11日中国科学院、高等教育部发布的《关于高等学校和科学研究机关几项试行的合作办法的通知》中就提出了"高等学校的科学家和科学院的科学研究机关应在基本上不妨碍其本身任务情况下，尽可能代对方培养某种学科的研究生或青年科学干部。同时，高等学校和科学院应鼓励科学家在工作需要、本人自愿的情况下，在双方兼职。"随后教育部颁发的有关名誉教授、客座教授和兼职教授等的相关文件，其实正是反映了这种教师资源共享的理念。如今各个高校应该说都有或多或少的这种兼职教师，只不过如何提高这种共享的效果，将是当前需要重点研究的课题。例如校际聘请兼职教师这一形式，很多高校不是为了真正提高教学质量而聘请兼职教师，而是为了扩大自身的知名度，尤其为了申请硕士点、博士点而作为申报条件，于是用优厚待遇来聘请知名人士在本校兼职，许多受聘的教师在本校只是挂名，很少到学校来履行兼职教师的责任，甚至有的在整个聘任期内都很难到校，至于给学生上课就更是一种奢望了，根本谈不上对学生的指导和学科梯队的建设，这实际就是将教师资源的共享沦为形式化了。因此教师资源的共享空间还是非常大的，共享程度和效果还有待提高。

高校课程资源的共享程度也比较低，已有的共享主要体现在网络课程等开放资源的共享方面，课程互选、学分互认等其他课程资源共享方式很少。如一些学校把它的优质课程或精品课程做成视频录像上传到某种平台上，从而供不同学校的师生共享，如前面提到的"高等学校仪器设备和优质资源共享系统"中就有专门的"国家精品课程资源网"，作为一个共享平台，为不同的学生提供了广泛的优质课程资源。本研究所调查的 22 所高校当中，在其学校网站上公开展示本校网络课程资源（精品课程）的学校有 18 所，剩下的 4 所高校要么根本就没有网络课程这一项，要么就是仅有精品课程的一些文字介绍，没有相应的授课录像或视频，外校的师生无法享受到这些优秀课程，也就是说未共享的比例占到调查总数的大约 18%。其中笔者于 2011 年 12 月 5 日登录某医科大学教务处网站，点击"精品课程"一栏，里面显示有省级精品课程 15 门、市级精品课程 17 门，但是只显示课程名称、课程负责人、所属院系、年份、类别、点击次数（实际上是浏览该课程介绍的次数）以及课程的简介等信息情况，没有课程录像，也就是说无法观看所有的精品课程，这实际上也是许多高校所谓"精品课程"的现状，即只有课程简介，没有授课过程。另外，在该校图书馆的教学资源视频点播中，点击"校精品课程"，里面提供了 11 门课程，但是其中只有"民法学"一门课程能够下载观看，其他的医学类课程如"病理生理学""病理学""人体解剖学""生物化学""微生物学""卫生学""药理学"等 10 门课程均无法打开和下载。作为医学类高校，其优质资源当然是医学类相关课程，民法这类课程明显不会是它的优势课程，而且这门"民法学"课程的授课教师是讲师，其他 10 门医学类课程的授课教师全是教授，这也在一定程度上反映出该校的共享态度，即只共享普通资源，而不共享核心资源、优质资源。不只是这一所医科大学如此，调查中发现还有许多其他高校也存在这个问题，很多高校都藏有"私心"，或者是只提供"普通课程"，或者是虽提供优秀课程，但其授课视频实际上在校外无法观看等，这说明，即使是共享相对容易的网络课程资源，实际的共享效果也并不是很好。

除了这种网络课程资源共享之外，高校之间的实地课程资源共享非常有限，在本研究所调查的 22 所高校中，与其他高校实现课程互选的学校数量为 0，也就是说没有一所高校在课程资源这块与其他高校实现资源共享。已有的课程互选情况也主要发生在大学城或结成某种联盟或共同体的高校之间，但这种联盟或共同体无论是数量还是范围都是非常有限的，而且参与互选的课程的质量和数量也都是比较低的，也存在前面所讲的只提供"普通课程"互选，而不提供优秀课程互选的情况，除此之外的高校课程资源共享情况非常少。

高校品牌资源共享和管理制度资源共享相比过去也都有了一定程度的发展，如产学研合作的要求使得高校纷纷利用其品牌资源与社会力量合作举办公司等，提高服务社会的能力，高校之间的相互交流与学习等使得高校的管理制度经验得到共享，等等，但总体来说，共享程度还有待提高。

本章小结

通过实证调查，首先，考察了人们对于高校教育资源共享的基本认识现状，得出：（1）人们对于高校教育资源共享内涵的把握基本一致，普遍认为高校教育资源共享是指不同高校之间各种教育资源的互通有无、优势互补；（2）人们对于高校教育资源共享主要持肯定态度，但是也有少数人持中立态度和根据情况区别看待等，这也折射出对高校教育资源共享问题研究的重要性。

其次，揭示出当前我国高校教育资源共享的现状，主要表现在：（1）整体而言，高校内部的共享较多，高校之间的共享较少；（2）从共享的规范性来讲，个体的自发行为居多，规范性、制度化行为较少；（3）从师生共享的角度来看，高校教师的共享行为和机会较多，学生相对较少；（4）从学校层次的角度来看，同一层次高校之间的共享较多，不同层次高校之间较少；（5）从学校的类型来看，同一类型高校之间的共享较多，跨类型高校之间的较少；（6）从共享的程度来看，高校之间的"低端"共享情况较多，"高端"共享较少；（7）从具体的资源要素来讲，高校信息资源共享程度相对较高，物力资源、人力资源、课程资源等其他资源共享程度相对较低。

第四章 制约高等学校教育资源
共享的原因探究

"改革的努力走向失败有两个基本原因，一是问题复杂和难以对付，很难想出可行的强有力的解决办法，要付诸实施就更难了。另一个原因是所采用的办法并没有集中用在真正起作用的地方。"① 因此，要想有效地推动高校教育资源的共享，我们就要努力探索制约高校教育资源共享实现的深层次原因，只有如此，在实践当中才能有的放矢，采取有效的策略来推动共享。

一 探究制约高等学校教育资源共享实现原因的方法

在本章，笔者采用了访谈法和开放式问卷调查法相结合的方法，并利用质性分析的方式，试图找出制约当前我国高校教育资源共享实现的原因，为高校之间进一步开展教育资源的共享奠定坚实的研究基础。当然，运用这些方法来分析原因也是有一定的局限性的，由于访谈对象的叙述和开放式问卷的回答往往都是具有很大主观性的内容，可能恰好反映了真实的情况，也可能比较片面甚至存在错误。本研究竭力缩小这种局限性，在调查对象的选取上注意涵盖高校里的行政管理人员、服务人员、教师以及学生，并对他们的调查结果进行综合分析，发现其中典型的、比较一致的观点，由于被调查对象是高校教育

---

① ［加拿大］迈克尔·富兰：《变革的力量——透视教育改革》，中央教育科学研究所、加拿大多伦多国际学院译，教育科学出版社 2004 年版，第 59 页。

资源的拥有者、管理者和使用者，因此，从他们处获得的反馈更加接近于事实的本来面目，能够说出一些真正的制约高校教育资源共享的原因。在此基础上，本研究还利用逻辑分析的工具，对调查的结果进行分析，共同探讨制约高校教育资源共享实现的深层次原因。

（一）研究方法的选取

社会科学研究非常重视访谈法和问卷调查法的运用，"由于社会科学研究涉及人的理念、意义建构和语言表达，因此'访谈'便成为社会科学研究中一个十分有用的研究方法。"[①] 另外，由于开放式问卷"搜集到的材料丰富、具体，往往能得到许多意想不到的很有价值的资料"[②]，与访谈法有异曲同工之妙，因此本研究也选用了开放式问卷调查法。本研究的研究方法主要就是访谈和开放式问卷调查相结合的方法，其中访谈又分为现场实地访谈和网络在线访谈两种方式，以前者为主。为了在最短的时间里获得研究所需要的材料，我们设计了 13个访谈题目，访谈提纲详见附录 3，其中，前 2 个题目主要考察调查对象对于高校教育资源共享的认识和态度，第 3 题主要了解共享的好处或意义，第 4 题、第 5 题了解共享的现状，第 6—12 题主要探索制约共享的原因，最后一题主要是了解调查对象对于实现共享的对策的观点。另外还设计了开放式问卷（问卷详见附录 4），问卷题目设计与访谈题目设计基本一致。

（二）调查对象的选取

1. 访谈对象的选取

本研究共访谈 14 人，其中实地访谈 12 人，另有 2 人采取网络在线访谈。访谈对象主要是高校里的管理人员、服务人员以及教师，其中访谈高校行政管理人员共 6 人，包括二级学院院长 1 人、副院长 2 人、主任 1 人、处长 1 人以及科员 1 人；访谈教师共 5 人，包括讲师 3 人、副教授 1 人以及教授 1 人；访谈高校服务人员共 3 人，包括图书馆 1 人、资料室 1 人以及实验室 1 人。具体访谈对象情况请参见附录 5。

---

① 陈向明：《质的研究方法与社会科学研究》，教育科学出版社 2000 年版，第 165 页。

② 裴娣娜：《教育研究方法导论》，安徽教育出版社 1995 年版，第 172 页。

2. 问卷对象的选取

本研究的开放式问卷对象共选取 38 人，调查对象主要是高校里的管理人员、教师以及学生，其中调查高校行政管理人员共 11 人，包括二级学院书记 1 人、副院长 2 人、主任 2 人、副处长 1 人以及行政科员 5 人；调查教师共 19 人，包括讲师 11 人、副教授 5 人以及教授 3 人；调查高校学生共 8 人，包括本科生 4 人、研究生 4 人。具体问卷调查对象情况请参见表 4.1。

表 4.1   开放式问卷调查对象分布

	分布	人数
管理层	中层干部以下	5
	中层干部及以上	6
教师层	讲师	11
	副教授	5
	教授	3
学生层	本科生	4
	研究生	4
合计		38

（三）收集材料的方法

本研究采取访谈和开放式问卷调查相结合的方法来收集研究材料，其中，对每一位调查对象的访谈时间（包括网络在线访谈）在 30 分钟到 100 分钟之间不等，并且每进行完一次访谈，我们都随即仔细聆听一遍访谈录音，及时发现访谈中出现的问题，并适时调整访谈题目。研究者对 14 例访谈材料（其中包含 2 例网络在线访谈）进行反复聆听和阅读，探索影响当前我国高校教育资源共享实现的深层次原因。为了最大限度保证资料的原始性和准确性，笔者亲自将全部访谈录音转录为文字材料，接近 12 万字，然后在转录文本的基础上进行编码分析。为了便于读者更直观地了解我们的工作，本书特意将其中有代表性的 4 例放在附录 6 至附录 9 中展示，以供研究分享。另外，共发放开放式问卷 40 份，回收 38 份，回收率 95%，将回收的问卷与访谈材料一起进行编码分析。目的就是发现制约当前我国高校教育资源共享实现的深层次原因，为今后推动高校教育资源共享的更好实现提供针对性的帮助。

二　探究制约高等学校教育资源共享实现原因的过程

（一）整理并阅读原始材料

分析材料的第一步是认真阅读原始材料，熟悉材料的内容，仔细琢磨其中的意义和相关关系。由于质性研究对于材料的要求比较严格，不经意的疏忽和遗漏就可能影响研究结论的准确性和完整性，因此，为了真实地还原材料的本来面目，每次访谈结束之后笔者都要及时地、逐字逐句地将访谈中的录音记录转化成文本材料，力求做到及时、准确、全面。

在阅读原始材料的过程中，一方面，为了防止笔者自身的观点和判断在分析材料时造成影响，笔者采取了一种向原始材料主动"投降"的态度——将自己有关的前设和价值判断暂时悬置起来，让材料自己说话。另一方面，努力从不同的层面积极地在材料中寻找意义，如"在语言层面寻找重要的词、短语和句子及其表达的有关概念和命题；在话语层面探询资料文本的结构以及文本内部各部分（句子之间、段落之间）的联系；在语意层面探讨有关词语和句子的意义；在语境层面考察语词出现的上下文以及资料产生时的情境；在语用层面寻找有关词语和句子在具体语境中的实际用途；在主题层面寻找与研究问题有关的、反复出现的行为和意义模式；在内容层面寻找资料内部的故事线、主要事件、次要事件以及它们彼此之间的关系；在符号学层面探讨资料文本的内容与相关的符号系统及其社会、文化、政治、经济背景之间的关系"。①

（二）登录

"登录是资料分析中最基本的一项工作，是一个将收集的资料打散，赋予概念和意义，然后再以新的方式重新组合在一起的操作化过程"。②

---

① 陈向明：《质的研究方法与社会科学研究》，教育科学出版社 2000 年版，第 278 页。
② 同上书，第 279 页。

登录的过程主要是完成寻找意义的过程。登录的过程主要由设定思考单位和设码两部分组成。为了全面地登录材料，本研究从材料的意义内容和材料的语言单位两个思考单位同时入手，前者主要是被研究者的行为规范、规则及意义建构，包括那些他们明确说出来的、隐蔽的和有意拒绝回答的意义，后者则是能表达高校教育资源共享实现障碍的词、短语、句子、一个段落、几个段落、整个文本、几个文本等。设码则是将原始访谈材料中对研究有意义的内容登录码号的过程。"'码号'表示的是资料分析中最基础的意义单位，是资料分析大厦中最小的砖瓦。"[1] 在具体操作过程中，本研究使用了 NVivo 软件。寻找码号的一个标准是关于制约或影响高校教育资源共享实现的词语或内容出现的频率。如果某些共同的东西在材料中反复出现，那么这些内容往往是材料中较为重要的内容，需要我们特别关注。设置码号的原则是让这些码号能够囊括所有有助于说明制约高校教育资源共享实现原因的词组和语句。

通过深入的阅读原始材料，笔者透过字里行间尽可能多地寻找能够充分体现制约高校教育资源共享实现的词组和句子，并把它们标示出来，共计 619 条。具体而言，笔者着重对如下两部分内容进行登录：

其一，能够直接体现制约或影响高校教育资源共享实现的原因的词语和句子，如"自我保护意识强""领导重视不够""目前仍有相当多的高校仍处于封闭状态，各行其是，难以协调""教育资源共享受到体制制约，缺乏市场调节机制""没制度保证""山头主义严重""没有相应的合作机制保障""也就是说一个链条根本就没建起来，从出版环节一直到最后使用""你不能老是各自为政，这样割据的状态啊永远也不可能真正实现共享""就是咱们的教师和学生的共享的理念比较淡薄，不是特别熟悉，或者说是现在还没有提起这个兴趣，关注点还没过来""它要做共享的话，实际上又带来一个额外的工作量、工作负担的问题，要靠人来做""主要是说这个大方向上没有先例，没有推崇这件事情""因为重点高校更在意其教育品牌优势，更

---

① 陈向明：《质的研究方法与社会科学研究》，教育科学出版社 2000 年版，第 281 页。

希望保护其重点学科和专业领域""它这个资源都是一种相对封闭的、隔置的状态，它是这么一种状态的话，你共同利用起来就比较麻烦"等。

其二，能够从调查对象的言谈、表情中概括出来的体现制约或影响高校教育资源共享实现的词语和句子，如"实际上对于我们来说，也挺害怕开放的""也就是说，实际上你是在用我的资源生财，我们就不愿意，所以咱们就没加入""我觉我比你强啊，那我为什么给你分享，让你去那啥""或者是人家有的说××你本身这种院校这种层次，也不够他来的，所以他也就不会过来了""如果说学校给我安排让我去给其他地方讲课啊什么的这种，那我就要考虑考虑是不是有个人的时间安排的问题"等。

另外，由于调查内容比较庞杂，为了尽量全面地体现调查对象的本意，我们不能仅仅简单地标注一些词组或短语、短句，笔者本着尽可能充分利用原始材料的原则，对一些较长的语段进行了抽象、概括，有些语段可能是调查对象对其"本土概念"的解释和强化，有些则蕴含着其他意思。比如某访谈者在谈到资源共享时举了个例子，就是该校在申报博士点或硕士点的时候，以前的评审政策中允许跨校合作申报，现在虽然不允许跨校合作申报了，但是其评审政策中允许校内可以资源共享，只要不是重复申报，学校内所有人的资源都可以为我所用，这个例子乍一看似乎与制约高校教育资源共享实现的原因没有太大的关系，但是笔者经过反复阅读之后，发现这段内容背后其实隐藏着这位教师对于制约高校教育资源共享实现的一种观点：国家政策的影响。我们将这些经过概括的语段也分别编入相应码号当中。

在对不同层次学校、不同学科领域、不同身份等研究对象调查结果的分析过程中，我们发现他们关于制约高校教育资源共享的表述有颇多相似之处。于是我们把这些词组、短语、语句和语段归为 16 个方面，它们分别是：共享意识、竞争意识、利益诉求、资源配置方式、管理体制、平台建设、软硬件设备、经济成本、地理空间限制、劳动力成本、管理成本、政府政策支持、政府财政支持、制度缺失、教育评价、缺乏遵循案例，相应地将这些内容设置成 16 个码号。在附录 10 中具体呈现出每一例访谈材料的编码结果。在编码之初，我们为每一个码号设置了操作性定义，在编码的过程中，我们搜索到大量与码号相对应的言语表述，具体列举如下。

共享意识的操作性定义是：个体或组织所表现出来的或者是暗含着的对于高校教育资源共享的态度、情感、认识、观念等感知活动的总和。该码号包含的词句如下：

"我感觉，这一点也比较突出，就是好像在教工，少数教工和绝大多数学生的心里，还没有真正的对这个有个概念""就是咱们的教师和学生的共享的理念比较淡薄，不是特别熟悉，或者说是现在还没有提起这个兴趣，关注点还没过来""我们有时都很纳闷，就觉得如果说这么多教工要搞科研，没有人过来寻求帮助，真正过来的几个老师，你问他，我们就了解到，大多数的教师都是这种状态，就是对这方面的关注不够""可能刚起初的时候大家对这个认识都比较肤浅""实际上对于我们来说，也挺害怕开放的""人们在这个资源共享这个观念上也不太具备，就是大家还是那种觉得守着自己的东西过日子的这种思想""意识问题，我觉得整体意识不强，整体的意识水平肯定是不高的""领导根本脑子里都没有，他连想都没想""对资源管理的人，他对共享的认识可能不足""一个导师自己弄个实验室，谁也不让碰了，现在不都这样吗？""每个单位都是在做自己的工作，没有想过这个资源共享问题""共享意识缺乏""现在各个高校都看眼前的利益，总是怕自己学校吃亏，所以说对自己的教育资源总是掖着、藏着，现在就是这样""就是各自为战嘛，各自忙活自己的那一摊事""我们对高等教育的发展呢，高等教育本身呢，还处于先前的传统观念里边，我的学校建的楼，我非得要盖我自己的宿舍楼、自己的操场，我们学校现在本身有这个问题""现阶段还有一些难度，受到思想观念的制约""高校资源共享的意识淡薄""但是这个短视，就是你这个教育的短视和你这个发展短视"……编码中，我们共搜索到 139 条体现共享意识的词句。

竞争意识的操作性定义是：个体或组织表现出来的或暗含着的相

互竞争、相互排斥的态度、情感、认识、观念等感知活动的总和。该码号包含的词句如下：

"我们现在主要是一些排他性竞争""各自为战，你下去了我才能上去，你上我肯定下啊""我们这个竞争完全是排他性的""只看到竞争，只看到对手，没有看到共同进步""我刚才反复强调，一个学校这种教师资源现在应该说是一个稀缺资源，尤其是那些比较优秀的老师，这绝对是个稀缺资源，一个学校它之所以出名，就是因为零星有那么几个好老师，如果这个好老师再给别的学校给共享了的话，可能这个学校所谓的优势也就不存在了""你论文比较多了，我肯定要超过你才能上，那假如说科研成果我少了，那你上了我就下了""它相对的相互之间形成一种与邻为壑的竞争形势""甚至有一些信息资料的封锁，他封锁他不告诉你了，我试验设备甚至我开会、交流干吗我都不讲，我讲你不就做出来了吗，理工科非常强调这些东西，我做出来之后我不讲，我就封锁，我不搞交流啊""这里边现在和学校竞争之间还有矛盾，这也是资源共享的一个大问题。我把优质课程和教师都提供给你了，我学校的优势在哪儿，就没了呗""你把人家的课程全弄这儿来了，你和人家××大学一个水平了，那××大学怎么办？这也是它有些资源不能共享的原因""或者说有些人、有些学院觉得我自己运行得挺好，为什么去互认你的学分，互认你的学分可能学生就会跑到其他的学校修习了，是吧""只把使用率低的或价值不高的资源参与共享，导致资源只能实现'部分'共享，影响共享的效果""在共享过程中，此类高校往往对利用他校的资源更感兴趣，而将自身认为重要的优质资源保留起来，不参与共享"……编码中，我们共搜索到49条体现竞争意识的词句。

利益诉求的操作性定义是：个体或组织为了维护自己既得的利益抑或是为了获得某种利益而表现出来的或者是暗含着的影响高校教育资源共享的态度、情感、认识、观念等感知活动的总和。该码号包含的词句如下：

"也就是说，实际上你是在用我的资源生财，我们就不愿意，所以咱们就没加入""牵涉到它恐怕会牵涉到经济利益""首先是对我，给我带来什么""因为这样会给它自身带来许多的收益吧，或者是对他有用处的东西更多一些""要共享的话，这个课程我共享出去了，我能获得什么呀，政府会给我什么政策，认可我这种工作的社会贡献""因为我做这个事也没有人给我钱，给我报酬""高校如果在这里头我获得好处了，那我就跟你做呗""学校会在想，我跟你共享了，我得到什么了，我会失去什么，我还不如就现在这样""可能对那些资源优势的学校来讲，分享本身对它可能没有直接的好处，但如果说，在某种分享机制下，资源劣势的学校它愿意为此承担一点，或者是说回报一点东西，那可能会更好一些""我刚才反复强调，强和强之间可以联合，强和弱之间可以联合，但是如果你这个学校越来越弱，越来越弱的话，谁敢跟你联合啊，你能给我这个学校带来什么？""各个高校在配置的过程中它有利益它才干"……编码中，我们共搜索到33条体现利益诉求的词句。

资源配置方式的操作性定义是：当前我们国家高等教育资源的配置仍然以计划配置为主，市场化配置较少，导致教育资源的部门所有现象比较严重，高校之间、高校内部各职能部门之间封闭封锁，缺乏沟通交流，从而阻碍了高校教育资源共享的实现。该码号包含的词句如下：

"高等学校内部实际上各个二级学院、各个部门也存在着资源相互孤立的情况，相互资源没有实现完全共享""当时我在××大学的时候就是，你这个学院的仪器设备和那个学院的仪器设备，有的时候不能完全放开的，完全也是部门所有很多""我们原来高等教育资源配置方式是什么呢，是部门所有""我们现在就是部门所有比较严重""它这个资源都是一种相对封闭的、隔置的状态，它是这么一种状态的话，你共同利用起来就比较麻烦""第一条就是各种资源的存在方式它都是用行政办法比较多""咱们是封闭的，基本上是我铁道就铁道系统的，海事在海事系统的，财经在财经系统的，基本上其他的就不太搭界了""因为我们基本是一个封闭状态的""学校资源配置制度的不科学导致的垄断，垄断导致无法竞争，从而导致资源利用效率低下""我国高校管理体制中对教育资源配置上的条块分割、部门所有的现象还是比较普遍""资源的单位所有制""问题现在就是它们属于，说不好听点可能叫垄断，就是一种垄断，完全的垄断""比如说民办学校大家认为你的层次啊、办学水平啊这方面都比较差，我跟你俩之间交往的时候，共享资源的话我向你学习的东西肯定是少，那我就不愿意跟你共享资源""但是它里边有一个重要问题在哪儿呢，就是它的利益主体不同，沟通协调不畅""但由于什么呢，这个隶属关系不一样，所属的体制不一样，在这里边呢协调起来就是非常难，后来不是没有合并嘛""就是这个隶属关系问题协调不好""这个对它的管理权限是不一样的，那么假如我共享的话，这个是属于中间的平台，归谁来管理，怎么来对它进行统一的维护，统一的跟踪的管理，可能这是个问题""我向你这个学校投，管理权限在我，那可能我这个部门的一种保护特别严重""高校间资源共享因资源的主体不同，可能在某些方面无法或不容易达成共享""我们国家现在高校它就是比较别扭，它总体叫公立学校，政府管的，它的特点就是叫'国企模式'，'国企模式'它就市场化非常弱"……编码中，我们共搜索到119条体现资源配置方式的词句。

管理体制的操作性定义是：高校对于自身各项事业发展的管理情况以及教育行政管理部门对于高等教育各项事业发展的管理情况。该码号包含的词句如下：

"我感觉高校这块缺少整体的组织""还是觉得管理上会很困难""它这种图书馆资源基本上只限于本校师生，因为它入馆的时候就有刷卡的程序""但是其他人，社会上的人想去享受这个资源那基本上是不可能的""比如说我要是一个学院的院长，我想允许我们的学生到其他学校去修习课程，我想认可你的学分，教务处不一定认啊""现在大家都知道学校的学院级实际上上面有很多层的领导，你比如说科研有科研处，教学有教务处，你不能自己随便来定什么东西，包括老师什么时候上课，上不上课，这都是严格的一套管理程序的，而且这个资源都是掌握在这些管理部门手中的，如果它们没有去组织的话，底下想来做成这个事很难""如果从教务处的角度讲，没有什么过多的烦琐的手续，这我就可以做""共享最主要的问题我觉得在哪儿呢，就是这个管理体制和运行机制的制约""一个是管理""还有一个就是刚才我说的在管理层面上，因为有些东西人为地管理它限制很严，对不对，他宁可不使用，我为了管着放着，他也不开放，这个是管理有很多限制嘛""比如说，不是我们单位的人不能使用，等等，这个都是管理层面的""或者说在管理上可能限制""一个是在学校的管理层面""学校内部的行政管理层面""没有专门负责的人或机构""缺乏科学有效的统一管理""因为这种管理体制下，高校全是政府来管理，它只是听命于政府的指导啊""像教育部、教育厅我直接给你××大学什么项目，××我给你建设什么项目，而且它这个项目规定还非常细，这就不对了""咱们现在管得过细，统得过死，这点不行，就应该从那种过细、过死的工作中进行区域性的调整，缺乏这个""因为在这种大的学科管理的制度下，每个人都是定位于我自己是哪个学科的，怎么合作都不会，学科壁垒"……编码中，我们共搜索到 57 条体现管理体制的词句。

平台建设的操作性定义是：高校之间为实现教育资源共享而搭建的某种环境或条件，既可以是网络平台也可以是其他平台。该码号包含的词句如下：

"我们积极想加入，但是现在这个平台还没形成""现在最期待的就是先把这个区域内的共享平台搭建起来，然后才能实现全国范围的共享""教育资源网络共享一体化平台还不健全、不完善""很简单，缺少共享的平台，缺少一个桥梁""应该发展那种公众性的、开放性的平台""私底下用可能有，但是更公开一些的，这样的渠道不是特别畅通吧""但是我们也没有用一个公共的平台""它也缺乏一个公共的平台""这些教育资源非常分散，无法进行统一的管理，缺乏统一的高校教育资源共享平台""各校之间没有资源共享的平台"……编码中，我们共搜索到 39 条体现平台建设的词句。

软硬件技术设备的操作性定义是：高校之间实现教育资源共享所需要的相关软件技术及硬件设备。该码号包含的词句如下：

"因为咱们资源没有数字化""一个是在检测技术上不熟练""就是软件的方面要具备""但是咱可能各高校之间这个手段还没有特别

的实现""你像国外高校图书馆因为科技手段比较完善的情况下做得比较好，咱们高校图书馆之间这种连接可能只是局限于局部的""现在的技术啊可能还不支持""第二个方面我觉得是技术方面，就是说它先进的程度，先进的程度不到它就没法做到这个共享""比如说现在好多数据库它不兼容，假如说它能做得很好的话，可能就不会这么费事了""一个是技术手段""教学资源数字化软件不足""硬件设施还没有跟上来""只不过是咱们中国的水平它不一定能够去做，或者硬件的限制啊"……编码中，我们共搜索到31条体现软硬件技术设备的词句。

经济成本的操作性定义是：个体或组织为实现教育资源共享而需要付出的经费等成本。该码号包含的词句如下：

"收费现在是这样，如果说有一个平台搭建起来，在这个平台之内产生的费用读者自己负担的话，这个恐怕还可以。但是如果说在构建这个平台的时候需要花费的费用，这个困难恐怕就比较大""加入这些岗位就要加大投入""如果从学校这个个体上来说可能是有一些顾虑，相对来说需要做的一些努力、投入可能说会大一些""可能就是未必他们愿意拿出来，使用的话他肯定会有一定的损耗，肯定会影响它的使用寿命，针对这方面的考虑肯定也会有""因为这部分费用的话怎么来承担，他可能会考虑到这方面""硬件共享的维护问题损耗严重""高水平教授出场费太高"……编码中，我们共搜索到20条体现经济成本的词句。

地理空间限制的操作性定义是：个体或组织因为学校地理空间的远近等因素的限制而影响高校教育资源的共享。该码号包含的词句如下：

"当然也有这方面的考虑，它是不是这个资源离得很近，都能够共享""我们学校离××大学那个新校区很近，我不知道它们的经济学院是不是在这儿啊，但是即使远的话也在一个市内嘛""这个共享你首先得看地域啊，你肯定得有这个地缘优势才可以""高校资源共享首先一个基础就是得有地缘优势，因为一个学校里边最重要的是教师资源，那些硬件反而可能倒在其次，那教师资源的话，你还能整天从北京往大连这边跑吗，这不能吧""不去分享是因为不方便""就是说你去共享还有一个其实最简洁的问题就是它的方便程度，这个方便表现在方方面面，地理位置可能是很大因素，人都有惰性，我在××大学能上课为什么要去××上，对不对，很明显"……编码中，我们共搜索到 15 条体现地理空间限制的词句。

劳动力成本的操作性定义是：个体或组织为实现教育资源共享而需要付出的劳动力等成本。该码号包含的词句如下：

"因为你做这个课程资源的共享，它需要耗费大量的人力、物力，要做什么录像啊网络啊维护啊这一套""它要做共享的话，实际上又带来一个额外的工作量、工作负担的问题，要靠人来做""它尽管有资料，但是它没法共享，因为它这个服务、工作量各方面都承担不起，你要求有多少人提供服务，才能使这个资源接受更大范围的人来进行选择""当然还有一个就是如果你全部开放的话，它有一个工作量，就是他能不能完成，能不能解决，能不能面对""肯定是你工作量比以前要多""无形当中可能会增加一部分工作量""人力不足"……编码中，我们共搜索到 14 条体现劳动力成本的词句。

管理成本的操作性定义是：高校或教育行政部门为实现教育资源共享而在管理上需要付出的成本。该码号包含的词句如下：

"但是想要服务那么些社会人员，管理成本就会提高，管理成本的问题""那我们的学院就放在那儿，我还减少我的管理成本，我也没有这么些人来管这个事，是吧""同时又要加入管理的成本""管理上肯定也会有很多问题，就是说谁来负责这个事啊，谁来做这件事情啊，也会有很多问题""重点院校会担心资源共享带来的组织管理问题，会害怕影响其学校的发展""对管理造成一定的挑战""会导致管理上有一定的难度""资源共享必然会产生管理问题"……编码中，我们共搜索到 13 条体现管理成本的词句。

政府政策支持的操作性定义是：国家为推动高校之间实现教育资源共享而提供的政策引导或支持。该码号包含的词句如下：

"还有就是国家需要一个，既然你是属于一个初级阶段，需要引领全局，需要有一个导向""就是说政策支持本身就是个问题""所以，在这种情况下，我觉得政策支持这是最重要的一点，如果没有政策支持，就很难""可能你本身也想做这个事情，但是你必须得到政府的支持啊或者是认可啊""教育主管部门的推动""主要是说这个大方向上没有先例，没有推崇这件事情""政策的引导""现在是尽量不让横向，就是不要跨学校，两个学校联合报点基本是不成立了""缺少政策导向""没有政策支持""政策不够完善""政策配套不够""国家调控不力或不存在"……编码中，我们共搜索到 23 条体现政府政策支持的词句。

政府财政支持的操作性定义是：国家为推动高校之间实现教育资源共享而提供的财政优惠或经费支持。该码号包含的词句如下：

"还得具备什么呢，具备政府的对于资金的提供""那我们的教育经费现在政府提供的非常少，尤其是对于图书资料这一块提供的更少""对教育投入，教育经费的投入要少，教育经费投入过少""资金投入""然后更重要的就是说，我们想，就是资金也不到位吧，你想到所具有的这种共享的意愿或者是想法呀还没有办法实施""国家对教育的投入太少""经费不够""你像部属院校每年教育部都给投资几个亿的，咱们哪有啊，咱们赚点钱就忙着还贷款呀什么的，顾及不上这些个事情"……编码中，我们共搜索到 12 条体现政府财政支持的词句。

制度缺失的操作性定义是：目前我国高校为推动教育资源的共享而制定、出台的相关规范或准则还不健全，有待进一步完善。该码号包含的词句如下：

"我觉得最重要的之前可能要有一个细化的标准，现在可能很多事情都是之前没想到那么些，这样的话就导致最后也不知道应该做到一个什么程度""共享要有一种制度支撑""那像最开始大学城的建设，政府就是很理想化的一种想象，想让它们共享，那最后没形成共享，因为什么，那就是它没有细致的这种制度设计""现在我们很多东西缺乏制度""我觉得在制度上，制度有多大的空间，提供这个途径啊或通道啊或者什么""咱们国家还是在这个制度建设层面还是欠缺，原来是根本没有""中国嘛，它习惯于制度推进，比如说各级各类部门对于共享它有一个态度，比如说这是共享，那么你以什么平台，或者是你以什么方式、方法，你现在缺少这个""制度性安排缺失""制度不够完善""教育资源共享的制度不全""没制度保证"……编码中，我们共搜索到 27 条体现制度缺失的词句。

教育评价的操作性定义是：当前我国高等教育领域对于高校各方面事业的评价方法与评估手段。该码号包含的词句如下：

"现在呢我理解是把百所大学办成了一所大学，由于这个政策方针所导向的，你比如说评估，它就借助于一种手段对所有大学，不管是部属大学还是我们一般的普通院校都是一个标准、一个尺度，那这个标准和尺度之下呢都按照这个模式走，结果就造成百所大学像一所大学""评估手段要求你这样，所以所有大学都向这一个方向努力""另外一个障碍就是评估这块""现在评估问题是量化指标比较多""但是评价学校这块比如你出多少科研成绩啊、科研专利啊，甚至出多少科研论文哪，是考核你这个学校很大的量化指标，那么可能就造成什么呢，假如说我通过这个实验室我做出了很多成绩，那是我的办学成果，那假如说让你经常使用了，那你的办学成绩就上去了，好像对我这个学校就不是很利""那么假如评估指标包括你这个办学成绩的话，它不可能在这方面让其他学校多上""而且这种评估不是一种权威性的评估，它完全是看一种外显指标的评估，外显指标肯定就和这种共享的一些设备啊、图书资料啊紧密相关，这个就是等于它竞争的一个很可靠的指标了""现在师范的就业很难，对吧，你现在检查师范院校的标尺如果你就落实在就业率上，那我所有的努力就为就业率，那我还和别人共享啥啊，共享了我就没就业率了""学校只能是完成你这个评价任务"……编码中，我们共搜索到 22 条体现教育评价的词句。

缺乏遵循案例的操作性定义是：当前我国高校之间的教育资源共享过程中的可以遵循的有效的、成功的案例还很少，使得许多想推行资源共享的高校缺少学习的样例，这也在很大程度上阻碍了共享的实现。该码号包含的词句如下：

"在国内，尤其是在国内，它需要一个领头的""如果说整体水平上去的话，必须有那种先出来的人""我们在等着，有人来牵头来做这个""没有遵循的有效案例""没有良好的典型带动"……编码中，我们共搜索到 6 条体现缺乏遵循案例的词句。

鉴于篇幅有限，我们仅选其中一例并将码号、频次与具体词句列于表 4.2。

表 4.2　　制约高校教育资源共享实现原因访谈编码频次样例

访谈 03：某大学教育科学学院教师

码号	频次	具体词句举例
共享意识	14	"一般的高校来讲，可能它的这个意识就会薄弱一些""不是说它不想，而是可能政府也没意识到它有这个责任"
竞争意识	3	"或者说有些人、有些学院觉得我自己运行得挺好，为什么去互认你的学分，互认你的学分可能学生就会跑到其他的学校修习了，是吧""竞争指定会影响共享"
利益诉求	9	"高校如果在这里头我获得好处了，那我就跟你做呗""学校会在想，我跟你共享了，我得到什么了，我会失去什么，我还不如就现在这样"
资源配置方式	11	"你要靠现有的、所谓的这种私立大学、民办学院来达到这种和现有的优势的国立的或者是公立的高校的资源共享，很难""但是我觉得高等教育它还没有完全市场化，它可能是计划经济的最后一块堡垒，主要是政府在进行整体上、全盘的规划"
管理体制	17	"因为在这种大的学科管理的制度下，每个人都是定位于我自己是哪个学科的，怎么合作都不会，学科壁垒""它这种图书馆资源基本上只限于本校师生，因为它入馆的时候就有刷卡的程序"
平台建设	2	"但是怎么能去到那儿去真正有机会去修习或者说找到它的课程，在网上或者说得到这种地域的优势""我觉得这方面好像××大学做得就不是太好，包括校内的这种学术报告啊、讲座啊，信息不是很灵通"
软硬件设备	0	无
经济成本	1	"也有可能学校它没有精力或者精力不放在这个上面，没有额外的资金去支持这个东西，就很难做到这一点"
地理空间限制	3	"当然也有这方面的考虑，它是不是这个资源离得很近，都能够共享""我们学校离××大学那个新校区很近，我不知道它们的经济学院是不是在这儿啊，但是即使远的话也在一个市内嘛"
劳动力成本	1	"因为你做这个课程资源的共享，它需要耗费大量的人力，要做什么录像啊网络啊维护啊这一套"
管理成本	4	"但是想要服务那么些社会人员，管理成本就会提高，管理成本的问题""那我们的学院就放在那儿，我还减少我的管理成本，我也没有这么些人来管这个事，是吧"
政府政策支持	1	"可能你本身也想做这个事情，但是你必须得到政府的支持啊或者认可啊"

码号	频次	具体词句举例
政府财政支持	2	"政府也没给它相应的这些资源"
制度缺失	3	"共享要有一种制度支撑""那像最开始大学城的建设，政府就是很理想化的一种想象，想让它们共享，那最后没形成共享，因为什么，那就是它没有细致的这种制度设计"
教育评价	0	无
缺乏遵循案例	1	"谁能牵头来做这个事情，工作已经很多了，一大摊子事，大家都不愿意去改变现状"

（三）寻找本土概念

"'本土概念'应该是被研究者经常使用的、用来表达他们自己看世界的方式的概念。这些概念通常有自己的个性特色，与学术界或社会上一般人使用的概念不太一样。本土概念不必是研究者本人或研究者所属文化群体不知道的概念，只为被研究者群体所占有。本土概念不仅不必被研究者群体所独自占有，而且也不必是在他们之间普遍使用的用语，可以是被研究者个人经常使用的特殊语言。有时候，我们找到的本土概念可能不是由一个词，而是由一个句子来表达的。"① 由于本土概念可以凸显原始材料的"原汁原味"，因此本研究在登录时尽量使用了调查对象的本土概念作为码号。

（四）类属分析

"'类属'是资料分析中的一个意义单位，代表的是资料呈现的一个观点或一个主题。"②"'类属分析'指的是在资料中寻找反复出现的现象以及可以解释这些现象的重要概念的一个过程。"③ 类属与前面所说的码号有所不同，码号是资料分析中对资料进行登录的最小意义单位，是资料分析中最底层的基础部分，而类属则是资料分析中比较大的意义单位，它是建立在对许多码号的组合之上的一个比较上位的意义集合。一个码号可以分别归到不同的类属下面，一个类属也可能包

① 陈向明：《质的研究方法与社会科学研究》，教育科学出版社 2000 年版，第 284—285 页。
② 同上书，第 290 页。
③ 同上。

含几个相关的码号。在初步形成了 16 个码号后，我们进一步考虑各个码号的特征以及码号与码号之间的联系，比较各个码号之间是否存在着共同表现的内涵，从而建立类属。通过对码号所包含内容进行不断的梳理、分析，我们发现一些码号可以合并在一起，从而建立起 8 个类属。每个类属名称及其所包含的码号（每个类属下的码号顺序按照出现频次多少排列）见表 4.3。

表 4.3　　　　　　　制约共享原因编码类属与码号之间关系

类属	码号
思想观念	1. 共享意识　2. 竞争意识　　3. 利益诉求
体制障碍	1. 资源配置方式　2. 管理体制
技术限制	1. 平台建设　2. 软硬件技术设备
成本障碍	1. 经济成本　2. 地理空间限制　3. 劳动力成本　4. 管理成本
政府支持	1. 政府政策支持　2. 政府财政支持
制度缺失	1. 制度缺失
教育评价	1. 教育评价
缺乏遵循案例	1. 缺乏遵循案例

我们将共享意识、竞争意识和利益诉求三个码号划归为"思想观念"类属，它们都是从思想、观念层面对高校之间教育资源共享产生影响，这也是调查过程中被提到最多的一个阻碍因素。我们将资源配置方式和管理体制两个码号划归为"体制障碍"类属，它们都是从当前我国高等教育体制的层面对高校之间教育资源共享产生影响。我们将平台建设和软硬件技术设备两个码号归属为"技术限制"障碍，这两个方面都是当前我国高校之间教育资源共享实现所需要的技术设备条件，这些条件的不成熟，也会在很大程度上影响共享的实现。我们将经济成本、地理空间限制、劳动力成本和管理成本四个码号归属为"成本障碍"，这四个方面都是从高校之间实现教育资源共享所需要付出的代价角度出发的。我们将政府政策支持和政府财政支持两个码号划归为"政府支持"类属，这两个方面都是从政府在高校教育资源共享过程中应当承担的责任和义务角度出发，在我国的现实条件下，如果离开了政府的作用，高校之间教育资源的共享很难实现。最后，我

们将制度缺失、教育评价和缺乏遵循案例三个码号各自单独划归为三个类属，即"制度缺失"类属、"教育评价"类属以及"缺乏遵循案例"类属，这三个方面也都是影响高校之间教育资源共享实现的主要障碍。

这样，在确定了码号与类属之间的关系后，也就明晰了制约当前我国高校之间教育资源共享的主要原因。

三 制约当前我国高等学校教育资源共享的原因

通过以上对调查结果的分析并结合逻辑分析，本研究发现，制约当前我国高校教育资源共享的首要原因是思想观念障碍，主要体现在共享意识的整体淡薄，竞争意识的过于强烈，以及对于共享过程中利益诉求的考虑等方面，思想观念的障碍导致人们对于高校教育资源共享的认识、接受程度乃至实践操作都还处于一个比较低的水平。其次是体制障碍，主要体现在高等教育资源配置方式的影响和高等教育管理体制的影响，后者又具体体现在高等教育地方管理权限的有限、高校自主权的缺失以及高校内部"行政化"管理特征明显等方面，高等教育体制上的障碍使得高校教育资源共享在实践中遇到许多困难。由于思想观念的障碍和体制上的障碍而连带引发了其他许多方面的障碍：政府支持力度不够，体现在政府对于高校教育资源共享的政策支持力度不够和财政支持力度不够；高校关于教育资源共享的相关制度的缺失；教育评价机制障碍，体现在因评价标准单一而导致的学校趋同性以及由于评价指标的过于量化导致评价与资源本身直接挂钩等。同时，技术的限制和成本的障碍也是阻碍高校教育资源共享的重要原因，前者包括软硬件设备的限制以及共享平台的不健全，后者包括经济成本障碍、劳动力成本障碍以及管理成本障碍，这些问题若得不到妥善解决，高校教育资源的共享就很难实现。另外，鉴于我国传统文化中"中庸"思想的影响，使得我们比较缺少打破陈规、敢于创新的氛围，这就导致共享过程中缺乏可以遵循的有效案例也成为阻碍高校教育资源共享的一个重要原因。

具体的原因分析如下：

（一）思想观念障碍

在调查中我们发现，思想观念障碍是制约当前我国高校之间教育资源共享的最主要原因，主要表现在以下几点：

1. 共享意识淡薄

在我国，虽然共享这个词已经不是什么新鲜词了，共享的理念也不能算作一个崭新的理念，但是作为共享意识来讲却依然十分淡薄，无论是广大师生个体、高校自身还是教育行政管理部门，大家都还是相互独立、封锁封闭的一种状态，很少有交流、合作、共享的意识。这在很大程度上与我们中华民族的传统文化观念是分不开的，我们国家长期的封建制社会使我们中华民族的传统文化"以小农经济为土壤，是一种封闭的独立文化系统"①，"具有封闭性、排异性"②，使我们习惯于自给自足，各自为政，"自己动手、丰衣足食"，较少与外界交流、合作，相对来讲比较保守一些，开放的思想比较少一些，一方面自己的东西不愿意给别人共享，另一方面也很少会想到自己去共享别人的东西。时至今日，在高等教育领域里仍然有一些人延续着这种浓厚的小农意识，封闭保守，不愿与外界发生任何联系，导致资源共享的意识普遍淡薄，缺乏全局观念，缺乏在教育资源短缺环境下实现资源共享的强烈意识。如有的导师将实验室等公共资源变为自己的"私有财产"，仅限于自己学生或者是本院系师生使用，不让外校师生使用，这就导致实验仪器设备资源的低利用率、高闲置率；国内许多高校的"创新团队"等平台实际上仍然是"单兵作战"的阶段，如在开展非物质文化遗产等诸多理应共享互助的项目研究中③，团队成员只是利用这个平台去各自申请一些课题，具体科研还是自己去承担，相互之间较少有合作，没有达到共享智力资源、科研资源的水平，等

---

① 杨国枢、余安邦：《中国人的心理与行为：理念及方法篇》，（台北）桂冠图书股份有限公司1993年版，第46页。

② 同上。

③ 张兆林、齐如林、束华娜：《非物质文化遗产保护领域社会力量研究》，中国社会科学出版社2017年版，第28页。

等。这种共享意识的淡薄在很大程度上阻碍了高校之间教育资源共享的实现。

2. 竞争意识强烈

在调查中我们发现，当前社会上强烈的竞争意识也是阻碍高校之间实现教育资源共享的主要障碍之一。这种竞争意识充斥了我们社会的方方面面、人生的时时刻刻，可以说，我们无时无刻不是生活在竞争当中。当然我们这里所讲的竞争主要是指恶性竞争，是那种强烈的排他性竞争，是那种"你上即我下，你下即我上"的竞争，它对于共享就不是一种促进作用，而是一种破坏作用。在这种竞争意识的驱使之下，人与人、学校与学校之间就会产生强烈的"自我保护"意识，想方设法地去维护自己的优势地位，都希望打败对方而让自己得到提升，于是它们之间争生源、争课题、争经费、争师资等，在这种情况下也就不会有共享意识的产生了，甚至是像某位访谈人所说的"现在倒不是说（共享意识）淡薄的问题，不是没有意识到这个问题，而是压根就比较抵触这个问题，压根儿我就是不想去合作"。在这种环境下，即使有些许的共享，也会是有保留的共享，高校往往只会把一些普通的、非核心的资源拿出来共享，而那些真正的优质资源、核心资源是不会拿出来的。对此，某大学 Y 老师的观点比较有代表性，他认为：

> 我觉得对于中国现有的这种教育资源来看的话，按照中国目前的这种状况来讲的话，我觉得这种竞争的态势要远远地强于合作的态势会长期地延续下去，不太可能说互相之间有这种合作啊，能够有那种很心平气和的这么几个学校在一起搞这种共享。同样地，我刚才反复强调，一个学校这种教师资源现在应该说是一个稀缺资源，尤其是那些比较优秀的老师，这绝对是个稀缺资源，一个学校它之所以出名，就是因为零星有那么几个好老师，如果这个好老师再给别的学校给共享了的话，可能这个学校所谓的优势也就不存在了。所以说从这个自立的角度来讲，我想一个学校它也不太可能把优秀的资源给共享出去。

（访谈人 06，某大学教师）

可见，这种竞争意识对高校之间教育资源共享的影响也是非常大的。

3. 利益诉求影响

从经济学的角度讲，任何人或组织从事任何事情都是为了获得某种利益，是由利益驱动的，这个利益既可以是物质利益，也可以是精神利益，这种对于利益的诉求也会影响个体或组织的行为选择。作为一个独立的组织，各个高校也都存在着自身的利益追求和发展目标，如高校之间拥有的教育资源的不对称性，自然带来利益需求的差异性。高校在教育资源共享时，首先考虑的问题往往不是通过共享我能够为别人提供什么，而是通过共享我能够从中得到什么，也就是说，我参与资源共享了，我能获得什么好处，谁来认可我这种行为。如果高校能够从教育资源共享中获得它想要的某种利益，那么它就会产生共享的动力，使自己积极主动地参与到共享行为中去；如果高校不能够从教育资源共享中获得它想要的某种利益，或者是获得的利益要小于为此付出的成本，那么它就不太容易产生共享的动力，特别是由于许多资源都和高校的经济利益挂钩，因此高校它会担心资源共享会削弱本校的经济利益，所以造成对于共享的态度或积极性就不会太高。

（二）体制障碍

体制障碍是指当前我国高等教育体制中存在的弊端对于高校教育资源共享所带来的影响，其中高等教育体制是指高等教育事业的机构设置、隶属关系和职责、权益划分的体系和相应制度。通过调查分析，我们发现影响高校教育资源共享实现的高等教育体制障碍主要有以下两个方面：

1. 高等教育资源配置方式的影响

在我国现阶段，高等教育的典型特征是以国家举办的公立高校为主体，国家和各级政府在其中起决定作用，既是高等教育的主办者同时又是高等教育的管理者，其他社会力量举办的民办高校还很少，发展滞后，与公立高校相比，民办高校明显处于弱势地位。可以说，当前我们国家高等教育政府办学的单一格局仍然没有打破，虽然近年来社会力量办学有了一定程度的发展，但仍然无法造成对公立高校的冲击，而且民办高校往往存在着规模小、基础弱、地位低、发展不平衡等问题，现在的发展应该说举步维艰。这就造成了公立高校与民办高校之间的差距过大、地位悬殊，公立高校"高高在上"，而民办高校则因为受制于一系列歧视政策，只能在夹缝中求生存，这给这两类高校之间教育资源共享设置了极大的障碍，导致了公立高校与民办高校之间很难实现资源共享。这种单一的办学体制也直接影响了我国高等教育资源的配置方式，在政府办学为主体的环境下，国家和各级政府有责任为各级各类高等教育提供发展所需的资源，但是由于政府精力的有限性，它不可能照顾到所有高校，它往往会有所选择、有所重点的发展，例如当前我们国家推行的"重点大学"制度就是这一发展策略的典型案例，这就不可避免地带来一个问题，那就是人为地造成了高校之间的差距悬殊，教育资源占有量不可同日而语，特别是"985工程""211工程"高校与普通地方高校之间的差距尤其大，导致一方面具有资源优势的学校不愿意与资源劣势学校共享它的丰富资源，另一方面，处于资源劣势地位的学校则"欲求无门"，无法享受到资源优势学校所拥有的丰富的、优质的教育资源。

另外，我国当前高等教育资源的配置方式仍然是以计划配置方式为主，市场配置方式还很少。我国的绝大多数教育资源为国家所有，但是国家是一个非常"泛"的利益主体，在实际操作中，教育资源基本上都被划归为各个部门、机构所有，如当前我们的高校分属教育部、民政部、交通部等各部委所管辖，由中央政府、省级政府和市级政府等各级政府所主管，教育资源通过计划指标以行政指令的形式在各级各类高校中层层分配，资源分属不同的利益主体，一旦配置到位就很难发生流动、合作，这就导致我国当前高等教育资源配置的条块分割、部门所有制现象非常严重，各部门之间都是一种相对封闭、隔置的状态，各级各类高校之间缺乏有机的衔接与沟通，教育资源不能充分整合、发挥整体效益，比如说隶属于交通部的高校，它所拥有的教育资源绝大部分是由交通部所投入的，那它要是和隶属于教育部的高校之间发生共享，那么就会涉及权利归属、责任分担、利益获得等一系列实际操作问题，而这些问题往往是阻碍这种共享实现的重要原因之一。

2. 高等教育管理体制的影响

当前我国高等教育管理体制的最大特征就是高度的统一和集中，行政化干预过多，这在很大程度上影响了高校教育资源共享的实现。这主要表现在以下三个方面：

（1）从中央与地方的关系来看，尽管当前我国的高等教育实行中央和省两级管理、以省为主的管理体制，但是地方管理权限仍然有限。新中国成立以后，长期的计划经济体制使我国高等教育实行的是中央集中统一领导，地方管理权限不高，尽管从改革开放以后我国多次对高等教育管理体制进行改革，逐渐建立并巩固了中央和省两级管理、以省为主的新的管理体制，如我国的《高等教育法》中明确规定"国务院统一领导和管理全国高等教育事业，省、自治区、直辖市人民政府统筹协调本行政区域内的高等教育事业，管理主要为地方培养人才和国务院授权管理的高等学校。"省级政府承担着占全国绝大多数高校的管理职责，但实际上，地方政府的管理权限依然十分有限，高等教育管理体制的核心仍然为中央，由中央政府决定着发展高等教育的基本政策与方针，中央通过各式各样的行政手段"遥控"着各级各类高校，地方政府更多的时候只是执行上级政府的行政指令，对于本区域内的高等教育缺乏及时有效的管理。地方政府的这种权利失位会对区域高校教育资源的共享产生不利影响。

（2）从政府与高校的关系来看，当前我们国家政府对高等学校的行政性干预过多，学校自主权缺失。尽管当前我国的经济制度正处于由计划经济向市场经济转变的过程中，高等教育的外部环境发生了巨大变化，但是我国的政府与高校的行政隶属关系，仍然没有发生实质性的改变。由于脱胎于传统的中央集权管理体制，旧有的集权管理方式的痕迹依然十分明显，政府不仅是高等教育最主要的举办者，也是直接的管理者，政府不仅要制定高等教育的宏观政策法规、发展规划等，同时还要干涉高校内部的学科建设、专业审批、人事分配等具体事务，不仅在宏观上进行管理，而且在某些方面直接参与高校的微观工作，主要采取行政指令、计划等方式，最典型的管理手段就是行政性审批和直接干预。由此可见，高校无论在形式上还是实质上仍然是政府的下级机构，用受访者的话来讲就是：

> 咱们现在的高校啊它不是一个独立的、市场的主体，它有一个更大的"婆婆"——政府这一层面，来管着它们，而且来养着它们，它的生存和发展主要靠指望政府来提供，而不是靠市场去谋求，在这种情况下，它就缺乏了一种什么动力呢，缺乏了一种自主去获取资源或者是到市场去获取资源，谁有，我就找谁，是买还是说跟别人合作，用共赢的方式来谋求发展，而它更多的眼光是向上。
>
> （访谈人 04，某大学副教授）

政府对高等学校这种"管得过多，统得过死"的管理方式，严重束缚了学校自主权的充分发挥，使高校无法及时、主动、有效地适应市场的变化，无法根据自身的实际情况选择与其他高校实现资源共享，制约了共享的实现。

（3）从高校内部的管理体制来看，当前我国高校的"行政化"管理特征明显，各职能部门之间缺乏联系。受外部整个大环境的影响，我国高校里的管理模式直接"复制"了国家政府的行政管理模式，政府内部设有什么样的部门，高校内部也就相应地设置什么样的机构，并实行与政府相同或相似的运行机制，导致了高校里面行政权力的泛化。行政权力泛化是指单纯以行政手段和科层化的管理方式规范整个大学组织运作，大学管理往往以行政化的命令方式和习惯处理学术性事务[1]，"科层制替代了大学的'扁平化'，以上下级关系、管理关系来设定组织机制。党管政，政管学，机关管学院，院长管教师，辅导员、班主任管学生。大学不像学府而如同官府。"[2] 高校内部资源的分

---

[1]　马廷奇：《大学转型：以制度建设为中心》，社会科学文献出版社 2007 年版，第 150 页。

[2]　徐显明：《大学理念论纲》，《中国社会科学》2010 年第 6 期。

配也是层层审批的，往往要经过比较烦琐的行政程序才可以，这就在很大程度上打消了广大师生的资源共享的积极性，他一想到如果资源共享的话需要经过那么复杂的程序，他可能就会放弃这种想法，就会在现有的条件下完成该项任务，就不会主动去寻求资源共享了。另外，高校内部往往是以学科划分为不同的院系，不同学科之间、不同院系之间通常也是相互独立、各自为战，相互之间缺乏交流、合作，共享不多，某访谈人就表达了在这种管理体制下的感受：

> 或者说你这种学科之间的管理制度它就是，这种学科划分，其实很多老师都跟我们谈，就是说你就属于这个学科吧，然后这种评价机制、科研管理，你就是这个学科的人，对吧，你的这个研究方向必须在这个学科领域内，然后算这个学科的成绩，那很多现在是这个交叉学科的东西才能产生新的东西，你想做的话你就感觉在实际的过程中你就是被扯开的两个人，一会儿跨这个一会儿跨那个，哪边也不受待见这种。你比如说我想在教育史和高等教育两个学科，很容易做一个结合，是吧，但是你既不属于教育史，也不属于高等教育，开会是两拨人，现在就是没有形成这种机制……但是没有形成，就是因为在这种大的学科管理的制度下，每个人都是定位于我自己是哪个学科的，怎么合作都不会，学科壁垒，这是学科最细微的了，那学院和学院之间就更是这种。你看我们有教育科学学院，有教师发展学院，有教育技术学院，你教科院想用教育技术学院的资源，院长打招呼，你是所有人都能找到院长吗，或者院长对于每个人都打招呼吗，它就不是资源的一种很平顺的一种运行机制，它总要靠人际、靠各种关系，你想这一个学校内部资源共享都很费劲，学校跟学校之间就更是这种，这种就很难做到，除非一个很强有力的力量促成这种共享。
>
> （访谈人 03，某大学教师）

可见，要想实现高校教育资源的校际共享，首先就要打破学科壁垒、院系壁垒，率先在校内消除共享的管理体制障碍，然后才有可能逐步推广到校际以至更广范围的共享。

此外，高校内部的教育资源配置也表现出了鲜明的"以行政为中心"的配置方式，具有行政职务的人往往也是占有资源较多的人，而且随着行政职务越高，他所占有的资源往往也越多，例如高校的校长、处长、院长等群体几乎掌握了学校的所有学术与公共资源，造成了资源过于集中于领导的现象，而广大的教授、教师只是被配置的对象。由于普通教师获得的资源非常有限，所以这也在很大程度上影响了他们的教学和科研，因此，为了获得更多的资源，越来越多的教师争当处长、院长等的现象便屡见不鲜，这就使得高校内部的行政地位和部门作用过分彰显，教学和科研的地位相对不够突出，造成学校各行政部门及工作人员为师生、为教学服务的主客体关系倒置，违背了教育规律。

(三) 政府支持力度不够

在调查中我们发现，在被问及制约当前我们国家高校教育资源共享的障碍或原因时，有许多人都认为政府在这方面的支持力度还不够，主要体现在以下两个方面：

1. 政策支持力度不够

尽管当前我国高校教育资源共享已经取得了重要进展，但是我们也应注意，高校教育资源共享涉及不同的利益主体，如何解决"条块分割"的管理体制和转变封闭独立的高校发展战略，以及如何建立共享的利益平衡机制等问题，都亟待国家政策法规的指导和规范。当前我国政府的政策支持力度不够主要表现在政府关于推动高校教育资源共享的方针政策尚不健全。尽管在前面文本研究中梳理了新中国成立以来在政策规章中针对高校教育资源共享所做的一些规定或要求，但是都是散布在国家、地方政府关于教育资源的相关政策法规中，如《高等学校实验室工作规程》《高等学校仪器设备管理办法》《普通高等学校图书馆规程》等，仅是对高校教育资源的共享活动提出了方向性指导，而对共享活动的其他具体环节缺乏规范性指导和规定，没有形成完整明确的体系。总体来看仍然比较零散，力度不够，主要表现在以下两个方面：一方面是相应的配套政策不够，现有的许多政策并不支持高校教育资源的共享，比如说高校的人事政策方面，现行的事业单位用人机制主要还是身份管理，属于固定用人，你隶属于哪个部门，你就是哪个部门的人，归该部门、单位"所有"，受其管理，为其服务，很难在不同部门之间流动，而且相应的人员流动政策、社会化人事档案管理系统、职称制度改革等等配套改革措施还不健全，这直接影响了高校教师资源的共享等。另一方面是专门的立法比较滞后，教育立法是国家在市场经济条件下对高等教育的运行、发展等进行调控的重要途径。据笔者目前所掌握的材料来看，我国第一个也是仅有的一个关于大型科学仪器资源共享的专项法规是2007年上海市人大常委通过的《上海市促进大型科学仪器设施共享规定》[①]，与之相配套的还颁布了《上海市大型科学仪器设施共享服务评估与奖励暂行办法》，这里边就涵盖了上海市行政区域内的高等学校、科研院所、企业等管理大型科学仪器设施的单位向社会开放、共享，具体可参见附录11和附录12。除此之外，其他地区、其他领域的关于资源共享的专项法规政策还没有，立法的滞后已经在很大程度上阻碍了高校教育资源乃至社会其他机构资源共享的实现。

2. 财政支持力度不够

政府的财政支持力度不够主要体现在政府对高校教育资源共享平台、项目的建设资助上，许多共享平台的建设、项目的推行所需要的费用可能不是某个学校或某几个学校能够承担的，或者不是这些学校或个体愿意承担的，比如就高校图书文献资料的共享来说，有的受访者就认为：

> 如果说有一个平台搭建起来，在这个平台之内产生的费用读者自己负担的话，这个恐怕还可以。但是如果说在构建这个平台的时候需要花费的费用，这个困难恐怕就比较大。

（访谈人01，某大学图书馆信息咨询部主任）

---

① 李俊：《沪上新立法折射共享光芒》，《科技日报》2007年9月14日第9版。

　　可见，对于某些基础性的平台，许多高校或个体的积极性可能不高，这个时候就要发挥我们国家体制的优越性，发挥政府的作用，由国家或政府为高校搭好这个平台，从而让它们"唱好戏"，但是当前我们国家对于高校教育资源共享的经费投入还很不够，由政府出资建设的共享平台也不多，主要集中在作为"211 工程"建设任务之一的高等教育公共服务体系的建设投资上，该体系包括中国教育和科研计算机网、全国高等学校数字图书文献保障体系、全国高等学校实验设备与优质资源共享系统等建设内容，但是这些平台的覆盖面都比较窄，主要是占全国高校一小部分的"重点高校"，作为高校主体的大量地方高校或普通高校则没有被覆盖，那么这些学校的教育资源可能就失去了一个交流与共享的平台，不利于我国高等教育的整体发展。

　　（四）制度缺失

　　制度缺失是造成当前我国高校教育资源共享程度不高的又一原因。为了与前面的来源于国家或政府的政策、法规相区别，这里的制度主要是指高校内部或高校之间制定或颁布的关于教育资源共享运行的相应规范或要求，用来指导共享的发生、发展，但这并不是说制度和政策、法规是完全割裂开的，它们是相辅相成的，实际上很多政策是需要制度来强化的。访谈人 X 主任认为制度对于高校教育资源共享的作用主要体现在：

　　　　制度不一定会彻底推动共享，但是呢至少有一个方向，中国嘛，它习惯于制度推进，比如说各级各类部门对于共享它有一个态度，比如说这是共享，那么你以什么平台，或者是你以什么方式、方法，你现在缺少这个……我制度什么概念呢，就是任何的活动你都要有一个要求……是不是就会对很多类似的活动都能有共享的机会，但是现在呢白白浪费了，如果你去问人家，人家说谁让我们做了，我们干吗要做啊，制度不一定非写在墙上，我这个制度内涵就是各级各类部门要把共享抬到一定的高度，通过制度等一系列方式，让大伙有这个意识，而不要丧失很多的共享机会。

（访谈人 12，某大学教务处学科教育中心主任）

新制度经济学非常重视制度在经济活动中的作用，他们认为，制度是一个社会的游戏规则①。同样地，我们从调查结果中发现，人们同样非常重视制度在促进高校教育资源共享实现过程中的作用，普遍认为当前我国高校教育资源共享的制度建设不全，如对于共享的双方各应承担的责任和义务规定不明确，共享双方的成本与收益分配界定不清楚，共享的具体实现步骤与过程缺乏细致的设计等，这就使得人们对于共享的前景不甚明朗，不知道应该做到一个什么程度，担心共享过程中会出现权、责、利等的纷争，这也就打消了他们参与共享的积极性，要么不参与，要么有所保留。例如，有的受访者就认为：

共享要有一种制度支撑……但是你如果没有这种很可行的、具体的制度化保障的话，这还是很难实行的……大家都会有很多顾虑，那将来怎么办哪，那像最开始大学城的建设，政府就是很理想化的一种想象，想让它们共享，那最后没形成共享，因为什么，那就是它没有细致的这种制度设计，学校会在想，我跟你共享了，我得到什么了，我会失去什么，我还不如就现在这样。如果想做到真正的资源共享，必须有具体的这种制度的支撑。

（访谈人 03，某大学教师）

可见，制度建设对于推动当前我国高校教育资源共享具有十分重要的意义。

（五）教育评价机制障碍

在调查中我们发现，许多人都认为当前我国高等教育领域的评价机制在很大程度上阻碍了高校教育资源共享的实现。"上有政策，下有对策"，你上面有什么样的评价标准，我下面就会采取相应的应对措施，来达到你上面的要求。正是由于当前我们国家高等教育的评价

---

① 卢现祥、朱巧玲主编：《新制度经济学》，北京大学出版社 2007 年版，第 423 页。

机制并不支持高校之间教育资源的共享，所以才造成了高校相互之间封闭独立，缺少合作的现象。主要表现在以下两个方面：

1. 评价标准单一、僵化，导致学校的趋同性

当前我们国家对于高等学校的评价基本上都是遵循着一元化的价值标准，就是说用一个共同的标准去评价所有的高校，无论是办学模式还是课程设置，无论是科研考核还是绩效评估，无论是教学质量还是学生就业等，都遵循同一个标准、同一种框架，追求同一种目的，就像某大学图书管理人员 W 老师说的那样：

> 现在呢我理解是把百所大学办成了一所大学，由于这个政策方针所导向的，你比如说评估，它就借助于一种手段对所有大学，不管是部属大学还是我们一般的普通院校都是一个标准、一个尺度，那这个标准和尺度之下呢都按照这个模式走，结果就造成百所大学像一所大学。你比如说像科研，它对于所有的高校衡量的指标都是一样的，像我们这师范院校，它可能应该注重对于教师的培养，但是呢它也是要搞一个综合大学，实质上不具备综合大学这个，从软硬件来讲都不具备，但是它呢，评估手段要求你这样，所以所有大学都向这一个方向努力，最终呢它可能培养出来的人既不是搞教学的也不是搞科研的，他呢，不管长短都是一样，这种状态。
>
> （访谈人 02，某大学某学院资料室资料员）

这种评价标准的一元化最终会导致高校发展的高度趋同性，高校的个性、特色被抹杀，而这种趋同性则造成了各学校缺乏发展的互补性，降低了共享发生的可能性。

2. 评价指标与资源本身直接挂钩，过于量化

对数量的狂热迷恋是现代科学的基本特征之一，在这种环境影响下，当前高等教育的评价指标主要就是量化指标，把复杂的教育现象简化为数字，把丰富的质还原为量，凡是那些不能量化的现象则被摒弃于评价的范围之外了，这种单纯的量化指标将复杂的教育活动给简

单化了，使高校只专注于科研数据、科研成果数量、专利数量、论文数量、课题数量等肤浅的、表层的东西，而对那些内涵的、深层次的东西比如说教育质量、人才质量、社会影响、学校的形象、大众的认可等方面反而忽略了，甚至有人称当前我们这种评价机制为"数字出名校"[①]，这种评价机制对高等教育的负面影响已经暴露无遗。这些量化的指标往往与资源本身直接挂钩，对学校教育质量、人才培养等的评价很多时候就演变成了对学校拥有的资源数量与质量的评价，例如你要想多出论文、出好论文，就离不开精密的科研仪器设备，这个时候大家就把科研仪器设备本身看作是核心资源了，而对该仪器设备的利用率、利用效益等问题就反而不太关注了，大家都以自己拥有的硬件设备资源为荣，那这个时候肯定就不能把这个仪器与外校共享，否则的话对方就会利用这个仪器做出科研成果，那评价的时候它可能就会得到比我好的评价结果，对我这个学校就会造成冲击，因此各高校纷纷把这些优质资源"隐藏"起来，不与对方共享，从而加剧了高校之间的恶性竞争。某大学师范学院 P 院长的看法很有代表性：

　　　另外一个障碍就是评估这块，评估对于学校办学成果和成绩的考核，现在评估问题是量化指标比较多，我举个例子，主要是理工科反映比较大，比如说实验仪器设备，实际上很多理工科的话它的实验仪器设备和科研成绩、科研成果是成很大正向关系的，像我们学校现在进了一套很好的设施，你实验仪器设备比较高端，做出的实验成果可能比较精细，但是评价你学校这块比如你出多少科研成绩啊、科研专利啊，甚至出多少科研论文哪，是考核你这个学校很大的量化指标，那么可能就造成什么呢……假如说通过这个实验室我做出了很多成绩，那是我的办学成果，那假如说让你经常使用了，那你的办学成绩就上去了，好像对我这个学校

　　① 周大平：《高等教育：摒弃片面追求数量的发展观》，2004 年 9 月 21 日，http：//news. xinhuanet. com/banyt/ 2004 - 09/21/content_ 2001100. htm，2015 年 11 月 18 日。

就不是很利，因为我们现在要考核的这个办学成绩啊、评估啊，量化的、外显的指标比较多。

（访谈人 08，某大学师范学院院长）

对数量的追求超越了对质量的追求，导致人们过于关注资源本身，而忽略了对资源的利用，这也在很大程度上阻碍了资源共享的实现。

（六）技术限制

制约当前我国高校教育资源共享的另外一个障碍是技术条件的限制，这里的技术限制主要是指软硬件设备的限制和相关共享平台建设的滞后等方面。现代科技的发展及其在教育领域的运用，加速了教育的变革，使我们今天的教育形态和方式发生了巨大的变化，使教育开始突破时空的限制，客观上扩大了资源共享的深度和广度。如无线电广播、电影、电视等电子设备在教育领域的运用，尤其是基于因特网技术的网络教育的诞生，更是打破了时空限制，使资源的利用效益得到了最大限度的延伸和扩展。相比于过去，我们国家当前高等教育领域的现代教育技术运用有了明显提高，但是与国外先进的教育技术相比，我们国家仍然处于一个较低的水平，这也是制约当前高校教育资源共享的一个主要原因。主要表现在以下两个方面：

1. 软硬件设备的限制

当前软硬件设备方面对于高校教育资源共享所带来的影响主要表现在：（1）计算机等硬件设备不能满足共享的需要，存在着数量的不足以及配置标准的低下等两方面问题。（2）校际数据库互不兼容，造成信息资源共享困难。出于各种考虑，许多高校的电子数据库等资源都设有访问限制，只服务于本校用户，校外用户无法通过互联网共享，只能通过到校现场查询或托人查询，这无疑打击了人们资源共享的积极性。（3）图书文献资料的数字化、电子化水平较低，大量的资料仍然停留在纸质文本的状态，这就极大地限制了这类资源的利用效益，受时空限制比较大。（4）真正的开放资源建设比较滞后，无论是数量还是质量都还有待提高。开放资源主要有优质课程录像视频、优秀教师在线服务、学术资源检索等，我们国家在这方面做得还不够，例如尽管教育部现在推行了"精品课程"计划，要求各个高校都要开发、建设本校的精品课程，但是仍然有许多高校没有建设，或者是仅有精品课程的图文介绍部分，最重要的课程录像、视频内容却没有公开、共享。

2. 共享平台的不健全

当前我国高校教育资源共享平台的不健全主要表现在两个方面：（1）信息公开、发布平台不健全，导致拥有资源的一方无法将资源的信息公布出去，而没有资源的一方则不知道去何处能获得或利用这个资源，二者之间缺少一个桥梁、纽带。比如许多高校或内部一些学院邀请外校专家来校做学术讲演或报告，出于控制人数或者便于管理等考虑，报告信息有时都不在学校网站公开发布，仅在师生之间通过口头通知等形式传播，或者是仅限本学院的学生参加，甚至只是当这个讲演或报告已经结束了才在学校网站上公布，导致许多师生无法享受这个资源；再比如每所学校都有自己的优势学科或特色仪器设备资源，但是往往都处于各自独立、封闭封锁的状态，如何将这些分散的资源信息整合起来，为更多的学校教学与科研提供服务，这样的平台现在还很不健全，虽然教育部已经开始建设"高等学校仪器设备和优质资源共享系统"，将许多高校的重大仪器设备资源和优质课程资源整合起来，但它的覆盖面和完善程度还有待进一步提高。（2）资源共享、共用平台不健全，表现在：一方面，平台配套设施建设滞后，如许多大学城、高校联盟虽然已经建立多时，但是至今仍然缺少相关的网站等平台，如没有课程互选系统，没有学分互认标准，缺少仪器设备申请、预约、使用平台等，这既无法为大学城内高校、联盟成员高校以及广大师生提供一个交流、合作与共享的途径与方式，同时也缺少了一个向公众展示该组织运作情况的最佳途径，这样非常容易使大学城和高校联盟等流于形式，达不到真正的资源共享。另一方面，高校之间、校内各职能部门之间的资源平台相互独立，各自独建独享，缺乏平台的共建共享。如教务部门和学生部门之间很多关于学生的信息是完全可以通用的，只要其中一个部门在采集学生信息的时候根据另一个部门的要求多采纳几条信息进去就可以了；再如各高校间的特色博物馆以及文献数据库完全可以实现共建共享①，这样就可以做到一次采录，多部门共用，但是现实情况是很少有学校是共用一个平台，各部门都是自己管理自己的，相互之间很少有交流合作，从而造成了资源的低效、浪费。

（七）成本障碍

在调查中我们还发现，之所以我们当前高校教育资源共享程度不高，还有一个很大的原因就是共享成本的障碍。成本是指"为达到特定的目的而应发生或实际发生的价值牺牲"②，任何共享都不是无条件的，它都需要一定的付出做成本，要么是花费一定的金钱，要么是需要增加一定的人手、工作量，要么是给管理工作带来一定的难度等，总之需要花费一定的成本才可能共享到他人的资源。这种成本的障碍主要体现在以下三个方面：

1. 经济成本障碍

无论是高校还是师生个体，要想享用别的学校或他人的资源，首先需要考虑的可能就是经济成本的问题，就是说自身能不能够或者愿不愿意负担由于共享而产生的这部分费用。从资源寻求者的角度来说，他要去利用别人的或别的高校的资源，可能会涉及收费的问题，那如果这个收取费用他觉得比较合理，自己能够接受，可能这个共享行为就发生了，而一旦他觉得这个费用比较高，自己承受不起，或者觉得得不偿失，那他可能就不去利用这个资源了，共享也就不发生了。从资源提供者的角度来讲，他也会担心提供这些资源可能会给自身带来的损失问题，如硬件设备的损耗问题、维护费用问题等，如果这些损失问题能够得到弥补，那这个共享行为就有可能发生，反之，他们就会把资源封闭起来，不会去提供共享服务。

2. 劳动力成本障碍

劳动力成本障碍是指高校之间为实现教育资源共享所产生的工作人员数量的增加、工作强度的增大、工作量的增多以及工作时间的延

① 张兆林、齐如林、束华娜：《非物质文化遗产保护领域社会力量研究》，中国社会科学出版社 2017 年版，第 205 页。

② 郑玲主编：《高等学校管理成本探究》，云南大学出版社 2006 年版，第 2 页。

长等成本付出。劳动力成本也是制约高校教育资源共享实现的一个主要障碍，根据新制度经济学的制度变迁和制度创新理论，在既定的制度安排下，一切的工作岗位、劳动力成本等都已经安排好了，而共享作为一个"新制度"出现和存在往往需要改变现有的制度安排，这个改变就需要一定的成本，其中通常都会带来劳动力成本的增加。比如原来只需服务于本学院师生的现在要服务全校师生，原来服务于本校师生的现在还要接待外校来访等，这通常都会增加劳动力成本。在调查中我们也发现，许多人（特别是高校的管理人员和服务人员）都担心如果实现共享可能会给自己的工作带来更大负担，在报酬得不到改善的条件下很多人不愿意承担这个负担，所以就造成了他们对共享的态度很冷淡，甚至像某访谈人说的那样："不是没有意识到这个问题，而是压根儿就比较抵触这个问题，压根我就是不想去合作。"对某大学 W 老师的访谈能够比较典型地表达人们的这种顾虑：

> 我觉得"重点大学"的资源如果要开放的话，这个开放谁来做，它必须要落实到个人，你不能是我说开放就开放，比如说图书馆开放，不是我说你开放你就开放了，那开放了增加了管理员的工作量，这个工作量谁来承担，做任何事情它总是会带来一些负担，或者额外的一些投入……所以现在高校资源共享为什么没有动力，一个是因为它这方面已有的利益已经既得了，这是没有动力，另外一个方面，它要做共享的话，实际上又带来一个额外的工作量、工作负担的问题，要靠人来做，我就这么多人，原先这些活呢是一个萝卜一个坑去做的，然后现在又额外加了一个工作，比如我们要接待外面的来访，或者我们要专门派一些人负责网上的信息的传输，或者是我们要弄一个专门负责兄弟院校之间的联谊和合作，等等。实际上在过去没有这个事的情况下，这些人、这些萝卜、这些坑已经定了，而现在你要加入一份职责，加入这份职责还是原先这帮人在做，那么在这方面，人是有一种惰性心理的，对吧，凭啥又让我做这个，我的本分工作就是这些，你又给我这，那你多给我钱，如果不能多给钱，那就必须要多设

一个岗位，又要加入一些人来做。

（访谈人 04，某大学副教授）

3. 管理成本障碍

高校教育资源共享还会带来高校管理成本的增加，比如说谁来负责共享这件事，如何组织、实施共享等，可能会涉及学校管理的上上下下各部门，可能会需要许多烦琐的行政审批程序等，这些成本的消耗也是很大的。比如说图书馆向外校开放，就会涉及入馆人员的管理问题，人流量的增大、成员结构的复杂性都会为管理带来一定的压力，另外，大量外校人员借阅本校图书资料，可能会对本校师生的正常借阅产生冲击，如何妥善地解决这些问题，对学校管理工作提出了重大挑战。为了避免管理成本的增加，许多高校纷纷选择多一事不如少一事，任凭资源放在那儿，也不会主动去寻求共享，久而久之，也就造成了高校教育资源共享的程度不高。

由于以上三种成本的存在，带来的一个直接后果就是高校所处的地理空间位置在很大程度上影响了高校之间教育资源的共享。当然，由于电子信息资源理论上不受任何时空的限制，所以这里所说的资源主要是除电子信息等资源之外的其他资源，如人力资源、物力资源等。一般来讲，地理空间位置越近的学校之间越容易实现资源的共享，而那些相距较远的学校之间则较难实现，因为学校相距较远的话，那么个体要克服这个距离因素则要花费比较多的金钱、时间和精力，组织也需要投入更多的管理成本、运输成本等，在这种情况下可能就会降低共享发生的可能性。在访谈中，某大学 Y 教授的观点反映了这一问题：

另外还有一个因素，就是说你去共享还有一个其实最简洁的问题就是它的方便程度，不去分享是因为不方便，这个方便表现在方方面面，地理位置可能是很大的因素，人都有惰性，我在××大学能上课为什么要去××上？对不对，很明显。

（访谈人 09，某大学教授）

（八）缺乏遵循的有效案例

在调查中我们还发现，有人认为当前我们国家在高校教育资源共享方面缺乏遵循的有效案例，导致许多高校没有可资模仿、借鉴的成功案例，这也是造成共享程度不高的一个原因。尽管从我们调查统计的频率来讲，这一点在被调查人群中出现的频率并不是特别高，但是由于我们国家长期以来形成的文化传统，或者说遗传下来的"文化基因"，比较强调"中庸思想"①，较少鼓励创新思想的萌发、创新行动的采取，不鼓励"冒尖"，缺少那种能够"开风气之先"的人或事，这从我们日常生活中常见的一些俗语就可以看出这种思想的根深蒂固，如"枪打出头鸟""鞭打快牛""木秀于林，风必摧之"等。

正是在这种思想的禁锢下，在我们国家许多事情的开展往往都需要有一个"榜样"或者"先例"，必须有那种先出来的人，或者是有人牵头来做这件事情，在这个"榜样"或者"先例"的示范和带动下，大众才会跟着做，正是有鉴于此，所以我们把这一障碍也单独提出来，视为阻碍高校教育资源共享实现的主要障碍之一。许多被调查人都表示，由于担心因为共享而带来的一系列教学、管理、科研等方面的难题无法解决，所以他们现在普遍都持观望态度，"按兵不动"，都在看着别人或别的高校如何做，或者是等着上级行政主管部门的牵头和带领，然后再采取行动。尽管我们当前也有许多高校教育资源共享的途径或方式，比较典型的如大学城、高校联盟等，但是整体而言，共享的成功案例比较少，共享的效果并不算太好，很多都流于形式，徒有虚名，只是在地理位置上或者是名义上将各个高校联系起来，但是实质上还是各校独立发展、各行其是，各高校之间并没有真正的、实质性的联系和交流，没有实现真正的资源共享。

---

　　① 中庸思想是儒家学说和中华文化的核心，拥有极其丰富的内涵和重要的价值，但现代人通常将其简单曲解为"折中""中立""不偏不倚"等思想，更有甚者认为中庸思想是阻碍中华民族进步的祸根，这是有失偏颇的。

本章小结

　　利用访谈法和开放式问卷调查法相结合的方法，通过深度分析原始材料并结合逻辑分析，笔者得出制约当前我国高校教育资源共享的首要原因是思想观念障碍，主要体现在共享意识的整体淡薄、竞争意识的过于强烈以及对于共享过程中利益诉求的考虑等方面。其次是体制障碍，主要体现在高等教育资源配置方式的影响和高等教育管理体制的影响，后者又具体体现在高等教育地方管理权限的有限、高校自主权的缺失以及高校内部"行政化"管理特征明显等方面。由于思想观念的障碍和体制上的障碍而连带引发了其他许多方面的障碍：政府支持力度不够，体现在政府对于高校教育资源共享的政策支持力度不够和财政支持力度不够；高校关于教育资源共享的相关制度的缺失；教育评价机制障碍，体现在因评价标准单一而导致的学校趋同性以及由于评价指标的过于量化导致评价与资源本身直接挂钩等。同时，技术的限制和成本的障碍也是阻碍高校教育资源共享的重要原因，前者包括软硬件设备的限制以及共享平台的不健全，后者包括经济成本障碍、劳动力成本障碍以及管理成本障碍。另外，共享过程中缺乏可以遵循的有效案例也成为阻碍高校教育资源共享的一个重要原因。

第五章 高等学校教育资源共享
实现的路径思考

通过前文的实证调查和原因分析，笔者认为，要想切实推动我国高校教育资源共享的全面实现，就一定要从当前制约共享实现的障碍入手，一旦解除了这些障碍之后，共享自然就会得到全面发展。因此，在综合研究的基础上，现提出促进我国高校教育资源共享的若干路径选择，希望为政府相关部门和高校等提供建议。

一 转变观念，加强教育资源共享意识的培养

1. 彻底转变思想，真正树立教育资源共享的意识

彻底转变传统的"小农意识""个体主义"，摆脱过去高校发展"单兵作战"的状态，真正树立高校之间教育资源共享的意识，养成善于从其他学校那里获得促进自身发展资源的意识，这样既可以避免自己不必要的经费支出，同时也提高了教育资源的利用效率，对于我国高等教育的整体大发展有着深远的意义。

首先，要正确认识什么是教育资源共享，尤其是高校的领导群体一定要从思想上对高校教育资源的共享有一个清楚的认识，就要意识到：高校教育资源的共享不是仅仅局限于网络电子信息资源如数据库等的共享、图书馆资源的共享等，而是包括科研仪器设备等硬件、教师等人力资源以及优质课程资源等所有与培养学生有关的资源的共享；由于资源共享是涉及政府、高校乃至个体等全方位的利益协调等情况的复杂问题，因此对于高校教育资源的共享一定要

有一个全局的思考、整体的把握，消除或者减少共享过程中出现的不同主体之间的利益纷争，从而推动共享的顺利进行；高校之间教育资源的共享不是单单只有"强强联合"，不是说只有"985 工程"高校、"211 工程"高校等"重点高校"之间才能实现教育资源的共享，只要有需求和供给，共享就可以实现；共享不是免费的，也不是无偿的，共享是可以收费的，因此，高校要充分认识到在教育资源共享过程中，适当的收费是允许的，也是必要的，这也是保证高校之间教育资源共享顺利开展的前提条件，有助于激发资源提供方的积极性和主动性。

另外，充分意识到高校教育资源共享的好处及意义，真正树立教育资源共享的意识，并进而营造一种共享文化。当前我国高校之间教育资源共享程度不高，其中一个很大原因就是学校领导或其他群体仍然抱有这样的想法：共享就意味着失去，意味着我自己受到了损失，自己"苦恨年年压金线"[1]，却是"为他人作嫁衣裳"[2]。要彻底转变这种观念，使高校领导等明白共享其实不是失去，共享是一种互利，是一种合作，是一种共赢，从而促使其愿意把自己的资源拿出来与别校、别人共享。正如英国作家萧伯纳所说："你我是朋友，各拿一个苹果彼此交换，交换后仍然是各有一个苹果，倘若你有一种思想，我也有一种思想，而朋友之间相互交流思想，那么，我们每个人就有两种思想了。"[3] 资源共享的一个好处就是对于提供资源的高校或对于所提供的资源本身所造成的损失可能并不大，甚至不会造成损失（一些硬件设备可能会有一些损耗、维修等费用，但是可以通过收费解决），但是却可以使参与共享的高校或个体都会从中受益，实现优势互补、共同提高。俗话说，"它山之石，可以攻玉"[4]，借助于其他高校的教育资源可以促进自身的发展，既节约了教育资源，解决了资源短缺的

---

① 秦韬玉：《贫女》，载（清）蘅塘退士编，陈婉俊补注《唐诗三百首》，中华书局 1984 年版，第 183 页。

② 同上。

③ 罗立志：《交换苹果与交流思想》，《学习导报》1999 年第 6 期。

④ 佚名：《诗经·小雅·鹤鸣》，载程俊英撰《诗经译注》，上海古籍出版社 2012 年版，第 194 页。

局面，同时又提高了教育资源的利用效率，避免了资源的重复设置，这不失为高等教育良性发展的一种策略。有个故事是这样的：有位农民种的玉米总是在各项评比中获奖，记者问他成功的秘诀，他说："关键在于我每年都把最好的种子分给邻居共享。"看到记者迷惑不解，他接着说："如果邻居家种植了次等玉米，交叉授粉会降低我家玉米的品质，所以邻居家的玉米同样重要。"[①] 这个故事生动地说明了资源共享的重要性，如果农民不把好种子分给邻居，那么庄稼地里的玉米便会良莠不齐，时间久了，自己地里的优质玉米质量也会越来越差。高等教育亦是如此，要想全面发展，整体进步，就应当努力形成教育资源共享的良好局面。这样，资源优势的高校可以带动处于劣势地位的高校，处于劣势地位的高校反过来又可以促进资源优势的高校，从而在共同提高中实现整体跨越式的发展。

2. 正确看待竞争与共享之间的关系

当前我国高等教育领域存在一种不良风气：竞争明显大于共享、合作。要强化教育资源共享的观念，就要明确认识到竞争与共享二者之间是可以共存的，二者不是对立矛盾的关系，而是对立统一的关系。我们认为，竞争是一种对抗性行为，共享则可看成竞争博弈的结果。竞争是保证高校活力的源泉，没有竞争，高校的发展就失去了活力，正是因为高校之间的竞争，才会出现高校之间"你追我赶"的竞相发展，但这种竞争应当是良性的，而不能是恶性竞争。共享则是高校发展的路径选择和最终目标，以往那种"同质化"的高校发展战略已经越来越受到局限，特色化办学的呼声已经越来越高，因此，高校之间放弃恶性竞争而转向良性竞争和共享已逐渐成为共识。如何理解高校教育资源中的竞争与共享呢？一方面，竞争是必要的，竞争能够促进共享。竞争是市场经济环境当中的必然产物，只有市场才有竞争，计划没有竞争，高校在市场经济中通过自由竞争，清楚自己需要什么，在哪些方面是短板，为了提高自己，从而能够主动地、积极地去寻求与其他高校的合作、共享，而其他

---

① 郝茂金：《多些"共享意识"》，《解放军报》2010年12月21日第7版。

高校如果觉得与其共享也能够对自己有利，在这种情况下，二者之间的共享就可能实现，因此，良性竞争、适度竞争能够有效地促进高校之间教育资源的共享。另一方面，共享可以避免恶性竞争，实现高校的共赢发展。当前我国高校之间的竞争更多的是属于恶性竞争，是属于那种"有你没我""你上我下"的竞争态势，要么相互对立，靠盲目抢夺闹得两败俱伤，要么"老死不相往来"，生怕对方强大了，超过自己，于是各自为战，互不合作。这种竞争对于高校的发展，对于整个高等教育的发展都是非常不利的，整个高等教育就处于一种"内耗"的状态中，何谈与区域外高校、国际高校竞争。因此要彻底扭转这种被动局面，高校不应当仅仅看到其他高校与自己存在竞争的一面，而应更多地关注相互之间的利益契合点，高校之间应当是在良性竞争的基础上实现教育资源的共享，应当从更高的层次去重新审视之间的关系，学会合作，学会资源共享，提高合力，共同发展。

二 建立政府宏观调控下的教育资源市场化配置机制

推动我国高校教育资源共享实现的一个前提条件就是尽快建立政府宏观调控下的教育资源市场化配置机制，以市场机制来推动教育资源在高等教育领域的自由流动，从而达到资源共享的目的。

资源配置方式是指以什么方式将社会资源分配到国民经济各个组成部分中去，以保证经济的正常运行和社会资源得到最有效的配置和使用，从而满足人们各种不同的需要。采用何种方式去分配和利用资源，从而达到资源配置与利用的合理与有效，这就是资源配置方式所要解决的问题。现代社会的资源配置方式无外乎两种基本类型：计划配置和市场配置。计划配置是指以政府为资源配置的中心和决策者，政府在资源配置中起基础性作用，以行政指令、计划为资源配置主要手段的资源配置方式。市场配置是指通过市场机制的作用，以参与市场竞争的各个分散的经济主体为资源配置决策者的配置资源方式。实际上，"在现实经济生活中，无纯粹的计划方式和市场方式，只有以哪种方式为基本方式的区别。"① 具体到高等教育资源的配置也是如此，在我们国家，传统教育体制下的高等教育资源完全由政府控制，以政府行政计划手段来进行配置，结果却造成了两种矛盾：一是国家财力有限，教育经费严重不足，政府对于高等教育的供给能力远远不能满足社会发展的需要，即教育资源短缺现象严重；二是有限的教育资源未能得到合理有效的配置，教育资源重复配置、浪费现象严重。要解决这些矛盾，推动高校之间实现教育资源的共享应该说是一个有效方法，而实现共享的一个前提条件就是要建立政府宏观调控下的教育资源的市场化配置机制。当前我们国家高等教育的市场化机制还不完善，计划体制的特点依然十分鲜明，因此，现阶段我们必须做到以下两点：

1. 继续加大社会力量办学，实现办学主体多元化

政府宏观调控下的教育资源市场化配置机制的一个重点就是打破传统的由国家包揽高等教育办学的旧格局，将市场机制引入高等教育领域，从而调动社会力量投资高等教育，实现高等教育办学主体多元化，社会可以通过各种形式如捐赠、投资、设立基金等为高等学校提供资源，它们也越来越成为我国高校教育资源来源中的一支不容忽视的力量。一方面，能够有效增加高等教育资源的供给，缓解高等教育供给与需求的矛盾，同时也减轻了政府投资高等教育的压力；另一方面，有助于满足社会成员日益多样化的教育需求，社会力量办学主体能够及时地迎合社会的需求而开办相应的教育，比如说就业前景好的专业、社会急需的专业等，对于市场的需求变化反应更为灵敏，因此，往往能够比较好地满足公众对高等教育的不同需求，为市场及时地提供所需要的人才。这对于高校教育资源共享所带来的好处就是能够避免"千校一面"局面的产生，有利于高校办学特色的形成，不同办学主体投资所办的高校往往拥有不同的优势学科、优势专业等资源，这就为不同高校之间实现教育资源的共享提供了契机。《国家中长期教

---

① 王善迈：《社会主义市场经济条件下的教育资源配置方式》，《教育与经济》1997 年第 3 期。

育改革和发展规划纲要 （2010—2020 年)》中也指出："坚持教育公益性原则，健全政府主导、社会参与、办学主体多元、办学形式多样、充满生机活力的办学体制，形成以政府办学为主体、全社会积极参与、公办教育和民办教育共同发展的格局。调动全社会参与的积极性，进一步激发教育活力，满足人民群众多层次、多样化的教育需求。"这无疑为继续加大社会力量办学，推动高等教育办学主体多元化提供了政策依据。

2. 打破"部门所有制"，实现教育资源的合作共享、优化配置

建立政府宏观调控下的教育资源市场化配置机制，就要打破教育资源的"部门所有制"所造成的壁垒和樊篱，实现教育资源的合作共享，从而使教育资源达到最优配置。当前我们国家高等教育资源配置的"条块分割""部门所有"现象仍然非常严重，高校根据不同的主管部门、不同的办学主体归属于不同的"阵营"，它们之间经常是处于分散、分割、分离的状态，相互之间互相竞争、互相排斥，处于不断的"内耗"之中，缺乏有效的合作、共享，导致高等教育的整体发展水平不高。根据治理理论，今天的我们越来越生活在一个相互依赖的环境当中，没有哪个机构拥有充足的资源和知识可以独自解决所有的问题，在解决公共事务时，相互依赖的主体之间往往倾向于采取合作行动，通过资源共享来获得共同的提高。高等教育也是如此，高等教育要想发展，依赖于各个高校之间的通力合作，互通有无、优势互补，因此，要建立政府宏观调控下的教育资源市场化配置机制，就要打破教育资源的"部门所有制"，实现高等教育资源在不同高校之间、同一高校内部不同院系之间的共建、共享，避免资源的分散和重复建设，从而实现教育资源的优化配置，形成高校之间互相促进、互相支持、互相配合的良性竞争合作关系，更快地形成整体合力，加快推进我国高等教育水平的整体提高。

打破"部门所有"，高校要树立"不求所有，但为我用"的思想，积极利用已有的存量资源，提高存量资源的利用效率，同时促进新增资源的整合，实现新增资源的优化配置。教育资源的归属虽然有边界，但是资源的利用则无边界，虽然一所学校可能并不拥有对某一教育资

源的所有权，但是这并不妨碍这所学校拥有对该资源的使用权等权利，即资源产权的让渡或部分让渡，实现资源利用从"静态"到"动态"的转变，使资源真正流动起来，流向最需要的地方。各学校要为教育资源的校际流动扫清障碍，提供条件，如教师资源方面，实现教师由身份管理向岗位管理的转变，实施灵活的人事聘任、管理制度，尝试构建各类型的教师共同体，推进教师资源的校内及校际共享，如针对教师教育师资的教师教育者共同体、针对大学生心理健康教育的心理健康教师共同体、针对大学生思想政治的思政教育教师共同体等；信息资源方面，各高校要努力实现电子信息平台的对接与互联，提高各类平台、数据库的兼容性，实现高校之间各类信息资源的互联、互通、互用等；科研仪器设备资源方面，打破各高校之间的壁垒，使仪器设备不再"束之高阁""养在深闺人未识"①，而是"走出深闺"，实现高校之间的整合、共享；课程资源方面，努力实现校际课程互选、学分互认，研制校际学分转换机制等，为高校之间课程资源的共享扫除障碍等。

三 转变政府角色，落实和扩大高校办学自主权

我们认为，制约当前高校之间教育资源共享实现困难的主要原因之一就是高校缺乏办学自主权，受到的外部约束、限制过多，这其中最主要的就是政府对于高校的干预过多、干预方式落后等。温家宝总理也说过："一所好的大学，在于有自己独特的灵魂，这就是独立的思考、自由的表达。千人一面、千篇一律，不可能出世界一流大学。大学必须有办学自主权。"②"所谓的'自主权'实际上是指'自我主持的权力'"③，任何自主行为，必须满足以下三个条件：第一，它是

---

① 白居易：《长恨歌》，载（清）蘅塘退士编，陈婉俊补注《唐诗三百首》，中华书局1984年版，第69页。

② 王冲：《大学不能丢了独立的灵魂》，《中国青年报》2010年2月3日第2版。

③ 应国良、宋志宏：《WTO背景下我国高等教育公共管理战略和体制》，广东教育出版社2006年版，第347页。

行为的决定者，是行为的发动者；第二，它是行为实施过程中的调节者；第三，它对行为之结果负责，对所实施行为承担着义务和责任①。因此，要推进高校教育资源共享的实现，一个非常重要的前提就是要转变政府的角色，革新政府与高校之间的关系，赋予高校更多的自主权，使高校成为适应市场经济的独立的市场主体。只要具有了充分的自主权，高校就会主动地根据自身实际情况、发展需要去寻求或提供资源共享，会随时调节共享过程中出现的各种问题，并且承担因为共享而带来的利益分配等后果问题。也就是说，我们要做的工作就是去掉"捆绑"在高校身上的各种束缚，为高校"松绑"，使高校成为一个能够自由活动的"人"。正如一位教师在接受访谈时说的那样：

> 我觉得资源共享……需要的是一个减法，这个减法是什么呢，是减去捆在高校身上的一些束缚，然后高校它在这种独立自主发展过程当中，它会自然而然地寻求合作、寻求交易，寻求分享的或者是共享的机制。
>
> （访谈人 04，某大学副教授）

政府的一项重要职能就是公共管理。从近代到当代，从古典自由市场经济到现代市场经济，公共管理经历了从计划模式到市场模式的演变，其中政府的角色也在不断地发生着变化，经历了：看不见的手——"守夜人"角色（自由资本主义时期）、看得见的手——"万能"政府（20 世纪二三十年代开始）、重塑政府（20 世纪 70 年代以后）、寻找"第三条道路"。② 鉴于计划的弊端与市场的失效，治理理论为我们重塑政府的角色提供了新的思路。由于治理理论主要是围绕着"相互依赖""促进协调""协商""洽谈""信任""合作"等概念展开的，因此，政府不再是"划桨"，而是"掌舵"，不再是"运动员"，而是

---

① 应国良、宋志宏：《WTO 背景下我国高等教育公共管理战略和体制》，广东教育出版社 2006 年版，第 347 页。

② 祁占勇、陈鹏：《治理理论语境下政府与高校关系的"善治"》，《中国高教研究》2008 年第 5 期。

"裁判员"，政府不再事无巨细地参与公共事务的每一个方面，政府权力的触角也不再延伸到包括私人领域在内的一切领域，而是采取适当放权，"有所为有所不为"，有机地协调参与治理过程的各个主体间的责、权、利等的分配以及各个主体之间的相互关系，即从全能型政府转变为有限政府。治理理论并非不要政府，也并非削弱政府在公共管理中的地位和作用。政府的作用是不可或缺的，"良好的政府不是一个奢侈品，而是非常必需的。没有一个有效的政府，经济和社会的可持续发展都是不可能的。"① 强调政府角色的转变，意味着政府只是"从被没完了的琐碎小事所淹没的黑暗平原上撤退，进而在明朗的、可策略性'总览全局'的制高点避难"②。既然政府的职能之一是公共管理，那么作为事业单位重要组成部分的高等学校，也理应由政府承担起管理者的角色。

"在任何情况下，现实不会自行改造"③，往往需要政府对它施加一个力量，进行干预。"由于长期以来我国在教育方面欠账过多，社会相关方面又掌握着解决这类问题的资源和条件，因此教育系统之外的力量在解决这一方面问题时作用就显得格外突出。"④ 高校教育资源的共享也是如此，特别是在我国共享的意识和程度都不是很高的情况下，政府的引导和支持就显得更为重要，尤其要做好顶层设计。根据治理理论，为了推动高校之间教育资源共享，政府应当：

首先，强化服务意识，树立为高等学校的健康、和谐、有序发展保驾护航的意识。政府在我国高校教育资源共享过程中扮演了共享助推者的角色。新公共管理理论中的治理理论认为，对于政府部门而言，治理就是从统治到掌舵的变化⑤，治理理论主张政府在实行公共行政

---

① 世界银行编著：《1997 年世界发展报告：变革世界中的政府》，蔡秋生等译，中国财政经济出版社 1997 年版，第 1 页。

② 龙献忠：《论高等教育治理视野下的政府角色转变》，《现代大学教育》2004 年第 1 期。

③ ［巴］保罗·弗莱雷：《被压迫者教育学》，顾建新等译，华东师范大学出版社 2001 年版，第 9 页。

④ 傅维利：《教育改革与当代中国教育家群体的历史责任》，《中国教育学刊》2010 年第 9 期。

⑤ 陈振明主编：《公共管理学原理》，中国人民大学出版社 2003 年版，第 75—76 页。

管理中应该只是制定政策而不是执行政策，即政府应该把管理和具体操作分开，政府只起掌舵的作用而不是划桨的作用。因此，在高校教育资源共享过程中，政府一方面要通过制定各种政策来引导和规范高校的共享行为与方向，保证共享是在一条健康、正确的道路上前进。尽管有些地方已经开始研制关于科技资源共享的法规，但是国家范围的关于高等教育资源共享的相关法规还是个空白，立法的缺失已经越来越阻碍高校教育资源共享的实现，因此，共享立法刻不容缓，亟须出台全国范围的资源共享法律，将包括高校、科研院所、企业等在内的教育科研资源共享纳入法制要求，从法律的高度来促进和约束共享行为；地方政府也要出台相应的共享法规和规章，作为对共享法律的解释和区域资源共享的指导、规范，从而形成从上到下的、完整的关于教育资源共享的法规体系；另一方面，政府要努力为高校教育资源共享提供各种服务，如平台建设、信息服务等，从而为共享的实现扫平障碍。

其次，提供财政支持，政府在我国高校教育资源共享过程中主要扮演了资源供给者的角色，这可以说是政府在高校教育资源共享中所承担的一种最基本的角色。在我国，高等教育主要由国家根据经济建设和社会发展的需要，制定高等教育发展规划，举办高等学校，采取多种形式积极发展高等教育事业，并且主要由国家和省级政府管理，高等学校的教育资源主要依靠国家提供。各级政府作为公立高等学校的举办者，要严格履行自己法律上的投资承诺与义务，确保对这些高等学校的投入，为其提供尽可能多的资源条件。尽管有些老生常谈了，但是却仍然不得不提，各级政府要努力设法为高校提供充足的办学经费，充分保证高校办学经费在各级政府财政预算中应占的比例，从而为高校解决财政上的后顾之忧。只有当高校拥有了充足的财政经费，才有可能转化为更多的教育资源。另外，要关注"弱势群体"，实现投入的适度倾斜。当前我们国家高等教育存在着一个弊端就是政府过于重视少数的"重点大学"，而对大量的"普通大学"的支持力度明显不够，导致这些学校办学经费缺乏，发展受制，已经严重制约了我国高等教育的整体提高。高等教育的发展不是靠几所名牌大学就能够带动起来的，而是要靠整体水平的提升，因此，根据补偿原则，政府也应该加大对弱势学校的投入力度，尽快缩小与"重点大学"的差距。

此外，还要投入专项资金用以扶持高校教育资源的共享。各级政府要投入专项资金来支持高校教育资源的共享，包括国家继续保证对现有资源共享平台的投入力度，如"高等学校仪器设备和优质资源共享系统""中国高等教育文献保障体系"等，保证这些共享系统的正常运行；地方政府也要针对本区域的高校教育资源共享行为提供必要的资金扶持，为区域搭建共享平台等等。

同时，作为高等教育投资重要主体的政府，应当保证自己成为投资国家高等教育事业的表率，努力成为社会其他资源提供者如企业、事业单位、个人等的榜样，并为这些投资主体创造良好的投资办学环境，从而激发他们为高校提供教育资源的积极性和主动性。因此，政府应当在高校教育资源共享过程中发挥重要的作用，如搭建共享平台，提供公益性、基础性的资源共享平台，为高校教育资源共享创设条件，为参与共享的高校提供税收优惠、补贴以及扶持等。

最后，改变管理方式，变直接干预为宏观调控，变微观管理为宏观管理，减少和规范对学校的行政审批和直接干预，更多地运用法规、政策、标准、公共财政等手段引导和支持高校发展。政府对高校的管理要"简政放权"，把该管的管好，把该放的放开，改革政府与高校的传统行政隶属关系，构建政府与高校之间的新型关系，使高校不再是政府的"下属单位"，而真正成为独立的市场主体，赋予和扩大高校的办学自主权，由学校根据自身特点、实际情况而做出决策判断：教育资源能否满足本校发展？如何获得相应的资源？是否需要与外校进行资源共享？和谁去共享？如何共享？等等。正如《国家中长期教育改革和发展规划纲要（2010—2020年）》中所提出的："（政府要）落实和扩大学校办学自主权。政府及其部门要树立服务意识，改进管理方式，完善监管机制，减少和规范对学校的行政审批事项，依法保障学校充分行使办学自主权和承担相应责任。"

四 加快高校"去行政化",为共享扫清管理障碍

要推动高校教育资源共享的实现,除了要改革政府与高校之间的关系,落实和扩大高校办学自主权之外,高校自身的管理方面也要发生变革,加快高校的"去行政化",推行"扁平化"管理。高校的"行政化"问题是一个复杂问题,包含的方面也很多,主要体现在两个方面,一是体现在政府与高校的关系方面,即政府对高校的干预过多,政府依靠行政手段管理高校,二是体现在高校内部的管理方面,即高校内部管理以行政权力为主导,学术权力明显让位于行政权力。此处主要是指后者,即高校内部管理方面的行政化倾向严重。

高校的"行政化"倾向为高校教育资源共享带来的问题主要有:第一,提高了共享的制度成本,妨碍了共享的有效开展。由于当前我们国家的高等学校基本上沿袭了政府管理的体系和方式,即政府有什么部门,相应地在高校也设置了对应部门,设置了大大小小的领导职位,有人形容如今的高校是"校级领导一走廊,处级干部一礼堂,科级干部一操场",因此在管理校内事务时也往往需要经过层层审批、门门盖章,二级学院或师生个体如果想向外校提供资源共享或者是寻求对方的资源共享,往往需要层层上报给学校管理部门,然后等待学校批复,且不说这个审批的手续、过程有多复杂,而即使学校同意了,所开出的限制条件可能也会让有资源共享需求和想法的组织或个人觉得得不偿失,从而打击了其共享的积极性。第二,教育资源的配置存在按行政权力大小分配的现象,广大的普通教师所获资源非常有限。当前我国高校的大部分教育资源往往都集中在具有一定行政职位的领导手里,在某种程度上,行政权力就意味着资源,拥有行政职务,就意味着拥有相应的项目审批权,就意味着能够占有更多的行政资源和学术资源。纵观各大高校,校级领导、二级学院的领导通常都是申请课题最多、最容易,科研经费拥有最多的人,而普通教师要想获得教育资源相对来说就比较困难,除了院士和知名教授,大多数教师的地位并不高,到科研处、教务处办事情还要看工作人员的脸色,于是,

这也就难怪现在的大学老师这么热衷于竞选行政职务了。第三，降低了学校事务决策的科学性，高校的内部事务主要由行政部门决定而非学术机构决定，对于学校事务的管理习惯于用行政思维，而缺乏学术思维。学校里的行政权力大于学术权力，行政"管着"学术，而不是为学术、为学生服务；学术委员会的权利在很大程度上被虚置了，许多教授对于学校发展并没有话语权。

为了推动高校教育资源的共享，加快高校"去行政化"，就要做到：

首先，继续推行二级管理体制，加大二级学院的管理权限。当前我国高校的管理模式具有明显的"科层制"特征，即"金字塔式"的分层等级结构，学校事务管理最终还是学校一级在管，虽然二级学院也有一定的自主权，但是这个权限相对来说仍然比较狭窄，许多本该二级学院自己决定的事务却仍然要通过学校的层层审批，降低了工作效率不说，而且容易降低二级学院的工作积极性，不利于创新思维、创造性工作的展现。体现在资源共享方面，就是二级学院对于学院的发展、学生的培养方面所需的教育资源缺乏自主处置权限，既无法自主地将剩余的资源向外提供，也无法自主选择外部资源来弥补自身资源不足所带来的弊端。因此，要想推动高校教育资源共享的实现，就要扩大二级学院的管理权限，赋予二级学院充分的自主权，"核心就是降低管理重心，下放管理权力，调整管理跨度，规范管理行为，真正建立起学校宏观调控、学院自主办学的高校运行机制，促进学科的整合和发展，激发各级组织的活力，切实提高办学效益。"[1] 由于二级学院直接肩负着教学和科研等任务，权力的下放能够促使二级学院根据自身实际情况决定是否需要与外校进行资源共享，而不需要通过学校各级的审批，大大降低了共享的管理成本与制度成本，提高了二级学院的办学主动性和积极性，从而有助于提高学校的教学与科研等各项工作。

其次，改革学校内部行政权力与学术权力的关系，寻找二者的关键耦合域。一方面，学校的行政管理人员要转变观念，树立为教师、为学生服务的意识，行政管理应当是教学、学术的"仆人"，而不是

---

[1]　吴静：《高校二级管理模式下宏观调控实现方式探析》，《中国高教研究》2005 年第 5 期。

"主人"，高校的行政工作人员应以服从、服务于教学、学术研究、人才培养为宗旨，而不是凌驾于教学和学术之上。工作理念、工作方式的转变就会带来服务质量的提升、工作效率的提高，就会为广大师生的教学、学习和科研等工作提供便利。体现在资源共享方面就是为资源的共享提供制度支持、减少行政审批手续等，想方设法为广大师生的教学、学习和科研等创设资源条件。另一方面，落实和扩大学术委员会、教职工代表大会以及学生代表大会等的权力，实现多方管理、共同治校，让真正懂教育的人来办教育、管教育。当前虽然许多高校都已经拥有了教师或学生组织，但是实际拥有的权力却很小，在面临学校重大事务时，往往被剥夺了发言权，仍然由学校的行政说了算，导致学术委员会等形同虚设。因此，我们要切实落实和扩大学术委员会等师生组织的权力，让它们真正地参与决策、发表观点，真正具有话语权，使行政部门不再是高校管理的唯一中心，将高校权力和影响力的重心从行政部门逐渐转移到全体教师和广大学生的身上，探索实行"师生治校""师生治学"① 理念，让广大师生真正成为学校的主人。所谓"师生治校"是针对传统的"教授治校""行政治校"等理念提出的，其核心是强调发挥大学教师和大学生在学校事务中的共同治理作用，在学校治理中体现大学师生的参与权、决策权等，让大学师生真正成为大学治理的主人翁。"师生治学"则是针对"教授治学""教师治学"等理念提出的，其实质是强调大学教师和大学生对于学术的共同治理，真正实现"学术事"交由"学术人"处理。因此，"师生治校"与"师生治学"可以说是高校内部治理过程中协调行政权力与学术权力的有效路径。

五 建立健全高等学校教育资源产权明晰机制

根据新制度经济学理论，产权就是拥有财产的权利，即人们围绕

---

① "师生治学"一词明确提出首见于 2014 年核准公布的《北京大学章程》中第一章第六条："学校坚持学术自由、大学自主、师生治学、民主管理、社会参与、依法治校，实行现代大学制度。"

财产而结成的权利关系①。产权是由一组权利束构成，主要包括所有权、占有权、支配权、使用权、处置权和收益权等②。将产权理论应用到教育资源领域，就形成了教育资源产权理论。制约当前我国高校教育资源共享实现的主要障碍之一就是教育资源的产权不明晰，存在着产权模糊的现象，产权不明不仅存在于民办教育当中，也存在于公立高校当中，公立高校的资源在法律上明确归国家所有，即国有资产，但是国家是一个非常泛的主体，不可能由国家来实际承担对教育资源的管理职责，而且在实际运作过程中教育资源的产权是不明晰的，造成了公立高校既缺乏活力又丧失了约束力，因此，必须要对高校教育资源的产权进行明晰。

我们知道，产权的基本功能主要有：外部性的内部化功能、激励和约束功能、资源配置功能和减少不确定性的功能③。教育资源产权当中最核心的部分就是教育资源的所有权、处置权和收益权，其中，所有权就是对资源归属性的界定，即资源归谁所有，谁占有该资源。这是非常关键的，如果这个权利不明确，那么就相当于产权主体不明，主体不明就会产生责任不明，责任不明就会造成资源的消耗、浪费、流失等，也就是说这个资源是"无主物"，谁都可能去占有它、利用它，并从中受益，而没有人去维护它、保护它等。处置权就是将教育资源的全部或部分权利让渡给其他人的权利，也即产权的可交易性、可分解性。这也是非常重要的，产权是可以交易的，也是可以分解的，至于是否交易、分解，如何交易、分解等都是灵活多样的，因此教育资源才可以实现在不同主体间的共享，实际上，资源共享就意味着资源的一部分权利的共同享用。收益权就是利用教育资源获得相应收益的权利，它对于教育资源共享的意义主要在于它能够产生一种激励和约束的功能，也就是说如果共享，受益了是谁受益，损失了是谁损失，

---

①　张铁明：《教育产业论：教育与经济增长关系的新视角》，广东高等教育出版社 2002 年版，第 252 页。

②　靳希斌编著：《教育经济学》，人民教育出版社 2005 年版，第 298 页。

③　胡赤弟：《教育产权与现代大学制度构建》，广东高等教育出版社 2008 年版，第 49—51 页。

这个权利明确了就能对共享的主体产生一种动力和约束力。主体明确了，对于资源共享的前景就会很清楚了，无论受益还是损失都会有一个预期，这样的话就会有动力去参与共享，而且因为受益或损失的主体都明确了，那么为了获利或避免损失，就会认真地研究、仔细地思考、全盘地考虑，就会产生一定的约束性，促使主体对这些资源负责，考虑如何提高资源的利用效率，降低资源的闲置率、重复购置率等，从而达到资源的最佳配置状态。因此，教育资源产权的明晰对于教育资源的配置与共享等也有着重要的意义。需要特别强调的一点是，明晰教育资源的产权并非要将教育资源限制在某一所学校或某一学院内部，而是为了使教育资源的主体更明确、主体间的权利更清晰，从而更好地激励高校或个体积极参与资源共享。

要激励高校积极地、主动地参与教育资源的共享，就要做到：

1. 建立健全高校教育资源产权明晰机制。主要包括两方面的基本含义：第一，教育资源所有权的界定，也即明确教育资源的所有者是谁。以公立高校为例，公立高校教育资源的所有者不能笼统地定位于"国家"，否则的话就会有名无实，名义上这些资源是有归属的，但实际上却找不到具体的归属人，人人都是该资源的所有者，但却没有人对该资源具体负责，带来的后果很可能就是"公地悲剧"①，造成对资源的掠夺、浪费、缺乏保护等，因此，要将教育资源的所有者落实到具体的"人"，要么是具体的自然人，要么是具体的组织如具体的学院、系、所、教研组、实验室等，而一旦资源的所有权明确了，那么随之相关的其他权利也就能够得到清晰的界定，这对于激励和约束教育资源所有者，避免教育资源在配置、使用过程中因所有权不明而产

---

① "公地悲剧"最初是由美国学者哈定 1968 年提出来的。在一个村庄的公共牧场，村里的任何成员都可以自由放牧，免费使用。从每个牧民的角度来看，多放牧一头牛羊的好处是属于他自己的，而由于多放牧而导致的牧草稀疏、草场破坏的代价是由村民平均分摊的，个人的得益大于其需要付出的成本。因此，每个牧民可能都会多放牧牛羊，最终，过度放牧有可能就把这个公共牧场给毁掉了。"公地悲剧"说明的是由于资源产权不明而使资源被过度使用，发展变为不可持续。一般认为，避免"公地悲剧"的简单而有效的办法之一，是尽可能地使资源的所有权明晰，并制定相应的政策法规，明确责任和义务。——安宇宏：《公地悲剧》，《宏观经济管理》2009 年第 12 期。

生的浪费、损坏等有着重要的意义。第二，共享过程中教育资源的产权界定，即教育资源在不同高校之间、高校内部各职能部门以及师生个体等产权主体之间的交易过程中的产权明晰情况，从而促使共享能够顺利实现。在共享的过程中，往往会发生产权的让渡，此时就要将发生转移、分解的产权重新界定清楚，比如说两所高校共享某项大型科研仪器设备，在这个过程中就要将提供该仪器设备的学校所拥有的权利界定清楚，如资源的所有权、处置权、收益权等，而接受该仪器设备资源共享的高校所拥有的权利也要界定清楚，如资源的使用权等，这也就意味着在共享的过程中发生了部分产权的交易，如资源提供方将资源的使用权让渡给了资源接受方，而资源接受方通过提供资金或其他补偿方式获得了该资源的使用权，这既提高了资源优势高校教育资源的利用效率，同时又解决了资源劣势高校所面临的资源短缺问题，可以说达到了双赢的目的。

2. 完善知识产权保护机制，为高校教育资源共享创造条件。知识产权也是高校教育资源产权的一种，主要是针对高校智力劳动产生的智力劳动成果的相关权利。之所以把知识产权单独提出来，主要是由于当今社会现代科学技术手段的先进，尤其是互联网所天生具有的共享特点，客观上应当使得知识资源的共享更为简单和容易，然而实际情况并非如此，高校之间的电子信息资源、教学信息资源、科研信息资源、科研成果资源等反而更加封闭，大家都藏着、掖着，不愿与别人共享，造成这一现象的最大原因就是目前我们国家对于知识产权的保护机制仍不健全，导致知识产权纠纷不断，教学成果、科研成果、专利等的抄袭、剽窃等学术不端行为比较严重，导致科研人员的主体利益得不到尊重和保护，因此共享意愿不强烈。高校的电子信息资源、教学科研成果资源等的共享并非没有底线，一定是要在保护知识产权的前提下实现共享。因此，为了扭转这一局面，我们必须完善知识产权保护机制，从而促进高校之间智力劳动成果资源共享的实现。完善知识产权保护机制，就要明确共享过程中智力劳动成果资源的所有权、使用权、处置权以及收益权等相关权利，以及这些权利的让渡、交易情况，从而为教育资源的共享扫清障碍。主要有：加强对社会大众

（重点是高校师生）知识产权保护意识的宣传，只有每个人都将知识产权保护牢记于心并加以自律，才能够从根本上杜绝抄袭、剽窃等侵权行为的发生；进一步制定和完善相关的知识产权保护法律、法规，虽然已有《高等学校知识产权保护管理规定》（1999 年颁布施行）和《关于进一步加强高等学校知识产权工作的若干意见》（2004 年颁布施行）等专项法规，但由于其制定的时间相对比较早，已经表现出对整个知识产权工作新变化的不适应，故建议尽快予以修订；继续扩大现有的知识产权保护范围，将高校相关的智力劳动成果都纳入到保护内容之中，建立知识产权保护长效机制，明晰共享过程中知识产权人以及产权交易双方的各项权利，避免因知识产权界定不清而导致的不端行为；继续探索知识产权保护与促进资源共享之间的平衡点，知识产权保护不是为了封闭、封锁知识，而是要做到既保护知识产权人的利益，同时又充分发挥知识的社会价值，促进知识的传播与共享。

六　进一步完善制度建设，保障教育资源共享的顺利进行

共享制度的建设与实施是高校教育资源共享的根本保障。目前做得相对较好的是高校仪器设备资源的共享制度建设，但也基本限于"高等学校仪器设备和优质资源共享系统"中的"985 工程"高校和"211 工程"高校，这类高校大都出台了相关仪器设备共享管理办法或规定①，积累了一定的实践经验，为我们了解、比较和完善仪器设备资源的共享制度提供了重要的参考。但是我们也要清醒地认识到，目前对于高校其他类型教育资源的共享制度缺乏关注，需要加快相关理论的研究和实践的探索。

建立分级、分类共享制度，严格区分教育资源的投资来源。除却国家委托高校进行的、涉及国家安全或属于国家机密的科研资源之外，对于高校教育资源要严格区分投资来源，区分哪些是由政府投资，哪

---

①　具体规章制度可参见程建平主编《高等学校仪器设备开放共享制度选编》（2015），清华大学出版社 2015 年版。

些是由市场投资，由国家投资的教育资源理应全民共享，比如国家对于"985工程"高校和"211工程高校"的投入，原则上不能仅由这些学校的师生享用，全国范围内的高校师生都有权利共享；由地方政府投资的则应率先在该行政区域内实现共享，比如由省政府投资的高校应当在省域区域之内实现教育资源的共享；由企业等社会力量投资的教育资源则应当遵循市场交易的原则，通过协商等方式实现有条件的共享。

建立和完善有偿共享机制。当前我国许多高校教育资源在对外服务时并没有建立稳定的、标准的收费机制，这也是导致大量教育资源不愿意或不能共享的原因之一，因此，为了激发拥有教育资源单位的积极性和主动性，确保参与共享的各方都能得到利益，必须建立和完善有偿共享机制。首先制定统一的收费标准，如科研仪器设备资源对外服务时如何收费，信息资源共享时如何收费等，规范收费行为，防止乱收费现象的产生；建立收费监督和检查机制。收费的标准是不能以盈利为目的；所收费用应主要用于资源本身的维修、维护，开发、购置新资源，资源管理者的劳务费等；将收费标准上报学校及主管部门备案，并随时接受上级主管部门和社会的监督、检查。

建立共享监督和评价机制。高校教育资源首要任务是服务于本校学生及教师，为培养人才创造条件，因此要防止高校为了创收而压缩甚至剥夺该资源服务本校师生的时间和质量，将主要力量面向市场，获取利益，忽略了其本义。要建立分级、分类共享监督和评价机制，可以按照高校教育资源的不同来源确定相应的评价主体，如由国家投资的教育资源共享，可以由中央政府组织力量、制定标准对共享效果进行监督和评价；由地方政府投资的教育资源共享，可以由该地方政府组织力量、制定标准对共享效果进行监督和评价；由市场投资的教育资源共享，则可以由市场本身对共享效果进行监督和评价。同时，也可以委托第三方中介机构进行监督和评价。定期对高校教育资源的共享情况进行检查和评价，对于资源利用率高、效率好的学校应当给予奖励，比如适当加大对这类学校的资源投入，而对那些共享效果不好的学校则相应地削减资源投入等。

七　完善高等教育评价体系，将资源共享纳入高等教育评价指标之中

"改革在一个地方的成功，一方面是好的思想或观点发生了作用，而更大程度上取决于使这些好的思想可以生根、发芽、成长壮大的环境。"① 建立健全科学的教育评价体系，将为教育资源的共享创设适宜的土壤。所谓教育评价，是通过判断一种教育方案的目标达成程度，以继续改善教育机制，旨在完成其教育任务的价值判断过程②。教育评价有许多功能，如诊断功能、改进与形成性功能、区分优良和分等鉴定功能、激励功能和导向功能等③。其中，导向功能可以说是一把"双刃剑"，它既能发挥积极的作用，也会产生消极的效应，"特别是评价标准本身有缺陷或者评价过程有失公平、公正时更是如此"④。我们今天的教育评价无论是在基础教育还是高等教育，一个非常明显的特点就是对于数量的盲目追逐，数量上的虚华在很大程度上掩盖了质量上的问题，凡是可以量化的就成为评价的指标，而那些不易或不能量化的则很少或没有列为评价指标，从而导致评价存在重大的缺陷，不利于引导教育向健康、科学的道路发展。当前我们对于高等学校的评价往往只是静态的评价，只是考核学校所拥有的资源数量等，如校舍情况、实验室数量、科研仪器设备价值、图书馆藏书量、运动场地大小，以及拥有多少名院士、长江学者等，而不考核学校提供给别人用的资源以及学校所利用的别人的资源，即没有把资源的共享情况纳入到评价指标体系中。这种过于量化的、静态的评价体系只会激发学校之间的恶性竞争，使学校为了资源的数量而相互竞争，根本不会重视资源的共享。因此，我们应当关注当前教育评价中存在的这种缺陷，不断完善高等教育评价体系，从而使评价真正起到促进高等教育发展

---

① ［加拿大］迈克尔·富兰：《变革的力量——续集》，中央教育科学研究所、加拿大多伦多国际学院译，教育科学出版社 2004 年版，第 79—80 页。

② 周金浪主编：《教育学》，上海教育出版社 2006 年版，第 337 页。

③ 袁振国主编：《当代教育学》，教育科学出版社 2004 年版，第 260—261 页。

④ 同上书，第 262 页。

的积极作用。

完善高等教育评价体系，首先要解决高等学校的发展定位问题，引导高校确立"差异化"办学定位、特色化发展理念。当前我国大部分高校的发展定位都存在"同质化"趋向，即许多高校都把研究型大学作为自己的发展目标，这是造成我国高校"千校一面"窘境的主要原因。殊不知，随着我国高等教育大众化的发展，人民大众对于高等教育需求的多样性越来越凸显，任何高校企图迎合全部高等教育需求都是不可能的，更是不明智的，这样做带来的结果就是造成了高校自身定位不准确、发展使命不明确，部属高校、地方高校以及行业高校等没有体现出各自特色，阻滞了高校自身的发展，更损害了整个高等教育的健康发展。因此，应当引导高校确立"差异化"办学定位，树立高校特色化发展理念。我们不需要所有的大学都是研究型大学，我们也需要教学型大学，我们不需要所有的大学都是综合性大学，我们也需要各级各类的专科性大学。是不是研究型大学，是不是综合性大学，不是判断一所大学好坏的标准，它们只是在高等教育中具有不同位置和功能的学校而已，只要能够满足社会需求、满足人才成长要求的大学就是好大学。简单一句话，作为教育对象的人是丰富多彩的，那么作为培养人的专门机构和场所的学校也应当是多种多样的。只有多样性发展，高校之间的竞争才会是一种良性竞争，这种竞争才不会阻碍共享的实现。

其次，取消整齐划一的"标准性"评价，构建多元化的评价体系。目前，我们国家高等学校的评价方式主要还是"一把尺子量全部"的阶段，即用一套评价指标体系对不同类型高校进行比较、考察，忽略了高校的不同类型与定位，因此，评价结果难以做到科学、有效。既然人民大众的教育需求有差异，导致高校的发展定位也有不同，因此我们的评价方法自然也就不能"一视同仁"，应当对于不同类型的高校采用不同的评价方式。

再次，取消将资源的数量作为教育评价的指标，而将资源的利用情况、共享情况作为重要评价指标之一。拥有教育资源数量多的学校不见得就是一所好学校，关键是要看资源的利用情况，如果拥有的资源都处于闲置状态，没有利用起来，那么即使拥有再多的资源也是浪费。国外评价一所好的大学，很少将学校规模、拥有的科研仪器设备数量等情况作为评价指标，而是考核学校利用这些资源做了哪些工作，取得了什么样的成绩。因此，为了推动高校教育资源的共享，我们应当将教育资源的利用效率作为评价一所高校的重要指标，区分学校有哪些资源向外提供，提供的质和量是多少，以及学校有哪些资源是利用外校的，利用的质和量又是多少，并以此作为政府对于该校投入的衡量标准，资源利用率高、利用效果好的高校理应得到更多的投入和支持。学校为了提高教育资源的利用率，自然而然地就会积极、主动地去寻求资源的共享了。

八　开发和运用先进技术，为教育资源共享提供技术支持

云计算、大数据、流媒体等信息技术的应用，为我们现代社会政治经济生活带来了全方位的变革，对于教育领域也具有强大的变革能力。以大数据为代表的现代科学技术在教育领域的运用，为教育资源的共享提供了前所未有的契机，我们要充分抓住这一契机，不断开发和运用先进技术，为高校教育资源的共享"保驾护航"。

第一，保证足够的计算机数量。计算机作为现代科技的代表，已经渗透到我们日常生活中的方方面面，可以说，我们今天的社会已经离不开计算机了。计算机至于今天的教育也是如此，无论是教师的教学、科研，还是学生的学习也都已经离不开计算机了。要想共享网络上的信息资源，首先必须要有足够数量的计算机，能够满足广大师生的要求，因此，要做到：保证每一位高校教师都有一台属于自己的计算机，如果条件达不到人手一台，也至少要保证每个二级学院都有一个场所，里面提供一定数量的计算机供全院教师公用，保证教师能够随时使用；每所高校或每个二级学院都要提供一定数量的计算机供全校或全院学生使用，要按一定的比例设置，方便学生的学习、科研等活动。

第二，实现纸质文献资料的电子化。纸质文献资料由于有时空的

限制因而使其共享的程度大打折扣，而将其电子化则可以摆脱这一弊端。现在几乎每个图书馆都已经做了这个工作，但是往往都只限于常见的、出版年代较近的书刊杂志，对于许多古籍文献还有很多没有进行电子化，使得这些珍贵的古籍大多数时间都静静地躺在图书馆里，较少得到利用，而且很多古籍由于年代久远，可能纸张保存状况不是很好，甚至已经不能向外借阅了，这对于有需求的人来说是非常不方便的。因此，加快实现纸质文献资料的电子化，尤其是古籍善本的电子化，实在是一个迫在眉睫的事情。当然，对于这些文献资料进行电子化是一个繁重的工作，需要花费大量的人力、物力和时间，但是却是一个非常有意义的工作，对于保存文献资料、实现文献资料资源的共享具有十分重要的作用。

第三，完善资源共享网站、平台的建设。这一点在当前我国许多高校或相关组织中比较滞后，如许多大学城、高校联盟等迄今为止没有专门的网站或平台，或者是虽然有但是只是象征性的，没有实质内容。因此，要建立专门的网站或平台，并完善该网站或平台的功能，如发布资源共享信息、提供共享申请等，使其不仅仅是一个只展示概况、规则章程的地方，而成为一个真正对实现教育资源共享提供便利的平台。网站或平台建设内容主要应包括：关于教育资源共享的相关规章制度；可共享的教育资源要素的说明；具体的共享流程及注意事项等。另外，注意网站、平台的实时更新与维护，要有专人负责，责任到人，及时做好共享资源的建设、上传网络以及应用等工作，避免出现网站或平台"只建不管""只建不用"的局面。

第四，实现校际、校内相应数据库、平台的兼容。当前我国高校无论是工作平台还是其他教学平台、科研平台等之间很少兼容，甚至同一所学校内部的各个数据库及平台之间也不兼容，如教务处与科研处互不兼容、教务处与学生处也不兼容等，带来的问题就是资源不共享、工作效率低下。实现数据库及平台的兼容，一方面要实现校内兼容，校内各职能部门采用统一的工作平台、教学平台以及科研平台等，制定、遵循统一的信息采录标准和运作要求，实现数据库、平台的标准化、统一化；另一方面要实现校际兼容，主要体现在各校图书馆平台的兼容上，通过利益协调，各校图书馆的数据库应该能够互相兼容、实现整合，方便师生跨校查询，实现资源共享。

最后，加强高校开放教育资源的建设。开放教育资源（Open Educational Resources，OER）的建设是体现无边界高等教育思想的重要方面，开放教育资源是指"那些基于非商业性目的，通过信息与通信技术来向有关对象提供的，可被自由查阅、参考或应用的各种开放性教育类资源"[①]，最初可以追溯到 2001 年春美国麻省理工学院发起的开放课件（Open Course Ware，OCW）项目，旨在使那些不发达国家的教师能够获得最新、最及时的材料来帮助他们的教学，而这些材料是他们很难通过其他方式获得的[②]。从那时候起，开放教育资源便在世界范围内发展和运用起来。其中，开放课件可以说是高校最重要的开放性教育资源，我们国家也已经开始实施国家精品开放课程建设规划，主要向高校学生同时也向社会公众免费开放优质课程资源，可以说已经取得了一定的成就，但是仍然存在许多不足之处，主要表现在：开放的课程资源数量相对不多；开放的优质课程资源较少，更多的是普通课程；开放资源"不开放"，许多高校发布的课程资源无法观看，即开放教育资源的共享性较差等。因此，加强高校开放教育资源的建设，就要在继续开发开放课程资源数量的同时，注重质的提高，加强优质开放课程资源的建设，促进优质教育资源的开发和普及；开发和建设各级各类高校的精品课程，如校级、省级、国家级精品课程建设，构建多层次、多类型的优质课程资源共建共享体系；建立和完善开放课程的知识产权保护机制，保护学校和教师的知识产权，激发学校和教师开发开放课程的积极性和主动性；研究和开发先进的开放课程共享平台，使其不仅能够提供课程内容，还能够实现师生互动、课堂反馈等，从而提高课程效果。

---

① 赵国栋、姜中皎：《高校"开放教育资源"建设模式与发展趋势》，《北京大学教育评论》2009 年第 3 期。

② Sally M. Johnstone，"Open Educational Resources Serve the World"，*Educause Quarterly*，Vol. 28，No. 3，2005，pp. 15 – 18.

九　加强区域统筹，率先实现区域高等学校教育资源共享

由于资源共享受到地理空间等条件的约束和限制，因此，在我们国家当前共享意识和共享程度都还不是很高的情况下，可以加强区域统筹，率先在同一区域内部推行高校教育资源的共享，然后以此为立足点，推动高校教育资源在更大范围内的共享。鉴于我们国家的高校主要由省一级政府主管，因此这里的区域主要是指省域，即省域共享，同时由于许多中心城市往往既是该省份的经济中心同时又是文化中心，是高校的聚集地，拥有比较丰富的高等教育资源，如济南之于山东，沈阳之于辽宁等，因此，这里的区域在另一个层面上还指拥有较多高校的中心城市，即同城共享。

第一，成立多层级、立体式区域教育资源共享管理中心，即成立由省级、市级和校级三级构成的、立体的区域教育资源共享管理中心。首先，各地以省为主，建立省级区域教育资源共享管理中心，该中心不仅管理和推动省内各高校教育资源的共享，还可以包括政府、企业以及其他组织的教育、科研资源的共享，高校教育资源共享可以是其中的重要构成；其次，拥有丰富高校资源的城市也应成立市级高校教育资源共享管理中心，组织、协调、管理处于同一城市的高校之间实现教育资源的共享；最后，各高校内部也要成立相应的资源共享管理部门，该部门不仅为校内师生提供资源共享服务，同时也为其他高校乃至社会其他群体提供资源共享服务。这三级管理中心或部门之间要相互连接、相互合作，从而实现信息的共享、资源的整合。

第二，推进区域高校教师资源的共享。"教师是教育事业的第一资源"[①]，教育质量的根本在教师，任何人都无法否认教师对于办好一所学校，提高教育教学质量的重要作用。清华大学原校长梅贻琦先生曾经说过一句传世名言："所谓大学者，非谓有大楼之谓也，有大师

---

① 刘延东：《国家发展希望在教育，办好教育希望在教师——在庆祝教师节暨全国教育系统先进集体和先进个人表彰大会上的讲话》，2009 年 9 月 9 日，http://www.moe.gov.cn/edoas/website18/36/info1252537843327236.htm，2010 年 3 月 9 日。

之谓也"①，更是将教师之于大学的作用表现得淋漓尽致。因此，要实现高校教育资源的共享，教师资源的共享应当是首要的。为了推动高校之间教师资源的共享，要做到：突破观念的限制，打破传统的人才单位所有制，建立科学的人才流动模式，树立"不求所有，但为我用"的新型用人观念，并为不同高校之间的教师互聘、联聘等共享形式提供制度和待遇等方面的便利条件；为教师的教学、科研等成果资源搭建展示、交流、共享的平台，以供其他教师和学生共享。如建立相应网站，将教师的教学课件、教学成果、研究成果、思想感悟等资源上传到网站，以供其他人学习和利用；开设讲座、报告、会议等展示平台，为教师提供丰富多样的交流与共享的机会。

第三，促进区域高校学生的交流。培养学生，一个途径是为学生尽可能地提供其发展所需要的校内资源，另一个途径就是尽可能地为学生开发校外资源，而实现学生的校际交流可以说是开发和利用校外资源的一个很好的方法。促进学生的区域交流，就要：建立健全大学生（包括研究生）校际交流申请、审批、资助、考核等制度；创设新的交流项目和计划，为更多的学生提供交流的机会；扩大学生交流的比例和数量，惠及更多的学生；为申请交流的学生提供资助，可以有多种方式，如减免学费、全额资助、差额资助等，以减轻学生的经济负担。

第四，实现区域高校物力资源的共享。主要包括教学、科研仪器设备资源的共享，实验室、运动场地等的对外开放等。这对于提高物力资源的利用效率，避免资源的重复购置、资源浪费具有非常重要的意义，尤其对于经费比较紧张、处于资源劣势的"普通大学"来说，意义就更为巨大，使"普通大学"的广大师生也能够享受到优质的教育资源，这也是契合中央提出的建设节约型社会的要求。当前我们国家已经开始着手做这项工作了，"高等学校仪器设备和优质资源共享系统"就是其中代表。未来要做的就是要不断扩大和完善类似系统，使越来越多的优质教育资源都纳入共享系统之中，使其发挥更大的效益。

---

① 刘述礼、黄延复编：《梅贻琦教育论著选》，人民教育出版社1993年版，第10页。

第五，推动区域高校课程互选、学分互认。主要有：扩大互选课程、学分互认课程的数量和覆盖范围，对于热门课程要保证足够的课程容量，满足更多学生的选课要求；扩大互选课程、学分互认课程的种类，包括各校的优势课程、精品课程、特色课程、名师讲座以及其他如实验课程等其他种类课程，满足不同学生的多样化需求；严格保证互选课程、学分互认课程的质量，杜绝应付、敷衍了事，同时要对任课教师的资质和教学质量等严加控制，挑选那些具有强烈事业心和责任感、思想品德好、教学经验丰富、教学方法先进的教师，以保证课程的质量；研制学分转换机制，尽快实现学分互认；成立区域高校课程互选、学分互认管理平台，为推进区域高校课程资源的共享提供便利。

第六，实现区域高校信息资源的共享。主要包括：加强区域高校信息数据库以及共享平台的搭建，实现信息资源的区域共享；加强信息资源的产权保护，尽快制定和协调各类知识产权保护法规政策，以缓解信息资源充分利用与知识产权保护之间的尖锐冲突；加强信息安全的保护，信息的安全既包括信息内容本身的安全，防止出现泄露隐私或保密的信息，同时也包括信息数据库或平台的安全，如防止计算机病毒、黑客等危险因素的威胁和破坏。

本章小结

在前文分析的基础上，笔者进行了促进我国高校教育资源共享实现的路径思考，主要有：转变观念，加强教育资源共享意识的培养；建立政府宏观调控下的教育资源市场化配置机制；转变政府角色，落实和扩大高校办学自主权；加快高校"去行政化"，为共享扫清管理障碍；建立健全高等学校教育资源产权明晰机制；进一步完善制度建设，保障教育资源共享的顺利进行；完善高等教育评价体系，将资源共享纳入高等教育评价指标之中；运用和开发先进技术，为教育资源共享提供技术支持；加强区域统筹，率先实现区域教育资源共享。

结束语

　　共享，这个词总是会带给我们一种美好的情愫，总是会触动我们心灵最底层的那份感动，也总是会唤起埋藏在我们心灵最深处的那种美好的愿望。实际上，共享既不是一个新词语，它也不是一种新理念，共享的实践早就存在和发生着，具体到高等教育领域的资源共享也是早已存在的，如高校内部图书馆资源由全校师生共享，实验中心由各院系共享等。随着社会的发展，资源共享已经被赋予了越来越重要的含义，在高等教育领域也已经突破院墙之隔，开始向校际共享、区域共享迈进。

　　当前许多高校或地区在谈及资源共享时总是"雷声大雨点小"，刚开始时轰轰烈烈，慢慢地开始逐渐"降温"，甚至最后变成纸上谈兵，徒留一纸空文，导致美好的愿景落空。笔者认为，资源共享绝不能只停留在口头上或者文本中，必须落到实处，取得实效。但是总体来说在实践当中共享的效果却不容乐观，资源共享并未成为高等教育内涵式发展的优质路径选择，主要原因在于实践过程中存在着诸多的阻碍因素，从政府到高校，从思想观念到体制障碍，从制度缺失到教育评价失范等。我们只有深入探索制约高校教育资源共享的障碍，才能够在实践中有的放矢，妥善、协调解决共享过程中的责、权、利等问题，如此，资源共享才能够真正地实现，美好的愿望也才能转变成现实。

　　高等学校教育资源共享问题是一个复杂问题，说它复杂主要是因为共享通常涉及多个主体之间的责、权、利等关系，这些关系往往错综复杂，"剪不断，理还乱"。正是因为它复杂，才导致尽管人们普遍认为资源共享很好、很重要，但是在实践中却常常有意无意地"避免"共享；也正是因为它复杂，这也导致目前学界对此问题的研究还停留在"浅水区"，有价值和有突破的研究比较少。笔者对于教育资源共享问题一直都比较感兴趣，也想对此做一些研究工作，但是限于自身学力，本研究无心也无力对其做出终结性的研究，只希望能够尽己所能，为教育资源共享的研究提供一些自己的观念和见解，这些观点和见解也许不甚成熟，但却代表了一名教育理论工作者的学习和思考过程，今后笔者也将会针对这个问题继续思考下去，不断深化这方面的研究。笔者深信，会有越来越多的人来关注这个问题，也会诞生越来越多的、更有价值的研究，从而共同推动高校教育资源共享的全面实现！

参考文献

一 著作

[1] [巴] 保罗·弗莱雷:《被压迫者教育学》,顾建新等译,华东师范大学出版社 2001 年版。

[2] 陈超:《中国重点大学制度建设中的政府干预研究》,广东高等教育出版社 2009 年版。

[3] 陈华洲:《思想政治教育资源论》,中国社会科学出版社 2007 年版。

[4] 陈振华、祁占勇:《优质教育资源发展论》,浙江大学出版社 2015 年版。

[5] 陈振明主编:《公共管理学原理》,中国人民大学出版社 2003 年版。

[6] 程建平主编:《高等学校仪器设备开放共享制度选编》(2015),清华大学出版社 2015 年版。

[7] 程俊英撰:《诗经译注》,上海古籍出版社 2012 年版。

[8] 《辞海》编辑委员会编:《辞海》,上海辞书出版社 1989 年版。

[9] [美] 戴维·查普曼、安·奥斯汀主编:《发展中国家的高等教育:环境变迁与大学的回应》,范怡红主译,北京大学出版社 2009 年版。

[10] 戴晓霞、莫家豪、谢安邦主编:《高等教育市场化》,北京大学出版社 2004 年版。

[11] 丁兴富编著:《远程教育学》,北京师范大学出版社 2001 年版。

[12] 范国睿:《教育生态学》,人民教育出版社 2000 年版。

［13］房剑森：《高等教育发展论》，广西师范大学出版社 2001 年版。

［14］（清）蘅塘退士编，陈婉俊补注：《唐诗三百首》，中华书局 1984 年版。

［15］胡赤弟：《教育产权与现代大学制度构建》，广东高等教育出版社 2008 年版。

［16］胡海建：《大学城的理想与困惑：大学·大学城·大学园区的教育经济学反思》，汕头大学出版社 2008 年版。

［17］焦宝聪、陈兰平、方海光编著：《博弈论——思想方法及其应用》，中国人民大学出版社 2013 年版。

［18］《教育大辞典》编纂委员会编：《教育大辞典》第六卷，上海教育出版社 1992 年版。

［19］靳希斌编著：《教育经济学》，人民教育出版社 2005 年版。

［20］［美］克里夫·贝克：《优化学校教育——一种价值的观点》，戚万学等译，华东师范大学出版社 2003 年版。

［21］李克东编著：《新编现代教育技术基础》，华东师范大学出版社 2002 年版。

［22］李小融、唐安奎：《多元化学校教育评价》，浙江教育出版社 2009 年版。

［23］联合国教科文组织国际教育发展委员会编著：《学会生存——教育世界的今天和明天》，华东师范大学比较教育研究所译，教育科学出版社 1996 年版。

［24］梁小民编著：《西方经济学导论》，北京大学出版社 2007 年版。

［25］刘述礼、黄延复编：《梅贻琦教育论著选》，人民教育出版社 1993 年版。

［26］刘亚荣：《从双轨到和谐——中国高等教育资源配置机制的转轨》，浙江大学出版社 2010 年版。

［27］卢现祥、朱巧玲主编：《新制度经济学》，北京大学出版社 2007 年版。

［28］［美］罗纳德·H. 科斯等：《财产权利与制度变迁——产权学派与新制度学派译文集》，刘守英等译，上海人民出版社 1994 年版。

［29］吕中楼：《新制度经济学研究》，中国经济出版社 2005 年版。

［30］马克思：《资本论》第 1 卷，人民出版社 1975 年版。

［31］马廷奇：《大学转型：以制度建设为中心》，社会科学文献出版社 2007 年版。

［32］马治国：《网络教育本质论》，辽宁师范大学出版社 2006 年版。

［33］［加拿大］迈克尔·富兰：《变革的力量——透视教育改革》，中央教育科学研究所、加拿大多伦多国际学院译，教育科学出版社 2004 年版。

［34］［加拿大］迈克尔·富兰：《变革的力量——续集》，中央教育科学研究所、加拿大多伦多国际学院译，教育科学出版社 2004 年版。

［35］［加拿大］迈克尔·富兰：《变革的力量——深度变革》，中央教育科学研究所、加拿大多伦多国际学院译，教育科学出版社 2004 年版。

［36］苗东升：《系统科学精要》，中国人民大学出版社 1998 年版。

［37］裴娣娜：《教育研究方法导论》，安徽教育出版社 1995 年版。

［38］世界银行编著：《1997 年世界发展报告：变革世界中的政府》，蔡秋生等译，中国财政经济出版社 1997 年版。

［39］石中英：《教育学的文化性格》，山西教育出版社 1999 年版。

［40］［苏］苏霍姆林斯基：《帕夫雷什中学》，赵玮等译，教育科学出版社 1983 年版。

［41］唐明钊：《教育资源系统研究》，西南交通大学出版社 2014 年版。

［42］王成瑞、游建军：《中国西部高等教育资源优化配置研究》，西南交通大学出版社 2015 年版。

［43］王民：《数字教育资源生态化建设和共享模式研究》，上海交通大学出版社 2014 年版。

［44］王培根主编：《高等教育经济学》，经济管理出版社 2004 年版。

［45］王同亿主编：《语言大典》（上册），三环出版社 1990 年版。

［46］王伟廉：《高等学校课程研究导论》，广东高等教育出版社 2008 年版。

［47］肖条军：《博弈论及其应用》，上海三联书店 2004 年版。

［48］熊义杰编著：《现代博弈论基础》，国防工业出版社 2010 年版。

［49］杨国枢、余安邦：《中国人的心理与行为：理念及方法篇》，台北：桂冠图书股份有限公司 1993 年版。

［50］杨小微主编：《教育研究的原理与方法》，华东师范大学出版社 2002 年版。

［51］叶澜：《教育概论》，人民教育出版社 1999 年版。

［52］应国良、宋志宏：《WTO 背景下我国高等教育公共管理战略和体制》，广东教育出版社 2006 年版。

［53］袁振国主编：《教育政策学》，江苏教育出版社 1996 年版。

［54］袁振国主编：《当代教育学》，教育科学出版社 2004 年版。

［55］岳武、靳英丽：《中国高等教育资源配置改革问题及对策研究》，东北师范大学出版社 2015 年版。

［56］张斌：《小学教育资源论》，江苏人民出版社 2007 年版。

［57］张世明：《数字教育资源共享生态系统研究》，复旦大学出版社 2011 年版。

［58］张铁明：《教育产业论：教育与经济增长关系的新视角》，广东高等教育出版社 2002 年版。

［59］张兆林、齐如林、束华娜：《非物质文化遗产保护领域社会力量研究》，中国社会科学出版社 2017 年版。

［60］赵涛主编：《管理学常用方法》，天津大学出版社 2006 年版。

［61］赵文华：《高等教育系统论》，广西师范大学出版社 2001 年版。

［62］郑杭生主编：《社会学概论新修》，中国人民大学出版社 2003 年版。

［63］郑玲主编：《高等学校管理成本探究》，云南大学出版社 2006 年版。

［64］中共中央马克思恩格斯列宁斯大林著作编译局译：《马克思恩格斯选集》第四卷，人民出版社 1995 年版。

［65］中共中央马克思恩格斯列宁斯大林著作编译局译：《马克思恩格斯全集》第三十七卷，人民出版社 1971 年版。

［66］周金浪主编：《教育学》，上海教育出版社 2006 年版。

［67］朱坚强：《教育经济学发凡》，社会科学文献出版社 2005 年版。

二　论文

（一）中文类

［1］安宇宏：《公地悲剧》，《宏观经济管理》2009 年第 12 期。

［2］蔡岚：《面向科技人力资源开发的大学联盟研究》，硕士学位论文，浙江大学，2009 年。

［3］常亮：《高校课程资源共享问题研究——以厦门大学为例》，硕士学位论文，厦门大学，2008 年。

［4］曹爱红：《提高高校贵重仪器设备使用效益的研究与探索》，《中国现代教育装备》2009 年第 7 期。

［5］曹阳：《南通区域高校教学联合体的构建与运作研究》，硕士学位论文，南京师范大学，2008 年。

［6］陈德敏：《资源循环利用论——中国资源循环利用的技术经济分析》，博士学位论文，重庆大学，2004 年。

［7］陈剑峰、陈风光：《高校教师资源共享及流动体制研究》，《人力资源管理》2013 年第 4 期。

［8］陈坤：《P2P Grids 环境下教育资源共享机制研究》，硕士学位论文，山东师范大学，2010 年。

［9］陈枝清、李艳丽：《日本大学图书馆资源共建共享方式介绍》，《图书馆建设》2009 年第 6 期。

［10］成尚军、余连君：《人才资源共享：地方高校师资队伍建设的有效途径》，《文教资料》2007 年第 16 期。

［11］崔峰、李军：《尽快建立研究生教育优质资源共享体系》，《中国高等教育》2005 年第 11 期。

［12］邓均华：《"中国高等教育文献保障体系"简介》，《经济学情报》2000 年第 1 期。

［13］董志惠：《战略联盟：研究型大学群体发展之路》，硕士学位论文，华中科技大学，2006 年。

［14］杜志源：《基于 OGSA 的教育资源共享研究》，硕士学位论文，西安

电子科技大学，2007 年。

［15］傅维利：《科学发展观视域下的人民满意的教育》，《中国教育学刊》2008 年第 1 期。

［16］傅维利：《教育改革与当代中国教育家群体的历史责任》，《中国教育学刊》2010 年第 9 期。

［17］《高等学校仪器设备共建共享》，2012 年 9 月 4 日，http：//www. edu. cn/ kygx_ 6508/20120904/t20120904 _ 838733. shtml，2014 年 10 月 8 日。

［18］苟兴旺、吴介军、薛惠锋等：《高校教育资源分类及其优化》，《西北工业大学学报》（社会科学版）2008 年第 1 期。

［19］顾明远：《要与反教育行为作斗争》，《中国教育学刊》2011 年第 9 期。

［20］郝茂金：《多些"共享意识"》，《解放军报》2010 年 12 月 21 日第 7 版。

［21］何洪涛：《赣州市高等院校教育资源共享模式的研究》，硕士学位论文，南昌大学，2007 年。

［22］贺林平：《学分互认，无人喝彩》，《人民日报》2011 年 7 月 18 日第 12 版。

［23］何小兵、文亚星：《区域高校实验仪器设备共享模式探索》，《科技管理研究》2009 年第 6 期。

［24］胡海建：《试论国外大学城的主要类型》，《高教探索》2007 年第 3 期。

［25］胡力丰：《北大校长：美国教育"一塌糊涂"，总统不懂尊重人》，2011 年 12 月 25 日，http：//news. xinhuanet. com/edu/2011 – 12/25/c_ 111295546. htm，2011 年 12 月 25 日。

［26］胡蓉：《我国大学城的资源共享问题研究》，硕士学位论文，华中科技大学，2006 年。

［27］黄淑芳：《信息时代条件下高校教育资源的共享与利用》，《喀什师范学院学报》2004 年第 4 期。

［28］黄亚婷：《美国高等学校教育资源共享研究》，《现代教育科学》

2012 年第 11 期。

［29］贾让成、林麒、陶燕丽等：《高教园区教学资源共享机制设计与分析》，《教育科学》2002 年第 2 期。

［30］江雪双：《高校数字化教育资源共享机制的研究》，硕士学位论文，华中科技大学，2009 年。

［31］金凤、朱洪镇、李延吉：《美国 CIC 大学联盟探析》，《现代教育科学》2007 年第 4 期。

［32］孔庆如：《高校人才柔性引进政策与人力资源共享模式研究》，《武汉科技学院学报》2006 年第 12 期。

［33］［英］黎安琪：《无边界高等教育及其资格认证》，祝怀新、应起翔译，《高等教育研究》2002 年第 1 期。

［34］李锦奇：《区域高校战略联盟浅论》，《教育科学》2009 年第 5 期。

［35］李俊：《沪上新立法折射共享光芒》，《科技日报》2007 年 9 月 14 日第 9 版。

［36］黎琳：《无边界高等教育的教育理想》，《复旦教育论坛》2003 年第 4 期。

［37］廉澄：《区域高校优质教育资源共享模式建设研究——以徐州高校教学联合体为例》，《江苏师范大学学报》（哲学社会科学版）2016 年第 6 期。

［38］林长地：《福州大学城高校公共体育教育人力资源校际共享研究》，硕士学位论文，福建师范大学，2006 年。

［39］林盾、李建生：《高校教育资源共享悖论探讨》，《湖南科技大学学报》（社会科学版）2012 年第 2 期。

［40］刘有贵、蒋年云：《委托代理理论述评》，《学术界》2006 年第 1 期。

［41］刘霞：《全球面临人口过度增长挑战》，《科技日报》2011 年 1 月 15 日第 2 版。

［42］刘晓晓：《区域性数字化教育资源共享体系的构建》，硕士学位论文，南昌大学，2010 年。

［43］刘延东：《国家发展希望在教育，办好教育希望在教师——在庆祝

教师节暨全国教育系统先进集体和先进个人表彰大会上的讲话》，2009 年 9 月 9 日，http：//www. moe. gov. cn/edoas/website18/36/info1252537843327236. htm，2010 年 3 月 9 日。

［44］龙献忠：《论高等教育治理视野下的政府角色转变》，《现代大学教育》2004 年第 1 期。

［45］娄立原：《重庆高校校际外语网络教育资源共享研究》，硕士学位论文，西南大学，2010 年。

［46］罗刚：《合并高校教育资源集约整合的策略研究》，硕士学位论文，武汉理工大学，2005 年。

［47］罗江华：《教育资源数字化的价值取向研究》，博士学位论文，西南大学，2008 年。

［48］罗立志：《交换苹果与交流思想》，《学习导报》1999 年第 6 期。

［49］罗友花、李明生：《资源概念与分类研究——兼与罗辉道、项保华先生商榷》，《科研管理》2010 年第 1 期。

［50］骆泽敬、陆林：《基于大学城教育资源共享的开放式教学模式构建研究》，《教育理论与实践》2009 年第 7 期。

［51］美国五校联盟主页，2011 年 9 月 15 日，http：//www. fivecolleges. edu/aboutus，2011 年 9 月 15 日。

［52］庞国斌：《我国公共高等教育资源配置的公平性研究》，博士学位论文，辽宁师范大学，2008 年。

［53］祁占勇、陈鹏：《治理理论语境下政府与高校关系的"善治"》，《中国高教研究》2008 年第 5 期。

［54］秦秋田：《国内留学——实现优质高等教育资源共享的新举措》，《辽宁教育研究》2004 年第 6 期。

［55］任磊：《高校教育资源共享的开放式教学模式的研究》，《高等函授学报》（自然科学版）2010 年第 5 期。

［56］商亚坤：《北京高等教育资源共享问题研究》，硕士学位论文，中国地质大学，2008 年。

［57］尚艳梅：《南昌市前湖高校园区教育资源共享现状及对策研究》，硕士学位论文，江西师范大学，2010 年。

［58］宋华明、范先佐:《高校教育资源优化与办学经济效益》,《教育与经济》2005 年第 3 期。

［59］宋尚平:《基于.NET 的教育资源共享交互平台的开发与试用》,硕士学位论文,曲阜师范大学,2008 年。

［60］孙小林:《谁该为地方高校负债买单?》,《21 世纪经济报道》2010 年 3 月 9 日第 8 版。

［61］汤巨霞:《高等院校数字化教育资源共享机制的研究》,硕士学位论文,浙江师范大学,2007 年。

［62］汤涛、陈志鸿、何左等:《高校教师资源共享途径与模式调研》,《中国高等教育》2002 年第 Z1 期。

［63］田鹏:《高校数字化教育资源共享过程激励研究》,硕士学位论文,西安电子科技大学,2010 年。

［64］涂苏龙:《高校贵重科学仪器设备共享机制探究》,硕士学位论文,东北大学,2008 年。

［65］魏宏森、王伟:《广义系统论的基本原理》,《系统辩证学学报》1993 年第 1 期。

［66］魏霞:《高校人才共享战略的途径及手段》,《黑龙江高教研究》2006 年第 4 期。

［67］韦正球、覃明兴:《从小资源到大资源:一种新的资源观》,《广西大学学报》(哲学社会科学版)2006 年第 2 期。

［68］王秉琦、贾鹏:《论海峡两岸建立跨区高校战略联盟的必要性和可能性》,《中国高等教育》2010 年第 Z2 期。

［69］王成辉、李靖、宋秋蓉:《香港高校实施研究生教育资源共享计划述略》,《学位与研究生教育》2009 年第 12 期。

［70］王冲:《大学不能丢了独立的灵魂》,《中国青年报》2010 年 2 月 3 日第 2 版。

［71］汪大燕:《影响网络教育资源共享的因素分析——基于网络教育资源开发环节》,硕士学位论文,华中科技大学,2009 年。

［72］王洪才:《大学"新三大职能"说的缘起与意蕴》,《厦门大学学报》(哲学社会科学版)2010 年第 4 期。

［73］ 王嵘：《贫困地区教育资源的开发利用》，《教育研究》2001 年第 9 期。

［74］ 王善迈：《社会主义市场经济条件下的教育资源配置方式》，《教育与经济》1997 年第 3 期。

［75］ 王晓漫：《效率视界的研究生教育资源共享问题研究》，《黑龙江高教研究》2009 年第 8 期。

［76］ 王云峰：《长清大学城：资源共享有点难》，《济南时报》2011 年 9 月 16 日第 A04 版。

［77］ 王卓：《教育资源配置问题的理论研究——教育学的立场和观点》，博士学位论文，东北师范大学，2005 年。

［78］ 吴静：《高校二级管理模式下宏观调控实现方式探析》，《中国高教研究》2005 年第 5 期。

［79］ 吴磊、何洪涛：《高校教育资源共享管理的应为与可为》，《中国高教研究》2008 年第 12 期。

［80］ 吴越：《中国高校联盟运行机制研究——基于多案例的分析》，博士学位论文，华中科技大学，2011 年。

［81］ 西广明：《高等教育资源共享原则与策略研究——以效率为视角》，《江苏高教》2009 年第 4 期。

［82］ 熊丙奇：《设备闲置为何成高校难治之症?》，《晶报》2009 年 7 月 27 日第 A03 版。

［83］ 徐冠华：《科技建设浪费严重》，《新京报》2008 年 3 月 7 日第 A13 版。

［84］ 徐辉：《欧洲"博洛尼亚进程"的目标、内容及其影响》，《教育研究》2010 年第 4 期。

［85］ 徐岚、卢乃桂：《市场化背景中的澳大利亚八校联盟及其启示》，《高等教育研究》2010 年第 1 期。

［86］ 徐显明：《大学理念论纲》，《中国社会科学》2010 年第 6 期。

［87］ 许悦：《"专业共享"：美国南部高校"学术共同市场"的发展及启示》，《辽宁教育研究》2008 年第 3 期。

［88］ 杨林：《基于 SOA 的分布式教育资源共享系统的研究》，硕士学

位论文，山东师范大学，2009 年。

[89] 阳荣威：《后合并时代高校的选择：战略联盟》，《高等教育研究》2005 年第 9 期。

[90] 杨天平：《西方国家大学城的演变与发展》，《北京理工大学学报》（社会科学版）2003 年第 3 期。

[91] 杨天平、金如意：《博洛尼亚进程述论》，《华东师范大学学报》（教育科学版）2009 年第 1 期。

[92] 俞建伟：《国外大学城概览》，《比较教育研究》2002 年第 10 期。

[93] 湛俊三：《地方高校战略联盟研究》，博士学位论文，武汉理工大学，2008 年。

[94] 曾广容：《系统开放性原理》，《系统辩证学学报》2005 年第 3 期。

[95] 张保庆：《关于中国教育经费问题的回顾与思考》，载何东昌主编《中华人民共和国重要教育文献》（1998—2002），海南出版社 2003 年版。

[96] 张宝蓉：《无边界高等教育：西方发达国家高等教育发展的新概念——以美、英、澳三国为例》，《外国教育研究》2005 年第 12 期。

[97] 张会杰：《生源数量减少与需求多元化：高等教育深度变革的强劲动力》，《现代大学教育》2010 年第 3 期。

[98] 张会平：《基于语义 Web 的教育资源共享平台的构建》，硕士学位论文，武汉大学，2005 年。

[99] 张纪洪：《沈北大学城教师资源共享的机制与模式研究》，硕士学位论文，辽宁工程技术大学，2006 年。

[100] 张宽政：《资源概念探析》，《学习论坛》2005 年第 11 期。

[101] 张小良：《独立与共享：一种新的办学模式分析——我国大学城发展中的一个重要问题》，硕士学位论文，华东师范大学，2003 年。

[102] 张新：《关于普通高校教师资源共享的探讨》，《辽宁教育研究》2003 年第 2 期。

[103] 张亦工：《交易费用、财产权利与制度变迁：新制度经济学理

论体系透视》,《东岳论丛》2000 年第 5 期。

[104] 赵国栋、姜中皎:《高校"开放教育资源"建设模式与发展趋势》,《北京大学教育评论》2009 年第 3 期。

[105] 赵媛、王娟:《基于教育资源共享的区域教学联合体建设》,《江苏高教》2006 年第 5 期。

[106] 中华人民共和国教育部:《独立学院设置与管理办法》,2008 年 2 月 22 日,http://www. moe. edu. cn/,2011 年 10 月 25 日。

[107] 中华人民共和国教育部:《关于设立全国研究生学术交流平台的通知》,2010 年 10 月 22 日,http://www. moe. gov. cn,2011 年 9 月 11 日。

[108] 中华人民共和国教育部、中华人民共和国财政部:《关于批准立项建设"高等学校教师网络培训系统项目"的通知》,2009 年 7 月 10 日,http://www. moe. gov. cn,2011 年 9 月 11 日。

[109] 中华人民共和国国家统计局:《教育科技和文化年度数据》,http://www. stats. gov. cn/tjsj/ndsj/,2011 年 10 月 25 日。

[110] 中共中央、国务院印发:《中国教育改革和发展纲要》,1993 年 2 月 13 日,http://www. moe. edu. cn/,2007 年 11 月 23 日。

[111] 陈勇:《中国科研经费仅 40% 用于项目,肆意挥霍成潜规则》,2011 年 11 月 5 日,http://news. xhby. net/system/2011/11/05/012010334. shtml,2011 年 11 月 6 日。

[112] 周大平:《高等教育:摒弃片面追求数量的发展观》,2004 年 9 月 21 日,http://news. xinhuanet. com/banyt/2004 - 09/21/content_ 2001100. htm,2015 年 11 月 18 日。

[113] 周德群:《资源概念拓展和面向可持续发展的经济学》,《当代经济科学》1999 年第 1 期。

[114] 周鸿:《中国社会发展中的大资源问题及其根治对策》,《软科学》2000 年第 3 期。

[115] 周济:《大力加强教学工作,切实提高教学质量——周济部长在第二次全国普通高等学校本科教学工作会议上的讲话》,2005 年 1 月 20 日,http://www. ahedu. cn/AHEDUNSPortal/NewsCenter/

WJFG/LDJH/List/10900. shtml，2011 年 10 月 25 日。

［116］ 朱剑：《美国的五校联盟探析》，《现代教育科学》2006 年第 3 期。

［117］ 左凯旋、吴朵美：《独立学院共享师资管理研究》，《浙江师范大学学报》（社会科学版）2010 年第 2 期。

（二）英文类

［1］ Blake Gumprecht，"The American College Town"，*Geographical Review*，Vol. 93，No. 1，2003.

［2］ Blake Gumprecht，"The Campus as a Public Space in the American College Town"，*Journal of Historical Geography*，Vol. 33，No. 1，2007.

［3］ Willis E. Bridegam，"Print Preservation at the Local Level—The Five College Experience"，*Library Collections，Acquisitions，and Technical Services*，Vol. 28，No. 1，Spring 2004.

［4］ Volmer A. Geronimo and Claudia Aragon，"Resource Sharing in University Libraries: A Tool for Information Interchange"，*Library Collections，Acquisitions，and Technical Services*，Vol. 29，No. 4，2005.

［5］ Jane Cho，"An Evaluation Plan for Korean University Libraries to Revitalize Academic Resource-sharing"，*The Journal of Academic Librarianship*，Vol. 33，No. 4，2007.

［6］ J. Hylén，"Open Educational Resources: Opportunities and Challenges"，*Annals of Thoracic Surgery*，Vol. 80，No. 3，2006.

［7］ Rachel Heery and Sheila Anderson，"Digital Repositories Review"，http: //opus. bath. ac. uk/23566/. October 11，2011.

［8］ Allison Littlejohn and Anoush Margaryan，"Cultural Issues in the Sharing and Reuse of Resources for Learning"，*Research and Practice in Technology Enhanced Learning*，Vol. 1，No. 3，2006.

［9］ Sally M. Johnstone，"Open Educational Resources Serve the World"，*Educause Quarterly*，Vol. 28，No. 3，2005.

附　　录

附录1　安徽省应用型本科高校联盟章程

行知章程

http：//gxlm.tlu.edu.cn/：安徽省行知网.

2011 - 1 - 15/2011 - 10 - 14.

第一章　总则

第一条　联盟的名称

本联盟全称为"安徽省高校（部分）联盟"（以下简称高校联盟）。

第二条　联盟的性质

高校联盟是经省教育厅同意成立、各有关院校自愿组成的校际合作组织。

　第三条　联盟的宗旨

本联盟以贯彻落实科学发展观为指导，以践行陶行知先生知行教育思想，培养适应社会需求、知行统一、人民满意的高素质人才为宗旨，以构建我省高校（部分）交流与合作平台为基础，遵循"优势互补、资源共享、互惠互利、共同发展"的原则，深化高等教育改革，优化资源配置，实现开放办学，联合打造我省高校（部分）战略联盟共同体，推进我省高等教育科学发展，着力提升办学效益与竞争力，主动适应、服务和引领经济社会发展，为繁荣安徽高等教育事业，推动安徽高教强省建设步伐，实现安徽奋力崛起做出积极的贡献。

第二章　联盟的工作

第四条　积极探讨全省高校（部分）交流与合作的有效途径，科学制定联盟发展规划和实施方案，共同创建示范性应用型本科院校。

第五条　制订联合培养学生计划，实行校际学生交流。

第六条　建立开放的学科专业和课程建设体系。

第七条　搭建统一开放的教学资源共享平台。

第八条　组织开展校际科研合作，提升科研整体水平。

第九条　合作开展教材建设。

第十条　组织开展信息技术合作，共建信息服务平台。

第十一条　推进国际合作办学项目和资源共享。

第三章　成员单位的权利和义务

第十二条　成员单位的权利

1. 具有参加由联盟组织的各类活动的权利；

2. 对联盟工作有参与、批评和建议的权利；

3. 具有利用联盟相关信息平台获取信息或开展相关业务的权利；

4. 根据需要，相互签订具体合作协议；

5. 享有自愿加入、退出自由的权利。

第十三条　成员单位的义务

1. 遵守联盟章程，执行联盟决议，积极完成联盟委托的工作；

2. 秉承联盟的宗旨，积极参加联盟的各项活动；

3. 向联盟提出建议，提供有关资料。

第四章　联盟的组织机构

第十四条　成立高校联盟管理委员会，管理委员会由联盟高校党委书记和校（院）长组成，主要负责制订合作办学计划，领导、组织和促进各院校间的合作，协调处理合作办学中出现的各种问题。联盟管理委员会设主任一名，由承办联席会议的院校主要领导轮流担任，至下一次联席会议召开时自然卸任。

第十五条　高校联盟管理委员会下设秘书处，负责日常管理、协调和服务工作，秘书长由联盟高校管理委员会主任指定。同时，联盟管理委员会下设教学、科研、学生等工作协作组，主要负责落实管理委员会的计划与设想，开展合作办学的具体组织实施工作，各协作组由联盟院校有关部门负责人组成。

第十六条　高校联盟管理委员会每年召开一次联席会议，各协作组每学期召开一次会议。

第五章　附则

第十七条　本章程由高校联盟联席会制定、解释和修改。

第十八条　本章程自安徽省高校联盟第一次联席会议通过之日起开始生效。

附录2　重庆市大学联盟章程

重庆市大学联盟章程（审议稿）

http：//jjh.cqu.edu.cn/dxlm/：重庆市大学联盟网.

2011－10－15.

第一章　总则

第一条　重庆市行政区域内的部分高等学校以促进相互间合作和发展为目的，发起成立《重庆市大学联盟》（以下简称联盟）。

联盟的名称：

中文名称：重庆市大学联盟

英文名称：UNIVERSITY ALLIANCE IN CHONGQING（缩写：UAC）

第二条　联盟发起单位

重庆大学、西南大学、中国人民解放军第三军医大学、西南政法大学、重庆医科大学、四川外语学院。

第三条　联盟的性质

联盟是为实现资源共享、优势互补、互惠互利、相互促进、整体提升目的而由重庆市行政区域内的部分高校自愿组成的、非营利性的、非法人的大学联合体。

第四条　联盟的宗旨

本着自愿、平等、合作、发展的原则，在联盟成员之间建立起一种长期的互惠、互利的合作关系，充分发挥和利用联盟成员学校的特色和优质办学资源，开展互补性合作，提升各联盟成员的教育质量、办学水平与社会声誉，实现联盟成员的可持续发展。

以合作促进资源共享，实现优势互补，引领和促进区域高等教育发展，提升区域高等教育竞争力和影响力，为重庆成为西部乃至全国的教育高地，提升区域和国家创新能力做出贡献。

通过区域大学联盟的方式，推动联盟成员以合作的态势积极参与竞争，探索高等教育改革与发展规律，构建新制度，以共同解决高等教育改革与发展中出现的新问题、满足新需求，为中国特色现代大学制度建设做出贡献。

第五条　联盟依据《高等教育法》等法律法规的规定开展各类活动，接受有关业务主管单位的业务指导。

第六条　联盟的住所地在重庆市。

第二章　组织机构及职责

第七条　联盟成员学校为高等学校单位

第八条　联盟设立理事会，为联盟最高权力机构；理事会成员由联盟学校校长组成，理事长由联盟学校校长按照理事会确定的顺序轮值担任，任期一年。理事会每年至少召开两次会议。理事长可以召集临时会议。

第九条　理事会的主要职责是：

（一）制定和修改联盟的章程及联盟内部的管理制度。

（二）审定联盟工作计划。

（三）审批新成员的加入。

（四）筹备、召开联盟理事会会议。

（五）领导所属机构开展活动。

（六）决定联盟的其他重大事项。

第十条　联盟设立执行委员会（简称执委会），各成员学校指定一名副校长任委员，执委会主任委员由重庆大学推选一名副校长，报理事会批准并聘任。

执委会接受联盟理事会的领导，指导、协调有关成员高校开展工作；就有关联盟的章程及联盟内部的管理制度的修改建议向理事会提出报告；负责联盟的财务预算管理；并准备联盟年度工作报告；拟定理事会会议议程等。

第十一条　联盟下设秘书处。秘书处为联盟日常办事机构，由执委会领导。秘书处设在重庆大学。

秘书处成员由联盟高校有关部处领导组成。秘书处设秘书长一名，工作人员若干。秘书长由重庆大学指派。

秘书处具体负责联盟的办公日常事务和管理工作，联盟年度工作计划的实施，联盟财会工作，联盟的文字、档案工作等。

第十二条　联盟的共同事务，需经所有成员同意后方能生效，对联盟的共同文件中的保留条款，成员学校可在申明"无责"条款后签署。

第三章　合作领域

第十三条　制度建设

探索中国特色现代大学制度建设、现代大学办学理念，以先进的理念指导成员学校和联盟的发展。促进联盟成员学校之间管理制度创新和管理经验的交流、借鉴。

第十四条　学科建设

加强联盟成员学科之间的合作，实现优势互补或优势相长，促进各优势学科更好发展。推进成员学校学科建设互补发展，提高学科建设的统筹协调能力。依托各成员学校优势，通过共同建设研究中心、学院等，促进交叉和新兴学科建设。

第十五条　人才培养

促进学生尤其是研究生在成员学校之间的跨校交流与培养，加强成员学校研究生招生工作的协调。联合建立创新人才培养基地，开展拔尖创新人才选拔培养与试验。联合开展教改研究与教材建设，实现市级以上精品课程资源的协同开发与共享。建立联盟内部学工系统及学生组织间的常态联系机制，联合组织学生开展生产实习、毕业设计、社会实践与校园文化等活动。

第十六条　队伍建设

推进联盟成员间的教师兼聘制度建设，促进跨校授课、跨校指导学生等，实现优质师资共享。联合开展教师招聘与培训工作，联合共聘高水平研究人员与教授，推进教师资源共享。

推动联盟成员之间管理干部的交流，选派优秀管理干部相互挂职锻炼，不断提高干部队伍的管理水平和业务能力。

第十七条　科学研究

联盟成员的国家重点实验室、省部级重点实验室等优势科研平台在联盟内部实现开放。以联盟成员的优势科研领域为支撑，联合共建研究中心。建立联合科技攻关机制，联合申报和承担国家重大研究项目或国际科技合作项目。鼓励和支持校际间院系和教师广泛开展学术交流与技术创新联合攻关；联合举办各类高端学术论坛及系列讲座，努力提升联盟成员的学术氛围与学术水平。

第十八条　社会服务

联合建立多学科组成的高端智库和开放式研究机构，积极参与重庆区域经济社会改革与发展建设，为重庆市实现"314"部署总体目标提供智力支持和决策服务；聚焦国家及重庆改革与发展中的重大战略主题，围绕急需解决的重大理论与实践问题，坚持产学研合作，联合开展核心理论研究和关键技术开发；联合推动国家级大学科技园建设，完善重庆高等学校技术市场，促进高校科技成果转化，增强联盟高校融入和服务地方经济、科技和社会发展的能力。

第十九条　国际交流与合作

推动联盟团体（成员）与国际知名大学建立合作交流平台，积极参与国际学术合作与竞争，联合聘请高层次外籍专家，提高引智效益。协调来华留学生招生工作，加强留学生培养管理等方面的合作。整合盟校力量，积极参与汉语国际推广，实现优势互补，资源共享。

第二十条　公共资源共享与共建

积极推动联盟成员之间的图书文献、实验设备、信息资源等的共享与共建。推进联盟成员之间医疗、体育等资源共享，相互开放校园。

第二十一条　联盟的合作内容包括但不限于以上领域。

第四章　合作方式

第二十二条　联盟鼓励成员学校之间开展多种方式的合作，联盟部分成员学校之间可以签订双边或多边合作协议。联盟成员之间协议不得出现针对任何成员学校的歧视条款。

第二十三条　在遵从联盟宗旨的情况下，联盟成员学校有权利与联盟外其他学校签署双边或多边协议，在不损害该成员学校自身核心利益的情况下，相关协议产生的利益应在本联盟学校间分享。

第二十四条　联盟成员学校在获得理事会同意的情况下，可以以本联盟名义对外签署合作协议或申请政府和社会支持。

第五章　成员权利与义务

第二十五条　联盟成员享有下列基本权利

（一）监督和质询联盟的工作，对联盟的工作提出意见与建议；

（二）参与联盟的各项重大事务和日常活动；

（三）自愿加入、自由退出本联盟；

（四）其他符合联盟章程规定的权利。

第二十六条　联盟成员应履行下列基本义务

（一）遵守联盟章程，维护联盟的合法权益；

（二）执行理事会的决议、决定；

（三）缴纳联盟规费，并根据理事会、执委会会议决定提供一定的经费；

（四）积极主动配合联盟工作，保证工作的正常开展。

第六章　加入与退出

第二十七条　重庆市行政区域内的高等学校都可以自愿申请成为联盟成员，但须承认联盟章程，愿意履行联盟成员义务，并经联盟成员一致同意后方可入盟。

第二十八条　联盟成员可遵照相关程序自愿申请退出联盟。联盟成员有违反本章程的行为或不履行成员义务的，经理事会表决通过，可以劝其退出联盟；

第七章　经费

第二十九条　联盟经费主要来源于成员学校缴纳的规费。联盟通过各种渠道争取多方支持扩展经费来源。

第三十条　联盟的经费使用严格按照《重庆市大学联盟经费使用管理办法》执行。

第八章 附则

第三十一条 本章程未尽事宜或有关条款的修改，由联盟执委会提出补充或修改意见，报联盟理事会会议审议通过。

第三十二条 本章程经联盟理事会会议表决通过后生效。

第三十三条 本章程的解释权属联盟理事会。

附录3 关于高等学校教育资源共享问题的访谈提纲

受访者基本信息：

所在学校：＿＿＿＿＿＿＿＿＿＿＿＿＿＿＿

学校层次＿＿＿＿＿＿＿ （A. 985　　B. 211　　C. 部属　　D. 省属　　E. 市属）

学校性质＿＿＿＿＿＿＿ （A. 公立　　B. 民办）

所在院系：＿＿＿＿＿ 职务（或身份）：＿＿＿＿ 性别：＿＿

1. 您认为什么是高校教育资源共享？它的内涵是什么？

2. 您对于高校教育资源共享的态度如何？是肯定、否定还是持中立态度？为什么？

3. 您认为高校教育资源共享的好处或者是意义有哪些？

4. 您认为当前我国高校教育资源共享的现状如何？存在哪些问题？

5. 您所在学校的共享现状如何？您自己有没有参与过资源共享的行为？都是哪些？效果怎么样？为什么？

6. 当前我国高校之间似乎存在许多竞争，您怎样看待竞争与共享之间的关系？

7. 您认为制约高校教育资源共享实现的主要障碍是什么？

8. 现在民办院校也有了一定程度的发展，您认为民办院校与公立高校之间能够实现共享吗？为什么？

9. 您认为"重点高校"与"普通高校"之间能够实现共享吗？为什么？

10. 前面提到了民办高校与公办高校、重点高校与普通高校等，不同产权（既包括学校产权也包括教育资源的产权）会对教育资源共享产生影响吗？为什么？能够产生哪些影响？

11. 有人提出通过收费的方式来解决高校之间的资源差异，您认为这个方法可行吗？为什么？

12. 对于共享的效果您认为需不需要对其进行评价？如果需要评价，那么应该由谁进行？怎样实施评价？

13. 您认为现阶段应当如何实现高校教育资源的共享？

附录4　关于高等学校教育资源共享问题的开放式问卷

亲爱的老师和同学，

您好！首先非常感谢您抽出宝贵的时间接受我们的问卷调查。此次调查的目的在于了解目前我国高校教育资源共享中的一些相关情况，为进一步推动共享的实现提供参考。

本调查采取匿名的形式，调查的结果和数据只作为研究之用。答案无对错之分，请仔细阅读题目后按照您的真实情况作答！这可能需要花费您较长的一些时间，希望您能够认真作答，谢谢您的合作！对于研究结果您如果需要的话可以跟我们联系，我们也很乐意提供！

辽宁师范大学教育学院　×××

邮箱：×××××

基本信息：

所在学校：_____

学校层次_____（A. 985　　B. 211　　C. 部属　　D. 省属E. 市属）

学校性质_____（A. 公立　　B. 民办）

所在院系：_____职务（或身份）：_____性别：____

教龄：____

1. 您认为什么是高校教育资源共享？它的内涵是什么？

2. 您对于高校教育资源共享的态度如何？是肯定、否定还是持中立态度？为什么？

3. 您认为高校教育资源共享的好处或者是意义有哪些？如果您认为有不利的地方，请说出有哪些？

4. 您认为当前我国高校教育资源共享的现状如何？存在哪些问题？

5. 您所在学校的共享现状如何？

6. 您自己有没有参与过资源共享的行为？都是哪些？效果怎么样？为什么？

7. 当前我国高校之间的竞争比较激烈，您怎样看待竞争与共享之间的关系？

8. 您认为制约当前高校教育资源共享实现的主要障碍是什么？

9. 现在民办院校也有了一定程度的发展，您认为民办院校与公立高校之间能够实现共享吗？为什么？

10. 您认为"重点高校"与"普通高校"之间能够实现共享吗？为什么？

11. 有人提出通过收费的方式来解决高校之间的资源差异，您认为这个方法可行吗？为什么？

12. 对于共享的效果您认为需不需要对其进行评价？如果需要评价，那么应该由谁进行？怎样实施评价？

13. 您认为现阶段应当如何实现高校教育资源的共享？尤其是您认为应当如何激励那些资源优势的高校积极参与资源共享？

附录 5　访谈样本分布

编号	身份	访谈时间	访谈方式
01	某大学图书馆信息咨询部主任	2011 年 11 月 14 日 8：50 至 9：45	实地访谈
02	某大学教育学院资料室资料员	2011 年 11 月 15 日 9：00 至 9：50	实地访谈
03	某大学教育科学学院教师，讲师	2011 年 11 月 15 日 15：00 至 16：00	实地访谈

续表

编号	身份	访谈时间	访谈方式
04	某大学师范学院教师，副教授	2011 年 11 月 16 日 14：30 至 15：30	实地访谈
05	某学院学生处科员	2011 年 11 月 17 日 17：50 至 19：20	网络在线访谈
06	某大学马克思主义学院教师，讲师	2011 年 11 月 18 日 14：30 至 15：20	实地访谈
07	某大学物理与材料工程学院教师，讲师	2011 年 11 月 19 日 15：00 至 15：50	实地访谈
08	某大学师范学院院长，教授	2011 年 11 月 22 日 13：30 至 14：30	实地访谈
09	某大学教育学院教师，教授	2011 年 11 月 23 日 14：00 至 15：00	实地访谈
10	某大学物理系实验员	2011 年 11 月 24 日 12：30 至 13：20	实地访谈
11	某大学学科发展规划处（高教研究所）处长	2011 年 11 月 29 日 8：00 至 8：30	实地访谈
12	某大学教务处学科教育中心主任	2011 年 11 月 30 日 15：50 至 17：00	实地访谈
13	某大学教育学院副院长，教授	2011 年 12 月 1 日 14：30 至 15：00	实地访谈
14	某大学教育科学学院副院长，副教授	2011 年 12 月 5 日 8：30 至 9：00	网络在线访谈

附录 6　访谈记录 1（高校图书馆信息咨询部主任）

访谈 1：

受访者：张主任（Z）　　　　　性别：女

受访者身份：某大学图书馆信息咨询部主任

访谈者：研究者本人（Y）

访谈时间：2011 年 11 月 14 日 8：50 至 9：45

访谈地点：某大学图书馆信息咨询部

Y：您认为什么是高校教育资源共享？

Z：我觉得现在从我们工作角度来讲，说教育资源共享主要是，我理解，所有的纸质资源和电子资源，在高校之间应该是可以免费利用的，或者是可以无偿获取的，这种传递之间产生费用。

Y：您刚才提到无偿，那您认为高校教育资源共享应该是无偿的还是需要收费的？

Z：绝大多数应该是共享的，收费是不可避免的。因为有一些资源它是有特色收藏的，它不可能完全，照我的理解，不可能完全共享。

Y：那这个地方就涉及一个问题，现在有人提出通过收费的方式来解决高校之间的资源差异，您认为这个方法可行吗？为什么？

Z：通过收费方式啊，现在就是说只要这个平台允许的话，我觉得它这个应该是可以建得起来的，因为从咱们学校这个教师和学生的需要来说，他如果说搞一个课题需要这个东西，他现在这个费用恐怕是次要考虑的，他首先看这个资源能不能获取。

Y：如果说需要收费的话，您对这个收费有什么建议或要求吗？

Z：收费现在是这样，如果说有一个平台搭建起来，在这个平台之内产生的费用读者自己负担的话，这个恐怕还可以。但是如果说在构建这个平台的时候需要花费的费用，这个困难恐怕就比较大。

Y：就是平台建设的费用需要……

Z：需要投资。

Y：但是建完之后读者这块可能需要一个比较低的费用。

Z：对，我觉得读者的态度应该是可以接受收费的。

Y：好，下一个问题，您对于高校教育资源共享的态度如何？是肯定、否定还是持中立态度？为什么？

Z：我们当然是非常支持，比如说就咱们学校购买的有限的电子资源来说，作为我们服务的人员来讲，只要读者给我们提出申请来了，我们有的时候甚至都不管他是校内还是校外的，我们希望我们所有的资源提供给所有的读者服务，因为既然买来了，就最大范围地发挥它的效用，不希望它在这儿（笑）我们把着，等等，谁也不能用。

Y：您认为高校教育资源共享的优势有哪些？

Z：高校啊，因为高校服务的群体比较固定，范围也比较大，然后利用率相对来说特别高，所以说在这个圈子里如果说教育资源共享的话，它的投入和效果应该是比较相当的。

Y：它的投入和效果您是指？

Z：比公共馆。

Y：哦。

Z：比公共馆要强的，强好多。

Y：比普通的市馆或省馆要高？

Z：对，那些我们统称叫作公共图书馆。

Y：还有吗？

Z：没有了，这是我最大的感触。

Y：您认为共享对于资源相对比较少的高校来说意味着什么？

Z：其实我觉得，在国内提出资源共享的话，实际上最受益的就是买不起多少资源的那些读者所在的单位。你像咱们国内许多比较著名的学府，它的读者服务，包括电子资源、文献传递啊和资源共享都要做得比较好一点。这样呢全国的各个高校都要上它那儿获取资源，它实际上我理解的是有一种公益性质或者就是为了带动这个行业，它起了这个作用。我觉得对那些资金比较缺乏的单位会有好处。

Y：您所说的这个好处是？

Z：就是满足高校利用需求的一部分。比如说咱们学校跟 LG 大学相比，那么咱们学校就属于资源比较匮乏的，他们就有一部分职责或功能要给咱们提供好多途径让你获取一部分资源，或者说它在地区之内把这个工作铺开，由它来带头。

Y：那这又涉及一个问题，像 LG 大学这样资源丰富的高校它会不会跟咱们这样的高校共享？

Z：现在，怎么说呢，我们没有具体研究过这个，但是咱们学校，我们经历过，就是说，当你要加入一个数据库，给我们提供你们的资源，这样的话别的高校可以检索，然后它通过整合这么多高校的资源，它从中加入其中去赚钱，所以很多高校就接受不了，也就是说，实际上你是在用我的资源生财，我们就不愿意，所以咱们就没加入。

Y：您能具体说一下吗？

Z：你比如说，咱国内有搜索平台，那么搜索平台的话它有好多，你有时候能看到它收入了好多成员馆，那么成员馆的话就需要把自己的馆藏信息提供给人家，所有利用这个平台的人能够检索到，检索到呢就有一个文献传递的职责，那么咱们就没加。

Y：为什么呢？

Z：咱们就认为你实际上在用我的资源赚钱，有好多高校会有这个顾虑，尤其是经济实力差的。

Y：那么对于资源相对丰富的高校来说，资源共享又有什么好处呢？

Z：你比如说 LG 大学，它在整个大连地区或者说东北地区，它是 CALIS（中国高等教育文献保障系统，China Academic Library & Information System，简称 CALIS，是经国务院批准的我国高等教育 "211 工程" 总体规划中两个公共服务体系之一，笔者注）的成员，它是什么什么的牵头者，那么它在这个界内的地位肯定是要高的，首先它的职称要有比别的高校高出来的科研队伍，需要利用的人群要比其他地方要好一点，本身就证明它一个地位在那儿。

Y：您所说的这个地位是指高校的地位还是高校内部教师等的地位？

Z：这个东西是相辅相成的，学校的地位好，教师的素质高，那么资源呢给人准备的就要多了，嗯，首先是个地位的问题。再有呢，它确实能够发挥它在各个学科领头的作用，对它来说它的作用发挥得会更大。

Y：还有吗？

Z：我觉得在经济允许的话高校还是愿意去牵这个头。

Y：允许是指？

Z：有经济实力的，现在如果说你想做到资源共享，需要投入。

Y：您认为推动高校教育资源共享的动力有哪些？

Z：现在从我们服务人员这个角度来说，希望能体现这份工作的价值，在这个服务工作中体现人的价值，这是我们的角度。要是高校的话它资源共享的话还是，首先它有一个社会责任，肯定是的，虽然说高校这个范围比较狭窄，但是能把高校这个群体服务好就很不错了。

Y：您认为当前我国高校教育资源共享的现状如何？存在哪些问题？

Z：从我们的工作服务体会来讲，咱们国内资源共享应该是，感觉还是初级阶段，就是刚刚起步。实际上在真正的获取资源的过程中，比如说教师，除了在学校自购的数据库使用之外，他基本上都要依靠我们来进行文献传递啊，就是说在真正开放获取的免费资源很少很少。我们现在行业内部比如说在图书馆界有很多比较前沿的理论家在国外吸取的理论就是如何进行开放资源的建设，现在真正称得上开放的、免费的，很少很少。也就是说一个链条根本就没建起来，从出版环节一直到最后使用。

Y：你所在学校已有的共享有哪些呢？表现在哪些方面？

Z：实际上咱们现在怎么样叫共享，对它这个概念有一个认识。你说共享，比如说咱们的电子资源，咱们是从数据商手里买过来的，那么只服务于本校的用户，那外面的人是用不到的，那这个能叫免费吗，这个不是免费。实际上真正免费的就是有一些，你比如说，在有些学术搜索上能搜索到一部分学术文章，它给你提供全文，有部分是全文，有部分是只提供前多少页。所以说我们这儿真正意义上的免费资源几乎没有，除非是我们有自建数据库。

Y：那有没有收费的共享？

Z：这个是有的，这个我们跟其他高校是一样的，就是接待你到馆来，或者是网上申请，这我们都是接受的，但是前提是网上需要扫描（指图书资料的扫描件，笔者注），这个费用是不可避免的。

Y：这个您是指？

Z：网上提取的，因为咱们资源没有数字化。

Y：像馆际互借这些都有是吧？

Z：这些都有。

Y：都是收费的吗？

Z：对。

Y：这个费用怎么算啊？

Z：这个费用呀，涉及这个费用，我们也研究好长时间，各个高校都是不一样的，也是相对保密的，你在网页上（查询）或者是询问，基本上都是不公开的，因为各个学校的标准差不太多，但是不公开。

Y：那咱们收的这个费用如何处理呢？也就是这个费用是做什么

用途呢？

Z：实际上收的这个费用都是作为馆内经费，但是我们这边是这样的，我们现在给人搜索，教师是免费的，因为咱们学校为了推进文献传递，让大家都来利用这个服务，所以我们专门拿出了一部分资金，每年负担教师这部分费用，再加上每年有很多数据是有优惠期的，大家都纷纷利用这个优惠期都去查一些资料。实际上我们真正收取的费用寥寥无几，就是有的学生偶尔会需要那么一篇写论文的东西啊才收费，非常少的。

Y：咱们学校的共享一般体现在文献传递、馆际互借这块，还有别的吗？超出图书馆之外的也可以。

Z：现在我们经历的就是比如说咱们学校的老师，如果需要其他高校的东西，那我们会给他提供一些途径，应该也是收费的，除非是一些私人关系。

Y：费用多少就是自己定了，是吧？

Z：对。

Y：当前我们国家高校之间的竞争非常激烈，您怎么看待竞争与共享之间的关系？

Z：原来说一个学校看它的档次要看它的图书馆的藏书，现在这个还是一个指标，你比如说高校本科教学评估，这还是一项，现在电子资源也加在里面。因为这一块它作为一个衡量标准它是固定不变的，还是在那里边，是一项重要指标。所以说如果高校之间竞争激烈的话，那这一块工作它肯定也得往上提。

Y：我问得更细一点，您认为竞争与共享能不能共存？或者是竞争对共享是起到阻碍还是促进的作用？

Z：我觉得应该会有促进吧，比如说现在有好多学术界的会议经常提到资源的获取问题，如果说一个高校它在这方面或在业界处于一个好的位置，那么它肯定是互相促进的，就是说我有一个榜样，在国内，尤其是在国内，它需要一个领头的，如果说整体水平上去的话，必须有那种先出来的人，所以这个肯定是有促进作用的。

Y：您认为制约当前高校教育资源共享实现的主要障碍有哪些？

Z：我感觉高校这块缺少整体的组织，比如说，大概是去年吧，省里有一个项目是要建东北地区还是辽宁省内的一个资源共享的平台，实际上在南方有部分区域都已经开始了，前一段时间开会，就讲各个地区一块一块分割，也要以政府的名义来搭建这个平台，到现在为止我们都很着急，就是想知道这个具体到底怎么办，然后我们积极想加入，但是现在这个平台还没形成，就是说什么，我们在等着，有人来牵头来做这个。如果说这个是国家级项目的话，那么从国家的角度就要统筹安排好，这样各个学校才能，你不能老是各自为政，这样割据的状态啊永远也不可能真正实现共享。现在最期待的就是先把这个区域内的共享平台搭建起来，然后才能实现全国范围的共享。

Y：您所说的区域内是指大连市或辽宁省，是吗？

Z：对，去年省里好像就有这个意图，我们一直在关注这个事。

Y：这是第一个障碍，还有吗？

Z：再有就是经费了，肯定是经费的问题。这个平台即便建立起来，各个高校它还存在，因为各个高校都有年度经费，它肯定是要不断地去购买电子资源的，然后再放到平台上去共享，如果说这部分经费跟不上去的话，那么平台搭起来，往里填充的东西也是很困难。

Y：就是说，即使建起来了，没有后续资金的支持它的运行也是十分困难。这是第二个，经费，还有吗？

Z：还有，我感觉，这一点也比较突出，就是好像在教工，少数教工和绝大多数学生的心里，还没有真正地对这个有个概念，也可能是咱们这个档次的学校是这样，其他高校不是这样，这都有可能。就是咱们的教师和学生的共享的理念比较淡薄，不是特别熟悉，或者说是现在还没有提起这个兴趣，关注点还没过来。我们有时都很纳闷，就觉得如果说这么多教工要搞科研，一个是在检测技术上不熟练，没有人过来寻求帮助，真正过来的几个老师，你问他，我们就了解到，大多数的教师都是这种状态，就是对这方面的关注不够。其实在资源共享这方面，公共图书馆现在比高校要做得好，比如说首都图书馆，任何人进去都可以马上获得证件，然后就可以免费的用，甚至其他的高校图书馆或其他任何图书馆给它发申请，它们参考咨询部的主任当时给我们介绍时就说，只要有人有需求，那都是非常高兴的，因为咱们都意识到咱们国家是属于一个初级状态，就希望把这个搞上去，所以只要有申请来，不管他是大陆的还是海外的，是高校馆还是普通用户、社会上的群众，都是非常热心地接待的，当然它是有费用的，那个就另说。

Y：现在咱们国家民办院校发展很快，您认为民办高校与公立高校之间能否实现共享？为什么？

Z：如果说真正的平台要是搭建起来，当然我现在不知道，因为它有很多成员馆，你要提出申请加入，我不知道它在这方面有什么限制，如果说真正的平台起来了，应该不分什么公立、民办的，如果再有这个框框的话，那就不叫资源共享了。

Y：您认为"重点高校"和"普通高校"之间能否实现共享？为什么？

Z：实力比较差的高校它当然是极力地想去共享，但是作为它们（重点高校）我觉得还是有所保留的。

Y：您为什么这么说呢？

Z：比如说，同样推介一个数据库，web of science，理科相对用得非常好的一个数据库，它们就眼皮都不眨，就买了。那么我们就是左听右听，觉得真好，其中的小子库也很好，但是都非常昂贵，我们买不了。我们就希望是不是有一部分功能可以给我们用一用，都是这么希望的，但是 LG 大学不一样的，虽然有的数据库不限什么并访数，但是呢也是人家校内的资金购买的，所以说真正的要是打破这个概念，就可以了。

Y：你刚刚提到的校内资金，是由于它们自己的所有资金购买的，所以这个东西就是他们的产权，是吗？

Z：当然了，现在数据上推广的产品就是这样，你一个小单位购买了，就给你这个小单位这个权限，它就是这样。将来这个平台构建，如果申请加入的话，现在还没提出来，会不会说对加入馆根据它的等次，根据它的实力会有一个不同级别的资金投入，是不是真的是由政府出资搭建一个免费的平台，这个我现在还不确定。

Y：您刚才提到加入馆的等次、级别，是不是可以理解为，共享的时候，比如 LG 大学，它对共享的对象是不是会挑一下？比如选择跟我实力差不多的，是不是有这样的考虑？或者说它可以跟也是"211"、"985"的高校共享，但是跟咱们学校这个层次的学校即使共享可能程度会很低或者是有什么限制，是不是有这样的考虑？

Z：从我这方面讲，应该是这样。比如说我们电子资源团购也是一个区域内，那时候是由 LG 大学牵头，那么它出资占绝大多数，比如说占 60%、70%，那么其他小馆可能分摊 17%、18% 等，然后一起用这个资源。这个就是团购的一种方式。那么在将来搭建平台的时候是不是跟这个差不多。

Y：为什么要团购呢？是为了分担资金吗？

Z：对。

Y：假如 LG 大学牵头，出资占大头，其他学校分摊，那么其他学校之间的这个比例是怎么划分的？

Z：其实没有固定的，但是约定俗成的就是按照每年的购书经费，可能那个是个参考值，就是购书经费的多少，其中以每年用于电子资源购置的经费是多少，是按这个比例，我估计是按这个来的，然后再加上馆长之间的协商。

Y：咱们学校现在有这样的团购行为吗？

Z：那是在咱们刚刚资源电子化的时候，刚刚有电子资源的时候，那是 90 年代初吧，有过这样的举动，后期呢这种团购就再也没有过。

Y：为什么后来就没有了呢？

Z：这个我也不太理解，可能刚起初的时候大家对这个认识都比较肤浅。

Y：您认为应当如何激励资源丰富的高校积极参与资源共享呢？

Z：现在是如果说能有什么共建项目的话那应该没问题。

Y：您说的共建项目是指什么？

Z：比如说学科之间内部的合作啊，或者是图书馆之间的协作，总之你要联系起来，要有一个联系的纽带。

Y：还有没有别的办法？

Z：其实别的办法也都是可以归结到这个上面。我们现在经历的这些，比如在图书馆之间有很多研讨会，然后还有资源利用方面的探讨，这些也都是一种途径吧，必须在两个馆之间找到一个兴趣点在一起，如果光是这样各自为政的时候谈这种共享，那是很难的。

Y：我可不可以这样理解，除非是政府或上级主管部门有一个命令或者政策要求怎么怎么样，如果是自发的就得有一个结合点，是这样吗？

Z：其实像这种命令呢基本上不会有，即便是从政府那边出来也就是说有一个机制，要求你这样，要不然也限制不了。

Y：不同的产权，包括学校的产权以及资源的产权，对教育资源共享会产生什么样的影响呢？

Z：资源共享有两个内容，一个是收取费用的，一个是不收取费用的，如果说特色资源，比如说各个馆有古籍，那么这些古籍作为各个馆的收藏特色尤其是有一些还是镇馆之宝的，它可以实现数字化，但是也可以获取，但是肯定是会收费的，我觉得这个都不影响它作为一个开放资源，就是在获取有没有资费上面有区别。比如说像现在大连市馆，可能是政府那边有要求吧，它把所有的古籍都数字化了，全部数字化，只要是它的馆藏，你在网上都可以搜到，但是有一些善本，它就是要收费的，或者说提示你到馆才可以获取，而不提供在网上浏览。但是这个应该说它也是开放资源。

Y：还有别的影响吗？

Z：实际上如果把收费这块控制住了，就可以解决产权的问题了，你比如说像数据上这块，它的里面收录的那些文章都是购买的产权，它购买的产权实际上就是说资费是落在用户利用电子资源这个环节上，那如果我们不经过数据商，只是自己有这个产权，那么直接就可以不产生资费，其实是一样的，只不过少了一个中间环节。

Y：您认为对于共享效果需不需要进行评估或评价？就是说需不需要有一个评估或评价机制？

Z：当然了，现在连电子资源的使用在各个馆内都有评估，因为它涉及采购这些方面。如果说这个平台搭建起来的话，这个是必需的。

Y：如果需要评估，那么您认为应该由谁来执行？

Z：我觉得这个应该就像我们行业内部有一个统计，从省里下来的，每年都有一个各个指标的统计，基层单位的统计结果按各项填好之后，它应该有一个总体的吧，由他们决策部门来进行。

Y：您认为共享的评估应该怎样实施？应该注意哪些方面？

Z：如果参照那种年终的那种统计数据的话，它应该在里面列出来多少项，包括资源提供方、资源使用方，包括获取的成功率，还有所有相关的方面包括资金的注入等，这些都应该是列入在里面的。每年的服务量是个重要指标。

Y：您认为应当如何实现高校教育资源的共享？从哪些方面去做，比如说政府应当怎么样？高校自身又当如何？社会应当怎么样？

Z：如果这样的话，牵涉的方面就太多。首先，作为一个最起点的地方就是资源的拥有者，资源是从哪儿来的，比如说各个杂志，各个杂志社，它首先得有个态度，就是我愿意参加这项行动，牵涉到它恐怕会牵涉到经济利益，这是肯定的。高校这方面一个是意识最重要，然后，包括像我们这种服务人员，包括使用人员、用户，他都必须有这方面的素养或者有这个意识。还有就是国家需要一个，既然你是属于一个初级阶段，需要引领全局，需要有一个导向。

Y：这个引领或导向具体是指什么？比如说是否需要出台这样的规章制度啊什么的？

Z：实际上现在吧，上升到法律的高度的很少很少，所以说涉及这种的，现在只能以制度出现吧，可能在这制度里面多数还是需要一种思想动员的那种吧，因为现在毕竟还没成形嘛。

Y：资源共享中社会这块需要做什么吗？

Z：可做的现在只能说是，现在连高校办学都需要集资，那在这方面不知道会不会有这种愿意在文化产业中起到点作用的社会力量的集资。你比如说咱们这个学校就曾经遇到过好多次，校外的读者，就是普通市民，他都会过来问，我能不能用你的资源，那咱们现在的普遍共识是，我们是为学生提供的资源，因为生均的指标它都有要求的，所以我们拒绝开放，那么社会上现在恐怕，也是信息社会了，我估计有这种需求的人会越来越多，这个实际上也推动了社会资金的注入。

Y：可不可以这样理解，如果我们老是这样拒绝对他们开放，会不会打击他们投资高校教育资源的积极性，或者是咱们能够面向社会开放，他们会更乐意向高校投资？

Z：对，这正反都是成立的，应该是这样。但是现在基本上所有的高校都是拒绝的态度，这个很难，即便是在国外，我觉得也是这样，除非它的开放资源做得比较好的不会有这个需求，正是因为咱们现在做得不够，而且高校里面资源又比较集中，所以他们才会这样提出要求的。

Y：那您认为高校拒绝开放的考虑是什么？一个是生均指标这块，除此之外还有什么？

Z：还有管理的问题。实际上对于我们来说，也挺害怕开放的（笑）。

Y：为什么呢？

Z：还是觉得管理上会很困难。再有，因为各个高校都有侧重点，咱们的收藏主要是对高校的科研人员、教师、学生等专业人员，需求上有差距的。

Y：就是说高校的图书馆和普通群众的需要可能不太一致？

Z：对，高校图书馆的藏书可能专业性更强，不太能满足普通群众的需求，比如说公共馆那就可以了，但是现在公共馆还是比较少，要是按人均算的话，人均图书量和人均占有的那种图书馆使用面积那就太可怜了，所以说需求满足不了。

Y：最后你对高校教育资源共享还有什么想说的吗？

Z：我们是从业人员，肯定是希望共享实现得越早越好，我们希望我们的服务有更多的人受益。实际上如果真正的共享实现的话，我们在文献传递这方面基本上就应该没有任务量了，而是转向到学科服务，但是现在我们的重点还是在文献传递方面，就是仅限于给你提供"物"的层次上，因为老师们对我们的要求还仅限于这方面，他首先要解决的就是我这资料没有了我才会想到你，他并没有想到下一步，就是说，当我资料很完整、很容易获取的时候，我还需要从大量的工作里解脱出来，需要提供学科服务。现在我们还涉及不到这块，就是很难开展。

Y：您说的学科服务是什么意思？

Z：比如说你吧，要研究某一个方向，假如你有需要的话，我们可以根据你的研究方向选定一些主题，我们去给你筛选资料，那么你就会省去很多基本工作。真正的学科服务是一项很专业的工作，需要研究你的学科，需要研究你的兴趣点，哪个地方对你有帮助，那么我们就会第一轮把贴近你的资料给筛选出来，然后慢慢靠你工作的实质。其实像清华、北大这样的图书馆它们有专项服务，不用多，一年开展几个课题，这个对老师的帮助都是很大的。现在我们即使想做也做不起来。

Y：好的，谢谢您！（完）

附录 7　访谈记录 2（高校教师）

访谈 4：

受访者：王老师（W）　　　　　性别：男

受访者身份：某大学师范学院副教授

访谈者：研究者本人（Y）

访谈时间：2011 年 11 月 16 日 14：30 至 15：30

访谈地点：大连市沙河口区万科城市花园

Y：您认为什么是高校教育资源共享？它的内涵是什么？

W：资源共享那肯定是指的是两个以上的学校之间互通有无、优势互补，这个基本上就是我理解的共享的含义，当然它的目的性很强了，为了教育，为了很好地育人，而不是为了挣钱，它可能跟那种比如说公司合并的可能还是有不太一样的含义。

Y：您对高校教育资源共享的态度是什么样的？是肯定的、否定的还是中立的态度？

W：我当然是同意，基本上是同意。因为就是说在教育不均衡的情况下，各个学校之间拥有的资源不一样，而对于那种资源比较少的学校的教师和学生来讲，对他们来讲处于一种劣势，如果说有些高校它资源有过剩的，或者说有哪些能够，怎么说，在共享的机制上能够使资源发挥最大的效率的，那当然是最好的，我们一般来讲，资源是稀缺的，但是如果在已有的机制上，在现有的局面上它能够最大地发挥，那当然是更好的，共享就是指的它能够尽到它最大的效果。

Y：那您认为高校教育资源共享的好处在哪里？

W：当然对于资源劣势的学校来讲它可能好处更多一点，现在各个高校不管是从国家政策方面讲还是资源的禀赋上面来讲，高校的资源实际上它处在一个很不均衡的状态，比如说咱们国内的高校，"985"高校、"211"院校、省属的、地方属的，实际上它的资源差距是很大的，像我所在的学校就不能跟你所在的学校比，是吧，包括师资这方面，包括一些资料这方面，比如说文献资料等各方面，这些东西因为投入不一样，拥有的就不一样，那我们想得到的东西可能是得不到的，那如果有一些兄弟院校同意资助，愿意跟我们分享，那当然对我们发展是很好的。可能对那些资源优势的学校来讲，分享本身对它可能没有直接的好处，但如果说，在某种分享机制下，资源劣势的学校它愿意为此承担一点，或者是说回报一点东西，那可能会更好一些。那我觉得，共享这个东西不仅仅是存在这两个，资源好的和资源劣势的两个学校，还有互补的那两个呢，对于两个互补的学校来讲，它资源就是一种，共享它就是一种相互之间，是一种共赢的，所以说对双方来讲都是有益的。

Y：这就涉及一个问题，就是所谓的"重点高校"和所谓的"普通高校"之间能不能实现共享？

W：可以实现共享，现在实际上国家重点的那些"985"院校啊它们实际上现在已经做了，国家现在有几个，包括文献资料中心，我也不了解这个东西是高校自发做的还是由教育部那边可能有什么东西在起作用，但至少现在它们已经做了，就是像北大、武大，好几个"985"院校，它们的比如说文献资料库有选择地向我们这些学校的老师开放，像北大的图书馆，它有很多的文献是直接跟国外是有交流的，而这些文献呢它是最新的，像我们这种学校根本就拿不到这种文献，然后它们有了以后呢，就通过图书馆这个平台，就是说允许地方院校的图书馆跟它的图书馆之间建立起一个通道，然后它定期，比如说你可以向它预订，你通过 google 或什么查，查询知道有这么个东西以后，但是你拿不到，拿不到怎么办，你向它预订，它看完了以后觉得值得给你或者什么的给你，它就会通过 e-mail 等方式把那个东西发给你。

　　Y：是不是和现在图书馆之间的馆际互借、文献传递挺类似的？

　　W：就是，这个东西有可能也有是盈利公司所做的，我也不知道具体的机制，有一个好像叫作开世览文，它好像是一个平台，这个平台呢就是把高校的，就是好的、教育部直属的、"985"院校那些图书馆都弄进来的，这个东西不知道是我们学校跟它之间有什么样的，比如说经济上的一种承诺还是什么，反正就是我们享有的这些资料就是通过申请以后是免费的，但是图书馆与图书馆之间是一种什么合作机制我们不知道。但实际上这也是一种共享，因为就是说校内人本身你享受不到，只通过你校内的资源你肯定得不到的东西，而人家给你了，至于是付费还是不付费，它至少要是付费我估计它也是有一种，肯定也是优惠的，是吧，尤其是这种文献资料，如果说它馆藏的资料只给它们老师有，从这种智力资源上讲，它也没有发挥它最大的优势，假如说我们有些老师拿到这些东西，然后多人分享以后，可能这个东西就是对文献仁者见仁、智者见智，它从不同视角去看这个问题，可能就会发挥到这种文献资料的最大的研究价值，可能也是为了促进学术交流啊或者是学术发展这方面考虑，开世览文它可能是一个实体，这个实体它在做这样的工作，它可能是起到一个中介的作用，然后它可能也通过这个流量来获取某种收益也不一定，但至少对于老师来讲，对于学生比如在读的研究生来讲，他想拿到一些外文的资料，就能得到，要不然得不到，你上网去查，查到的都是付费的，而且付费挺高的，但是从它那里你申请了以后，你拿到的是一种免费的，我觉得这是挺好的。

　　Y：下一个问题，您认为推动高校教育资源共享的动力体现在哪些方面？

　　W：你所说的动力是指？

　　Y：或者说怎么样推动高校参与共享、促进共享的实现？

　　W：我觉得处于资源劣势的学校来讲，它本身就有一种发展，自身谋求发展的动力，这个动力是它为了生存，它自身会产生的一种动力，就是有这种需求，这种需求是内在它自己的，它当然渴望得到。但是就是说对于那些资源优势的学校来讲，它愿不愿意跟你分享，愿不愿意给你，它这种动力它可能有两种，一种是经济回报的动力，另外一种就是一种道德上的，比如说会基于某种理念，比如基于一种学术自由，资源开放、共享的这种理念，实现这个资源的最优化，可能有，就是说，一般来讲作为大学来讲我觉得，作为一种学术共同体，它本身就有一种，具有共享的一种，因为它是学术圈嘛，它本身就具有一种共享的性质，比如说咱们开学术会议的时候，在学术会议上的这种研讨、对话，它实际上就隐含了某种共享的东西在里面，分享嘛，而且这种分享也是一种免费的，在这里面没有任何人收你费用，不能说我今天给你做一个报告，完了我就收一部分钱，对吧，开学术年会，作为一个共同体，这种共同体之间对话，这种对话是一种免费的对话，这种对话可能对于资源优势的学校来讲，它可能有一种什么，比如说，它可以获得一种声誉，就是说它作为资源的流出单位，它本身就有一种，类似于我们说的这种名校的效应，我什么样的学校称之为名校，或者是所谓的一种真正的优质的大学，那我肯定是生产资源，就是说我能够为你提供资源的，能生产知识这方面的，就是说资源是源源不断从我这里提供的，原发的东西从我这里出去，然后你是消费者，而我是提供者，当然我就有一种名校的东西在里边，可能就是说像 BD，比如说 BD 我能够源源不断地为你提供很多很多东西，但它也相应地从对应学校得到了好处，同时也体现了 BD 它作为一个龙头老大的一个价值和地位，可能也能实现这样的东西。

　　Y：就是说它作为资源提供方来说它自己会有一种……

　　W：自我实现，有一种自我实现。就像美国的常春藤大学，它为了吸引人才，它愿意无偿的，甚至它会倒贴一些东西，为什么，它这么做，实际上就体现了一个学校的那种博大精深，可能是这样。只有一个学校能够提供一些别人所需要的东西，它的价值才能体现。

Y：这个动力还有别的吗？

W：当然如果能卖到钱那更好，能够体现知识产权、知识的价值，当然是最好的。尤其是说在咱们现在高等教育市场化那种形式下，高校它获得一些资源也要靠它通过一种付出和努力才能获得这些资源，它要是完全免费给你提供，它有时候可能也会得不偿失，如果能够既能得到名声，而且又能够得到这种经济的回报，当然是更好的。

Y：这就涉及一个问题，就是说现在有人提出通过收费的方式来解决高校之间的资源差异，您认为这个方法可行吗？为什么？

W：通过收费只能说在一定的程度上能够缓解这种差异，但是资源差距它不可能是通过收费、完全收费的方式来解决的，它不可能。因为收费意味着一种市场的交换，在交换中它同时存在着竞争，竞争过程肯定会有一些优胜，就是说肯定会分层的，就是说通过一种我们说完全自由的竞争而不是人为控制的一种竞争，它肯定自身会自然产生一种层次，就像美国的常春藤大学一直到一般的社区学院，它就是在市场经济当中生成的，这种生成的东西是一个很自然的东西，对吧，正是因为它这种层级的存在，也使得学校它永远保持着一种要发展、要谋求发展这种不懈的动力，然后它再追求，然后它才渴望得到一些资源，来发展自己，这种竞争也使得交换成为一种可能，我觉得我拿钱去得到这些资源对我的发展应该是有好处的，然后我才有这样的动力，要不然的话，大家都是吃大锅饭的，谁也不想，谁也不谋求这种发展，那资源多与少好像对我没有利益，大家都吃大锅饭的对吧，旱涝保收，那就没有那样的动力了。我觉得自由竞争的自然结果就是说它肯定也会有层次，而且，有层次的存在才产生了一种不断地谋求发展的动力的可能，而且呢也是因为这种层级的存在，才有资源的提供者和需求者，要不然完全平等的，我跟你都一样，一个模式的，大家都一样的，那两个学校之间就不需要共享了，就是说你有的我也有了，而且咱俩之间不相上下，没有什么好分享的，对吧？每个学校都通过竞争了以后形成自己的独特的优势，而这个优势呢就使得学校都有个性，不同个性之间它可以交换的，你要是说大家都一样，它就没法交换。

　　Y：这也就涉及一个问题，当前咱们国家高校之间的竞争似乎比较激烈，您怎么样看待竞争和共享的关系？

　　W：我觉得咱们国内高校的竞争不是很激烈。

　　Y：为什么这么说？

　　W：它这种竞争不是一种自由竞争，然后学校的那种生存的压力不是很大，倒是什么压力大呢，就是来自于行政上的那种东西，那种压力比较大，比如说像 BD 那样的学校，它不存在着生存的压力，它只存在着什么样的压力呢，上面行政有赋予它的那种职责，那种压力，它对国内高校不会像防敌人似的、防竞争对手那样去防，而它只需要什么呢，在教育部那边，把教育部那边给拢住，或者说实际上 BD 它也不需要这种，它实际上现在已经取得了某种学术上的权利，它这种地位已经巩固了，包括教育部上的某些决策，是受它的影响的，它会影响行政这一块来巩固它的地位，实际上咱们高校之间不是属于那种竞争状态，而是处在一种垄断状态。

　　Y：您这个高校的垄断状态具体是指什么？

　　W：所谓垄断状态就是说比如说资源分配这一块，比如说学术资源的分配，对吧，学术资源分配是掌握在，比如说是教育部手里，但是教育部是通过什么方式来分配的呢？通过专家评审的方式来分配的，而专家却都是出自这些优势的学校，对不对，然后他们拥有了这些学术权力以后，他们在分配资源的时候，他是什么啊，他是优先分配给自己的学校，等到最后残羹冷炙了，然后才分给底下的那些。底下那些没有，就是说你在上面没有学术权力的那些学校，对它们来讲好像存在着某种竞争，对不对？就是说谁都没有上面有人，那就是凭着实力去竞争了呗，但是对上面的学校来讲，它不是这样，而且它们这个权力一旦获得了以后，它就会像什么，类似于世袭制，比如说一个学部委员在 BD 产生之后，下一次它基本上还是在 BD 产生。

　　Y：就像是有一个路径依赖，是吧？

　　W：对，路径依赖。它这个东西不可能会让给别的学校，这样的话，这种权力基本上处于一个非常稳固的状态，你根本不可能有人跟它竞争，不能说像公司那种竞争，今年好像你是老大，明年突然就会冒出来一个什么东西来就比你强，这个东西你就不好说，但是高校这种情况几乎不太可能。

Y：那您刚才所说的这种情况，对共享能产生什么影响吗？

W：它对共享产生的影响就是它在，它实际上共享就是处在一个非自主的一种状态，就是说不是一种平等互利的共享的状态，就是说，我 BD，实际上我对你底下不指望什么，钱我有的是，对吧，你又没什么东西是我没有的，相反，我有的东西你没有，对吧，你可能会有求于我，在这种情况下共享很可能会产生某种障碍，就是说需要资源的人希望你比较开明一点，但是你呢是不是开明就取决于你这个人的道德，对吧，我可以开明，也可以不开明，没有任何机制说我不开明就不行，没有这样的一个机制，它实际上就是这样的事。所以，给我的感觉就是咱们高校与高校之间的那种真正的共享这种局面还没有建立起来，大多是来自于某种责任，上面某种要求，或者说教育部的一种统筹，对吧，某种共建，政府层面来统筹的一种共建，要求你，比如说像扶贫那种项目，它就不是来自于做慈善，对吧，我自愿地去帮助你，而是政府的这种项目，你这个地方，比如说我们大连市跟云南某个地方实施共建，共建是政府自上而下的一种行为，对吧，然后这个共建过程当中当然就有分享了，是吧，我派老师去给你讲课，做多长时间，等等，所以我们现在所出现的共享大多数属于一种扶贫状态，就是自上而下的扶贫。

Y：就是说有行政指派、行政压力下去做的，但是高校自发的还很少，是吗？

W：唉，对，还很少有，很少说是强势学校主动来找弱势学校，说我来帮助你，咱们兄弟学校共同发展那种，很少。而同等学校，比如说 QH、BD 之间，它们也很少有那种分享的那种机制，它们更多的是一种相互竞争，对不对？

Y：就是说同一层次，都是"985""211"的所谓的"重点高校"的话，它们之间的竞争意识反而更强，共享的意识比较单薄？

W：对，就是不平等学校之间的共享它也不是一种完全自发的那种。

Y：就是说需要一种外界的、政府的力量去推动。

W：对。

Y：那您认为您所在学校的共享现状是什么样的？存在哪些问题？

W：我们学校现在从老师这个层面能够得到的一些共享的资源就是数据库，也许因为网络本身就具有共享的性质吧，能向老师开放的，其他的校际合作，好像也听说过有一些，比如说签的一些合同，横向的一些项目，那么这种横向项目当然就有一种合作共享的因素在里边，对吧，但是这些横向的东西，目前遇到的比较少，另外一个，即使是横向的合作，那肯定也是你这个学校里面某一个部门、某一项上面，确实是很不错的情况下，才有可能别的学校跟你合作，要不然的话不会有人来找你合作的。像我们师范学院没有硕士点，对吧，在整个兄弟院校之间也没有太强的优势，它就不会来找你，对吧，相对来讲，它可能会找一个在某一方面比较有优势的，比如说辽宁省新进的高师培训这块，所有的新进的教师都要经过教师培训，然后才能够入职，对不对，像东财啊、海事大学啊、理工大学啊，它们是没有培训能力的，教育学培训基本上都在像 LS 啊、SS 啊这样的学校，那像这样的老师它当然不会去想 DL 大学的教师培训，对吧，这说明你还得有一些东西你能够为别人提供什么，人家才会前来找你。

Y：您认为制约当前咱们国家高校教育资源共享的主要障碍有哪些？

W：我觉得障碍可能更大的一个层面就是高校的办学体制这方面，咱们现在的高校啊它不是一个独立的市场的主体，它有一个更大的"婆婆"——政府这一层面，来管着它们，而且来养着它们，它的生存和发展主要靠指望政府来提供，而不是靠市场去谋求，在这种情况下，它就缺乏了一种什么动力呢，缺乏了一种自主去获取资源或者是到市场去获取资源，谁有，我就找谁，是买还是说跟别人合作，用共赢的方式来谋求发展，而它更多的眼光是向上。

Y：等着？

W：不是等，而是打报告或申请，或者说是游说、公关，这样的，或者是说它实际上也不是游说和公关，实际上它更多是利用已经有了的一种权利资源，当上边，因为教育部、政府有一些经费的划拨也好，或者什么这个政策也好，在制定的时候，它首先想到的是它们，而且它们也参与了，它们实际上就参与了一些政策的制定，游戏规则由它们来定，那么它们实际上就是不需要向市场上去谋求，它只要利用手中的权力它就能得到它所想要的，当然国外的一些东西它得不到，它要靠买，但是在国内现有的资源下，它能够得到最大的这一块蛋糕，就是这样。当然要是从国际交流与合作的方面，它当然就得在国际上去竞争，但是它，你像 QH、BD，它参与国际竞争，它也不是靠自己的努力，它靠的是国家的政策倾斜，比如说，国家给钱引进人才，给政策，对吧，这些方面，都是，包括一些项目，投入的一些项目都是有针对性的，都是对校而不是对什么的，这样的一种方式，这样它自然就拥有了很多很多的资源，它都不需要跟兄弟院校分享。对国外资源的这种共享它也缺乏这样的动力，为什么呢，比如说我，如果我是 BD 的法人代表，我在位就这么几年，我把学校办得再好，我能收入得好？不像大老板似的，我把这个公司弄上市了，我的身价、我的各方面市值升值了以后，我个人的资产一下子提升了，我就会有这样的动力，对不对。那我都当上 BD 校长了，我再怎么折腾我也不能当国务委员是吧，就是说作为个人的收益方面它可能没有太大的动力，而相反它会更保守，我希望我在任期间不要出事，我出事了以后，职给我抹了，然后还揽下一堆臭名在后面，所以它会更保守，所以它不会有那种很开阔、开放而且那种创造性的意识去利用各种各样的资源来发展，比如说斯坦福的"硅谷"，"硅谷"的形成就是人家那个学校是独立的办学主体，就是"硅谷"之所以能发展起来，就是因为高校跟商界之间形成了一种良性的互动，实际上也是一种共享，高校通过把这些企业弄好了，然后高校获取大笔回报，经费各方面的，另外还有一些办学基地、研究基地，而且能够使成果迅速地转化，它能够有很大的受益，这是一个独立自主办学的主体，它是有这样的动力，那咱们的学校，你要办一个什么事你还要打报告，还要审批，对吧？这是一方面，另外就是弄好了以后，自己受益不大，但是风险要自己承担，你说谁会干这样的事？所以说这个机制不是很鼓励人们用开阔的眼界、开放的眼光、开明的态度来自主地去寻求校际这种合作，而相反地，我只要在上面保住我这个地位，我就可以了。所以现在存在一种"挤公共汽车"的原理，先上车的人不让后面的人上车，基本上是这种情况，像现在申请学科这个点，为什么后面越申请越难，前面随便就给了，后面越申请越难，因为前面上了那么多了以后，它实际上就是分了一碗羹了，对吧，后面上的人越多，羹越分越少，只有有了点的人才能成为专家，而这些专家要评你，评你后边的人上还是不上，专家们等他上了以后，他就使劲踹，你别上，你上来不就分羹嘛，这就出现这样的问题。实际上它靠的不是一种自由竞争的方式来获取资源，它靠的是一种权力，依靠权力来获取资源，所以它不可能有那样的意识。

　　Y：这是大的方面，办学体制这一块，还有别的障碍吗？

　　W：从教师个人来讲，一个大的体制下，教师的个人行为是理性的，在既定约束的条件下，个人行为肯定是理性的，当一个老师，如果是学术比较自由的情况下，他能够通过自己的智力和努力，他能够通过这种学术自由竞争的方式来获取自己的学术地位的时候，那么这个老师呢他从个人的方式去寻求资源的动力是很强的，但是如果这条路已经很窄，而且有些资源的东西已经被垄断的情况下，他无论如何怎么努力都无法改变自己的这种状况的话，那么他获取资源的这种方式就完全不一样了，他这种动力就完全不同了。比如说，我要想发表文章，我自己觉得写得很好，但是人家刊物偏偏不要，说你要拿钱来才给你发表，这是一个方面，另外一个，这个刊物可能他已经是一个知名度很高的，在各个高校都承认它是一个什么样的、哪一个级别的刊物，然后这个刊物也是靠的这些有级别的专家来维护的，所以它每期都要定期地接受这些专家的稿子，而这些稿子一占有这些版面之后，它就没有太多的空间去给普通的老师，那这样的话你发表一篇文章确实很难，你做科研的动力就不足了，你的科研成果很难体现出来，然后积极性就会受到打击，就是说我做也是那样，不做也是那样，那我干吗要费那个劲呢，对吧。但是呢，从基层学校来讲，就是说底层的学校校长跟高层学校的校长他是不一样地，高层学校的校长它是比较保守的，而基层学校的校长它是比较积极的，或者说他是有压力的，他压力是挺大的，为什么压力大呢，因为他不管是办学、专业建设还是学科建设等各方面，这些学校都不行，他想在任期间他能够通过他的努力把学校弄上去，这个努力除了利用学校的钱去跑点之外呢，他得靠这些老师有成果，一方面老师要有成果，另一方面学校要拿钱去公关，做两方面的工作，所以这个底层学校的领导呢他说我尽量去公关，但是前提条件是你必须有成果，所以他会给基层的老师施加一些压力，教师的这种压力就很大，而在这种压力下的研究跟那种凭着学术的兴趣，就是说我有这种学术的爱好，我喜欢做学术，和我为了完成某种任务去做学术那是大不一样的，前者他是有不懈的动力，没有任务我也会做，而且这种做的东西更有价值，更有创新性，而为了完成任务的，可能那种创新的价值并不大，就是急功近利嘛，所以在这种情况下，基层的老师呢实际上他的动力不是来自于自觉地这种做学问的爱好，而是来自于一种行政上的压力，尤其是职称哪、级别这些方面，卡得很死，但是在大的学校，我听说评职称很好评，越是底层老师评的时候越难，这也是一种资源的，因为上面的学校它可以自己定，比如说我有教授多少个岗，我可以自己定，你底下的学校多少个岗多少个岗那都是给你规定好了的，名额都给你定死了，所以你不光要有成果，还要熬年头，对吧，熬到那些人退休了，腾出一个岗来才轮到你，像那些年轻老师，就是在等待当中消耗嘛，我再努力也没有用，没有岗，没有岗就得等，等到有岗了才行，所以这就使得这些老师，如果不是迫于那种什么情况下，他也没有主动地猎取、谋求资源，实际上从高校与高校之间分享的机制来讲，现在很多大学的图书馆哪它都开放了，比如说咱们需要 BD 的图书馆、BSD 的图书馆，比如说我是 DL 大学的老师，我想去 BD 图书馆查资料、上 BSD 图书馆查资料，可以办临时的阅览证，也可以借阅、可以复印，完全没有问题，就是说如果老师个人有这样的动力的话，实际上这方面的障碍是没有的，但是为什么老师没有去做呢，关键是我费那老劲值不值得，我要去北京一趟，我掏钱、找人去弄那些资源，但是弄了一堆没有意义的东西，没有回报，我做完了以后既不能满足我的学术爱好，同时又没有带来好的经济回报，你说谁有这样的动力去做。

Y：就是说他要考虑一个成本。

W：对，任何事情都要考虑这个，肯定是我觉得做了以后对我有很大的好处，然后我才愿意付出那么大的成本去做，要不然我就在自己已有的条件下堆吧堆吧就行，我干吗要费那劲。

Y：您所谓的高层与底层就是"重点大学"与"普通大学"的意思，是吗？

W：就是说在中国现状下应该是这个意思。

Y：下一个问题，现在咱们国家民办院校也有了一定程度的发展，您认为民办院校与公立高校之间能不能实现共享？原因是什么？

W：民办高校当然是有这个动力的，但是说公办院校有没有这个动力，我估计从学校这个层面它不会有动力，但是从教师层面它是有这个动力的，比如说人才的共享，它可以通过私人的渠道，我民办学校可以偷偷聘请你 BD 的老师去上课，只要你给足够的钱，就可以去了，而且在这方面制度上没有阻碍，一个老师他不坐班，上完课就走，至于我在外面兼职，兼什么样的职、干什么你管不着，对吧，就是说民办高校如果说它周边有很多名师、名校，它当然可以利用这些资源，这个人才所在的高校是没有办法阻挡的，腿长在人身上，肯定是有这方面的，但是，关键是民办学校的经济实力能不能支付得起这些资源，这是很关键的，因为民办高校它就是靠市场来生存的，是吧。

Y：咱们刚才也提到了一些"重点学校"，那您认为咱们应当如何推动这些学校参与共享呢？

W：我觉得"重点大学"的资源如果要开放的话，这个开放谁来做，它必须要落实到个人，你不能是我说开放就开放，比如说图书馆开放，不是我说你开放你就开放了，那开放了增加了管理员的工作量，这个工作量谁来承担，做任何事情它总是会带来一些负担，或者额外的一些投入，不是我已有这些资源了，就是好，没有其他花费的情况下就可以完全做到这一点，所以现在高校资源共享为什么没有动力，一个是因为它这方面已有的利益已经既得了，这是没有动力，另外一个方面，它要做共享的话，实际上又带来一个额外的工作量、工作负担的问题，要靠人来做，我就这么多人，原先这些活呢是一个萝卜一个坑去做的，然后现在又额外加了一个工作，比如我们要接待外面的来访，或者我们要专门派一些人负责网上的信息的传输，或者是我们要弄一个专门负责兄弟院校之间的联谊和合作，等等。实际上在过去没有这个事的情况下，这些人、这些萝卜、这些坑已经定了，而现在你要加入一份职责，加入这份职责还是原先这帮人在做，那么在这方面，人是有一种惰性心理的，对吧，凭啥又让我做这个，我的本分工作就是这些，你又给我这，那你多给我钱，如果不能多给钱，那就必须要多设一个岗位，又要加入一些人来做，加入这些岗位不仅要加大投入，同时又要加入管理的成本，所以说，凡是没有独立自主办学的学校来讲，像这种事情做起来都很麻烦，因为什么，只有独立自主办学的，它要进行自己的成本核算，自己的收益权衡了以后，来决定这件事情做还是不做，不是独立的呢，它无所谓成本和收益，它是人的关系沟通的问题，这个钱也不是我自己掏，由国家来掏，我这个事去做，然后政府一看，你做这个事还这么麻烦，我又要给你 BD 又增加一把，那么这个财政怎么划拨，原先财政预算高等教育这块蛋糕这么大，这块已经切给你了，现在我需要做这个事，我又额外要切一把，要重新做一下预算，这是很麻烦的事，从这个方面来讲，我们这个体制本身就有一种惰性，这种体制惰性下，人是没办法根据市场需求和变化来主动地去寻求各种方面的资源和合作的，而如果学校独立自主了，它有这个权利，也有这个动力去做这件事，要是没有它就没办法去做这个事了。

Y：咱们前面也谈到民办院校和公立学校，还有"重点高校"和"普通高校"等，像它们这种不同的产权会对教育资源的共享产生什么样的影响？这个产权咱们既包括学校的产权也包括具体的教育资源的产权。

W：产权当中最核心的部分就是占有和收益，就是说这东西是我的，非常明确，是我的，不是别的，是一种排他性占有，这是非常关键的，如果没有，这个方面不明确，那么就相当于产权主体不明，主体不明就会产生责任不明，责任不明就不知道是谁的，谁来做这个事就不知道，就会造成资产、资源的消耗、浪费、流失。那么，产权的收益权呢，能产生什么呢？能产生一种动力和约束力，就是说这个事做了以后，盈了是谁盈，得了是谁得，输了是输谁的，这是非常关键的，它就产生一种激励和约束的功能，就是产权本身有这个，如果这个东西是我的，我怎么支配、我怎么做，我都要根据这个资源的收益情况来定，我觉得这个事值得做，风险很大但是收益也很大，我为了更大的收益我赔一点，但是我有一个预期，收益很大，我有足够的动力去做这个事情，即使输了我也认了，因为输的是我的，赔的是我的，我会有动力，而且也会积极主动去做，而且会小心翼翼地去做这件事情，所以我会把这个资源利用得很好，不会浪费，卖出去多少，无偿提供多少，这些我都会进行计算，对吧，我可以通过比如说组合、捆绑式的，我免费给你提供这些，但同时你要有偿付这些，你要想得到这些免费的，你就必须跟我买这些，实际上从总体收益上我还是大的，所以我会非常精心考虑我怎么去经营这些东西，就是产权它有这种激励和约束，我为了得到我有动力，我害怕损失我又小心翼翼地去做，我要对我拥有的这些东西负责任，所以我会做得很小心，但如果没有，那就不好弄了，没有就是收益不归我，我就没有动力，损失不是我的，做起来我就会很不负责任，对吧，反正这个事就是这么弄了，管它效果怎么样呢，我也不管，那这样的话肯定是不利于你所说的要达到资源共享、优势互补，达到资源最佳的配置状态，它是不可能的，做不到这一点。

Y：下一个，对于共享的效果您认为需不需要对其进行评估或评价？

W：共享的效果评估没有第三方评估，只有自己评估，就是说我这么做了，到底是好还是不好，没有另外一个人能够评估，因为好与不好只有我自己知道。

Y：您说的是现在的一个状态啊还是说就不应该有第三方评估？

W：就是应该自己承担，就是说独立自主办学的，它做还是不做、赔了还是盈了，都是自己来承担，就是收益也是我的，损失也是我的，有钱难买我乐意，我愿意这么做对吧，那你在旁边说呀，对吧，第三方无须发言。因为人呢有些收益的东西他是主观性很强的，比如说我拿两千块钱去发表一篇论文，你在旁边说，不值得，但我觉得我值得啊，你怎么知道？你旁边的人不可能能够准确做出判断，只有我自己知道，我付出多少，回报多少，我自己心里有数，那么什么条件下能做到这一点呢，高校之间为什么能做到这一点，高校必须独立自主，自负盈亏，它才能做到这一点，要不然的话，不是自负盈亏的情况下，怎么评估，没法评估。

Y：最后一个问题，您认为当前我们应当如何推动高校教育资源共享？

W：实际上，我觉得这个东西用推动去共享，推动就是用一个外在的力量去推动它，让它去共享，这个说法可能有点别扭。应该是什么呢？如果高校之间真的想产生这种共享，它需要解决一个问题，就是动力的问题，如果它愿意去共享，它就会去共享，不需要别人去推，强迫它去共享，或是要求它去共享，那么怎么样它才有呢？它就是一个解决自主权的问题，它只有自己能够做决定，它才能够会根据它的需要去做出决策，而不是从一个外在的，我站在一个更高的层面说，我为了教育的整体发展，你们高校之间应该共享，这是不太可能的。实际上我们说凡是人做的事情，都要落实到具体的实体身上，你要么就是个人，要么就是法人，就是一个独立的实体身上，没有抽象的一个，比如说从教育的整体出发，那是一个很抽象的东西，要落实到一个主体身上，这个主体要么是人，要么是自然人，要么就是法人，只有这两个才有行为能力，而且有责任，这个责任谁承担，就是这个实体来承担，没有实体就不行。

Y：您对高校教育资源共享还有什么要说的吗？

W：我觉得资源共享，现在，怎么说呢，这个问题我觉得不需要从一个宏观政策层面去思考这个问题，需要额外地去制定某一个方面的政策，而需要做的是一种什么呢？做减法，不需要做加法，不需要加上一个什么，就是说专门为这件事情的实现要研制、制定某方面的政策，而需要的是一个减法，这个减法是什么呢，是减去捆在高校身上的一些束缚，然后高校它在这种独立自主发展过程当中，它会自然而然地寻求合作、寻求交易，寻求分享的或者是共享的机制。比如说我办一个公司，你也办一个公司，我们俩需不需要联合，不需要什么政府，公司与公司之间一定要加强联合，然后做大做强，不需要，没有这方面的那啥。但是，我为了竞争和生存的需要，我觉得跟你合作，我们两个能够实现优势互补，会更好，在市场竞争中更有利，那我就会寻求合作。如果这种合作共享的东西没有必要，那我就不会去做这样的事情，这些都是自己根据情况做的。所以我觉得这个东西需要做一个减法，就是说我们要研究的是哪些因素捆绑了高校的手脚，只要把这些东西给剔掉就行了，而不需要专门去做一个关于促进什么什么共享的一个方面的政策或什么东西，这个好像是最重要的。

Y：好的，谢谢您！（完）

附录8　访谈记录3（高校二级学院院长）

访谈8：

受访者：庞院长（P）　　　　　　性别：男

受访者身份：某大学师范学院院长

访谈者：研究者本人（Y）

访谈时间：2011年11月22日13：30至14：30

访谈地点：某大学师范学院院长办公室

Y：您认为什么是高校教育资源共享？它的内涵是什么？

P：高等教育资源呢我觉得就是包括人、财、物、信息这么几个高等教育能够支配的基本的资源，那么高校教育资源的共享我觉得应该是在一个主体或几个主体的共同协调和支配下，共同使用这些资源，共享应该是这样。

Y：您对于共享的态度是什么样的，是肯定、否定还是中立的态度？

P：共享肯定是肯定的，因为什么呢？现在实际上我老觉得在我们国家这个高等教育资源方面的研究、实践和政策没有达到一个很好的程度，你比如说美国，应该是市场经济国家，实际上它对高等教育资源的深入思考比我们要多，比如说它现在有一个案例，就是60年，现在在国际高等教育里边，发展规划和资源共享搞得比较好的一个就是 60 年的美国的加州高等教育发展规划，当时呢美国高等教育发展也很混乱，高等教育资源呢也出现了很多无序的状态，当时呢加州高等教育州政府和议会出台了一个加利福尼亚州高等教育发展规划，它为了实现高等教育资源共享，它设置了一个什么呢？就是说资源配置的蓝图，意思是什么呢？就是高等教育要分类发展，各司其职、各行其是，当时呢建立许多州立的研究型学校、州立大学，就是说高等教育资源按照各自不同的职责和任务进行分配，当时呢它都是冠了什么名呢？比如说州立大学什么什么分校，像加州大学伯克利分校，加州大学洛杉矶分校等，它主要是解决什么问题呢？就是说在这个分校过程当中，按照一种不同的规划来进行资源共享，比如说州政府拨款，包括一些设备、包括各种资源，按照它一种不同的设计进行拨款，然后进行一种计划性的配置，这个在美国也应该是一个奇迹，在国际上也是非常奇迹性的，避免了各个学校的资源的重复设置和各行其是。共享在美国现在搞得应该是比较好的，在我们国家呢曾经试图也想过要搞共享，当时 HS 大学我在的时候，曾经你像一些部委的学校，当时像 HS 大学、LG 大学和 DBCD 啊想合并成一个大学，主要问题是什么呢？想解决共享问题，但是它里边有一个重要问题在哪儿呢？就是它的利益主体不同，沟通协调不畅，你想当时选 HS 大学和 LG 大学主要是什么呢？一个是山上、一个是山下，当时很多的专业设置啊包括实验室都是重复的，甚至包括图书馆，体育设施、体育场馆，假如说当时建设成一个的话，我想，在中间设立一个公共的图书馆、体育设施、实验室就可以达到我要共享的目的，但由于什么呢？这个隶属关系不一样，所属的体制不一样，在这里边呢协调起来就是非常难，后来不是没有合并嘛。HS 大学和 LG 大学当时部委不办学，都变成教育部的学校，教育部的学校当时呢就是同样是一个学校应该是一套配置，这样的话呢属于两套配置，当时就想给合到一起，但是后来因为各种原因呢没有结合，所以 HS 大学也留在交通部里边了。现在学校我们也有这个问题，就是共享，但是共享最主要的问题我觉得在哪儿呢？就是这个管理体制和运行机制的制约，就是这个隶属关系问题协调不好。

　　Y：您所说的这个隶属关系是指什么？

P：隶属关系你比如说学校的办学主体到底是什么，你像大连这块，LS 大学和 JT 大学都是属于辽宁省的学校，我可以在一定程度上统一规划，可以共享。假如说 HS 大学、LG 大学和 DBCD 它们就是三个体制，LG 大学是教育部的，HS 大学是交通部的，DBCD 和 HY 大学属于辽宁省的，很有可能就是我拨款，我购买这些设施、实验设备，那么我隶属于不同的部门，我在这些使用、评估，我走不同的渠道，这样的话由于部门体制的不同、办学主体的不同，可能影响到共享的一种实际操作问题，比如说我交通部的，我投入的一些设备，那么肯定我主要是在交通部的里边实现共享，但是假如说我交通部投入的一些经费、资金和实验设备，我可能让教育部的高校来共享，那就类似于今天的一个评估问题，就是管理权限的问题，这个可能是一个很大很大的问题。所以共享可能应该是在同一个办学主体的范围内可能操作起来比较简单，但是这个呢可能是要求我们在某些机制上要进行一些探索，但恰恰是我们在这方面探索不够，你比如说 LS 大学和 JT 大学这一块，现在它们都是辽宁省的学校了，假如说要是实现共享的话，比如说实验室放开，打开图书资料，打开的话，两个学校在办学主体上可能一些障碍可以排除，我都是辽宁省的学校，我辽宁省这块比如说相近的实验室我可能设置一套，然后这两个学校呢同时用，但是呢这里边可能在办学的这种机制方面需要进行改进、改革，比如说隶属关系是怎么来处理的，配备的实验设施和图书资料的管理权限到底是谁，这个可能要打破现有的机制和体制，现在的体制和机制或者是属于 LS 大学的，或者是属于 JT 大学的，这个对它的管理权限是不一样的，那么假如我共享的话，这个是属于中间的平台，归谁来管理，怎么来对它进行统一的维护，统一的跟踪的管理，可能这是个问题。

Y：您刚才提到这个主要的障碍是隶属关系、管理体制这块，还有别的障碍吗？

P：另外一个障碍就是评估这块，评估对于学校办学成果和成绩的考核，现在评估问题是量化指标比较多。我举个例子，主要是理工科反映比较大，比如说实验仪器设备，实际上很多理工科的话它的实验仪器设备和科研成绩、科研成果是成很大正向关系的，像我们学校现在进了一套很好的设施，你实验仪器设备比较高端，做出的实验成果可能比较精细，但是评价你学校这块比如你出多少科研成绩啊、科研专利啊，甚至出多少科研论文哪，是考核你这个学校很大的量化指标，那么可能就造成什么呢，我向你这个学校投，管理权限在我，那可能我这个部门的一种保护特别严重，因为我假如说我通过这个实验室我做出了很多成绩，那是我的办学成果，那假如说让你经常使用了，那你的办学成绩就上去了，好像对我这个学校就不是很有利，因为我们现在要考核的这个办学成绩啊、评估啊，量化的、外显的指标比较多。

Y：还有别的障碍吗？

P：其他的障碍就是一种人员之间的沟通问题。现在实际上有一些联合办学，相同的办学主体和不同的办学主体实际上也在实现联合办学，有的也是合作得挺好。像我们现在计算机啊、机械和 LG 大学联系很好，和它的实验室是互通有无的。

Y：这种行为是两个大学自主的还是政府的行为？

P：自主的，因为咱们学校很多的这种骨干人员包括一些院长是 LG 大学的博士，主要是因为有人员的这种学缘关系，很多是那儿毕业的，这样的话在合作过程当中呢它有一个相互的补偿的问题，都是很熟，然后的相互补偿，比如说我们可能多做一点，你提供一些仪器设备，这样可能就合作起来了。

Y：就是说咱们这边要多付出一些。

P：多付出一些，比如说人力，其他方面多付出一些，它那边可能要提供一些设备、条件，但这种情况下如果没有一种学缘关系的话，都是很生疏的情况下，就不太容易。你像我们学校主要跟 LG 大学搞联合，跟 HS 大学就没有这种关系。

Y：就是没有这种联系的纽带？

P：没有纽带，咱们很多都是 LG 大学的博士或博士后毕业的，文科一般差一点，主要是理工科，因为它需要有仪器设备，理工科要是搞一些科学研究的话，这个实验太重要了，像医学，它如果没有这种一系列的实验器材，实验根本做不出来的。像咱们学校医学院和 HRB

医科大学、BQE 医科大学联系比较多。

Y：这种联系也是这种形式吗？

P：也是这种形式，也是自主行为。政府这块搭台的、合作唱戏的现在很少，而且力度也不够，主要是自主联系的多。

Y：咱们讲到了三个主要障碍，一个是隶属关系，一个是考核评估，还有一个是人员的沟通这块，还有别的吗？

P：我感觉主要就是这几点吧。

Y：您刚才提到评估这一块，因为评估指标比较量化嘛，就会引起你用我的一起做出来的成果可能会超过我什么的，这就涉及一个问题，就是现在高校之间存在某种竞争，您怎么看待这个竞争和共享之间的关系？

P：竞争和共享我觉得，咱们现在有很多评估啊，包括大学评估啊，功利化的现象特别严重，外显的一些指标如科研数据、科研成果、专利、论文、课题，就是这些东西我们看得很多，那么内涵的一些比如说社会影响，学校的形象，大众的认可，这方面反而少。

Y：那这个竞争会对共享产生什么影响吗？

P：它是一个零和游戏，就像打牌的时候你输了我就得赢，它不是双赢的关系。

Y：就是零和博弈的关系是吧？

P：对，零和博弈，你像国外评价一个学校，它主要不看你这些外显的东西，它看你这个学校在社会中的认可，主要是社会的形象，从整个为国家、为社会做出长远的贡献等，不是说一时一地的评价。这样的话就不会是一个完全排他性的竞争关系，我们现在主要是一些排他性竞争，像辽宁省，给你学校设什么指标啊，像 JT 大学也好，像 DBCD 也好，你在全国、在辽宁省排到多少位置上，那你指标就应该啥，比如说今年我上两位，提高了两位，后退几位，那么假如评估指标包括你这个办学成绩的话，它不可能在这方面让其他学校多上。

Y：就是说咱们现在这个评价指标、评价体系导致了大家各自为政。

P：对，各自为政，你下去了我才能上去，你上我肯定下啊。

Y：就是说现在的评估就会让你们产生这种竞争。

P：肯定是这样的，你论文比较多了，我肯定要超过你才能上，那假如说科研成果我少了，那你上了我就下了。我们这个竞争完全是排他性的。你像前一段时间开会讲，你像 JT 大学，JT 大学今年我在全国排什么位置上，我在辽宁排什么位置上，明年达到一种什么程度，它相对的相互之间形成一种与邻为壑的竞争形势，实际上这是不对的，而且这种评估不是一种权威性的评估，它完全是看一种外显指标的评估，外显指标肯定就和这种共享的一些设备啊、图书资料啊紧密相关，这个就是等于它竞争的一个很可靠的指标了。甚至有一些信息资料的封锁，他封锁他不告诉你了，我试验设备甚至我都开会、交流干吗我都不讲，我讲你不就做出来了吗，理工科非常强调这些东西，我做出来之后我不讲，我就封锁，我不搞交流啊。

Y：咱们之前也提到过一些，您能说一下高校教育资源共享的好处或者意义都体现在哪些方面吗？

P：好处在哪儿呢，不管怎么说，从高等教育资源配置是以公平为指导还是非均衡为指导，高等教育资源配置它肯定不是一种完全平均的，是不是，完全细致到非常精确的一种程度，它肯定需要多个办学主体共同来使用一些资源，达到资源利用的最大化。就是淡化部门所有和资源的单位所有的情况，对于最大化地利用资源肯定是有好处的。而且资源在国外来讲，资源共享都是发展到极致化的，像很多的实验室开放，包括一些图书资料的开放等，都做得很好。我们国家资源共享没有很好地实现，实际上分为两个大方面，第一方面是宏观方面，校际没有实现，校际实际上现在等于是资源各自为政，实际上高等学校内部也存在这样的问题，高等学校内部实际上各个二级学院、各个部门也存在着资源相互孤立的情况，相互资源没有实现完全共享。当时我在 HS 大学的时候就是，你这个学院的仪器设备和那个学院的仪器设备，有的时候不能完全放开的，完全也是部门所有很多。

Y：这种原因主要可能是部门之间的封闭、封锁啊造成的。

P：封闭封锁，我觉得还是这样，和它的评估考核有关，我考核这个部门的办学成绩各方面的，我没从全院的、全校的角度考虑。

Y：您认为咱们国家共享的现状存在两个方面，一个是校际没怎么实现,另一个校内也没怎么实现,除了这些,您认为还有其他的问题吗?

P:我觉得要是说问题的话,如果改变这种现状的话,必须在哪儿呢,一个是从体制和机制上解决问题,我们的资源配置是部门所有,我就想,我们能不能找到一种有效的机制,这个资源应该是破除了、消除了部门所有的一种状态,而为各个部门公共所有,资源这块能不能成为一个开放的平台,但是这里边的管理就是一个问题,比如说能不能那样,我在区域性的,比如大连、沈阳哪个区域性的高等教育中心这块,我有一批实验仪器设备,或者说图书资料,我不是为部门所有,比如说我有,一个是社会中介机构所有,各个学校可以有偿使用,这是一种方式。再一种方式呢,由上级的行政机关所有,作为一种公益性的平台,各个学校可以凭着一定的机制来共同的消费和使用,这样就打破了部门所有的状况,假如说我这个设备有第三方所有的话,一个公司的话,一个企业或一个中介机构的话,你大工的、海事的、东财的、交通大学的都可以申请,比如说我可以通过一定的申请渠道可以交一些费用,然后共同地来使用,这是一个。再一个是教育厅,教育厅投入这一块、实验室这一块,归公共的,大家来使用。能不能在办学过程中呢打破部门所有制,而建立一种公共性的开放资源使用的机制和平台,这个我觉得我们应该是需要研究的。

Y:刚才咱们提到无论是第三方也好、教育厅也好,是不是涉及一个产权的问题啊?

P:是涉及产权的问题啊,假如说产权是第三方,是公司的话,那就是公司来运作。公立大学的产权一般都归政府所有,我举个例子,你比如说大学城,比如它的后勤社会化,后勤社会化涉及学生的住宿,学生住宿这块我们现在各个学校来盖宿舍楼,然后学生进行管理,而国外的它有单独的单位来做这个,大学城这块呢由一批房地产公司,它盖一些楼和公寓,它作为一种产业、一种企业它经营这个公寓,那作为这些大学来讲呢,它可以有偿地来使用这些公寓,这些公寓呢国家投入一些政策和钱、经费,然后我造成这么一个平台,然后其他学校我都可以共同地、公平地来使用这些公寓。包括一些图书设施,你像国外一些学校它的图书馆也不是归哪个学校所有的，我就建一个大的图书城，然后无论是大学的还是当地的百姓都可以看，我政府建立一个平台就完了。美国的你像硅谷、斯坦福大学，它周边的许多实验室不是归大学所有的，不是归斯坦福所有的，是企业建的，企业建的然后学生去实习或干吗你花钱，这就达到共享。如果需要改变的话，整个的体制、机制包括我们对高等教育支持方式的改变，我们现在的支持是什么呢，各级的学校的主管部门、主办单位，都是直接向你这个学校来投入，比如辽宁省教育厅给 LS 大学多少多少钱、实验设备多少，给你多少钱盖图书馆，我给多少钱盖跑道、体育馆，这些都是往你学校投，假如说改变这种现状之后，我辽宁省教育厅也好，跟大连市沟通也好、跟教育部沟通也好，这个钱我不往学校投，我盖个公共设施不就完了吗，你比如说我给 LS 大学盖一个体育馆跑道，给 JT 大学我也盖一个，不得投钱吗，假如改变这种方式的话，我在马栏或哪儿盖一个公共的体育场，你要是服务的话，你去购买服务就完了，我这个产权不归你两个学校所有。可以是企业性的，也可以是政府性的，企业性的就是有偿的、收费的，政府性的就是公用的，其实国外还有一种方式是啥呢，就是股份制，就是很多学校在这里边股份制，实际上大学城啊刚开始就是为了解决这个资源共享问题的。大学城是属于相邻近的大学之间构建一种共享的区域和渠道。你像 SS 现在就是，SS 和 LD 这块，它就不建自己的招待所和宾馆了，我前段时间去开会，去的什么呢，DJRS 酒店，所以它很多 SS 开会、LD 开会全在那个酒店里开。

　　Y：它这个酒店位置是在哪儿呢？

　　P：就在 SS 和 LD 边上，不在学校里边，在校园外。SS 没有必要建自己的宾馆或者是 LS 的交流中心，养一帮人，然后还属于消费产业，需要交钱，需要管理，现在去 SS 开会，就在 SS 边上，我是学校开会还是外边什么开会，我都在这里边，那个酒店它自己的产权，它自己经营就完了，我辽宁省教育厅我投钱我往这边投，我不给你哪个学校投，这样。

　　Y：这个酒店属于辽宁省教育厅主管的吗？

P：不是，应该是股份制的。

Y：下一个问题就是，您所在的学校这个资源共享现状是什么样的？

P：现在还是不是属于很规范的，还是属于自发性的、局部的，都是由于各自的学院和单位，根据自己的一些学缘关系，根据自己的一些交往的状态，搞的一种共享，不是出于完全那种有目的、有计划的整体构建的共享。

Y：就您自身来讲参与过这样的共享吗？

P：不多，因为共享主要在理工科比较多，其他的图书资料啊、其他设备很少。

Y：现在我国的民办高校也有了一定程度的发展，您认为民办高校和公立高校之间能否实现共享？

P：能实现。

Y：为什么呢？

P：第一个，民办学校由于它的发展的历史和办学的基本情况，它不一定也不应该办成这种"小而全""大而全"的办学模式，比如说大连有个 DL 计算机学院，在飞机场有个 DL 国际商务学院，它没有必要都建成"大而全""小而全"的，我每个专业、每个系，都是像公立学校这样我配备非常完备的、按照比例来配备师资，我还配备很多图书馆，我还有很多学生食堂、公寓，首先它师资上就可以与其他学校进行共享，它首先要配备核心的骨干师资，大量其他师资可以兼职，这就是一种共享了，你像计算机学院这个，它大量利用周边的学校，另外一个是离退休老教师，另外一个它很多的图书资料它也不建图书馆，有的时候我知道计算机学院它在 JT 大学那儿办图书卡，就是利用周边的一些设施，因为它把资金利用最大化，那它肯定要实现这种情况。

Y：那您认为"重点高校"和"普通高校"之间能不能实现共享？为什么？

P：能，因为我觉得不在于重点和普通高校，而在于啥呢，在于这种各自资源的一种互补上，因为各个学校都有自己的特色嘛，都有自己的优势专业这块，那我这个学校的资源和那个学校的资源，两个学校能达到一种互补的话就完全可以实现共享。

　Y：现在有人提出通过收费的方式来解决高校之间的资源差异，您认为这种方法可行吗？

　P：这不是治本的办法，治标不治本，为什么呢，我觉得真的要实现的话，这个资源的所属的主体必须要打破，否则的话就造成什么局面呢，就是说以一方为主，另一方为辅，这种不可能是真正意义上的共享，比如说我在可能条件下，不妨碍自己的根本利益情况下我让你使用，真正妨碍个人的根本利益，或者是单位的根本利益我就可能不让你使用。真正实现共享的话，必须相对独立、公开、公正这样子，隶属关系应该是属于第三方，当然这种也算共享，但是这种共享我觉得不是真正意义上的，应该是一种权宜之计，不是我们应该追求的共享。

　Y：那您认为共享是应该收费的还是不应该收费的？

　P：层次不一样，更好的、我们应该追求的、那种根本性的共享应该是游离于这两个或多个主体之外的一种第三方的，就是说在使用者的角度来讲，应该是不发生主权的或者是隶属关系的争议的，比如说实验设备等，我这个学校和那个学校它俩不应该发生隶属关系的争议，是第三方的，这才是真正的共享。但是我觉得共享有一个层次的区分，不能是一样的，我说的那个属于更好、更高层次的共享，但是刚才说的有收费这样的也不排除有，你比如说不能完全排除第三方的啊，比如说有一些学校它的资源优势就是比较好，那我可能在一定程度上实行收费，但这个是属于弥补型的，就是共享呢是有层次的区分，不是一个平面的，是一个立体的关系。

　Y：实际上如果是第三方的话它也不排除收费的可能。

　P：对，那肯定，和收费没有关系的，收费不应该成为制约共享的原因。你像昨天我们去体检了，实际上共享在各个方面都是存在的，比如说我们上 TL 医院检查身体，当时和我们一块儿去的有哪儿呢，你像大连 X 中学也去了，大连 YM 高中也去了，这个就是个共享啊，因为它没有必要自个办个医院、办个卫生所啊，共享啊检查身体我都去就完了嘛。假如说在 LS 和 JT 大学附近修一个大学城，我建一个很大的体育设施，我都可以去，图书馆我可以建一个，我学生办证我都可以去看，我都可以共享嘛，这个不会发生产权和利益的纠纷，这个肯定是根本性的。但是下边有低级的，就是以一个学校为主，其他学校收费，这个肯定也存在。

Y：前面咱们也谈到过共享当前一个制约的因素是当前的评价或评估机制的问题，那您认为对于共享的效果需不需要一个评价？

P：需要。

Y：需要的话应该由谁去执行这个评价？

P：市场评价，假如到时候真要发生一些变化的话，谁来进行评价，包括对共享进行一些平衡呢？市场。

Y：您能具体说一下这个市场怎么去评价吗？

P：举个例子，比如说，高校我食堂都不办了，我宿舍都不办了，然后我办很多饮食中心、公寓，那你价格高了，学生到时候都不住，竞争关系嘛，那你可能要调整价格，图书情报资料也是这样的，比如说馆藏不够，或者说这里边电子化的图书不够，我学生和老师都不来看了，那你就是利用率不够呗，那你挣不着很多钱呢，这个通过市场的需求来调控，这个就是把一些产业化的东西来引入到教育里边来，在国外其实很多最开始是从后勤产业化做的，现在实际上扩大到方方面面。

Y：最后一个问题，前面可能您也多多少少提到过一些，您认为现阶段咱们国家应该从哪些方面着手来推进高校教育资源共享的实现？

P：首先是属于观念和政策上，第一个是观念，观念在哪儿呢？我老是这么认为，就是我们国家对于高等教育的发展在观念和思想上没有进行很好的梳理，也就是说我们国家对于高等教育的认识，还是停留在哪儿呢？高等教育大众化以前，精英教育阶段，精英教育阶段因为人数所限，各方面还很少，那种计划经济体制还很明显，那么1999年扩招以后呢，就是高等教育进入大众化之后，那么我们的政策怎么进行调整，我们对这个缺乏认识，与此相关的，我们很多的配套措施不够，没跟上，就是说我们的教育资源配置现在实际上已经走了一种非常尴尬的境地，就是说一方面，我们仍然是"保住一头，放开一片"，那么现在看来，这种资源的配置方式已经出现问题了。

　　Y：您所谓的"保住一头，放开一片"什么意思？

　　P：实际上现在就是保住"985"和"211"，其他我不管了，所以造成了现在高等教育资源很多问题，其他我不管了，这些学校怎么活啊，贷款，高等教育为啥出现很多问题，为啥出现贷款呢？就是说你国家不给我钱呢，我只能贷款呢，我不贷款维持不下去了，这个就不行了。现在我们应该思考的在哪儿呢，应该对政府的反思在哪儿呢？我们现行的和过去的对高等教育的资源配置的方式一定要发生根本性变革，我们原来高等教育资源配置方式是什么呢？是部门所有，是计划体制下的，不是市场的，现在我们应该打破什么呢？打破部门所有，应该成为公共性的，由市场来调节。我们现在就是部门所有比较严重，应该发展那种公众性的、开放性的平台，我们缺乏这个意识。

　　Y：那这就涉及学校的产权啊、办学自主权啊，这些都需要做出相应的变革。

　　P：配套的，一系列政策，我始终认为，中国的高等教育不是修修补补，而是要进行什么呢，从思想、观念、政策到资源配置方式要进行一个根本性的变革，修修补补是不够的。首先要认识要变，我现在不是精英教育，我是高等教育大众化，我现在政策应该有别于以前的，包括政府对高等教育的干预方式，我们现在政府直接干预到学校的。

　　Y：就是说政府行政干预太多？

　　P：对，行政干预太多。实际上我们整个调整过程是全方位的，而不是一点的，应该是一个系统的，系统改革，但是可能是以资源配置的方式呢这个线来统，这样的。

　　Y：您刚才说的主要是观念这块，那这个观念主要是指政府的观念吗？

　　P：整个的观念，包括政府，包括学校，方方面面的观念，都对高等教育的这种发展呢，这种现状、背景都要有一个新的认识。现在高校也是这样的，我们对高等教育的发展呢，高等教育本身呢，还处于先前的传统观念里边，我的学校建的楼，我非得要盖我自己的宿舍楼、自己的操场，我们学校现在本身有这个问题。方方面面都有。

Y：第二个您刚才提到是政策这块，您能具体说一下吗？

P：政策就是国家政策调节，首先是国家的资源配置的方式和政策需要调整，比如说国家资源配置的方式，你不应该是直接对学校负责，应该是啥呢，对社会的中间团体负责，对社会的中间机构负责，现在实际上我们国家政府改革有一条，叫大力加强社会中介机构的发展，就是民间社团的发展，像国外民间社团的发展是非常多的，就是介于政府和市场之间调整，不是政府和市场、部门直接发生关系，有一个中间的调整环节。我们缺乏这个，直接"点对点"了。像教育部、教育厅我直接给你 LG 大学什么项目，LD 我给你建设什么项目，而且它这个项目规定还非常细，这就不对了。假如我把这个项目不是给你具体学校，我给你建立一个区域，就是从对学校的关注变成一种对区域的关注，就好了，现在我们的思维视野还是很窄，我一个学校如 LS 大学我给你投多少钱，干啥项目，我给你审批，JT 大学干啥项目，我给你审批，DW 建啥给你审批，一个点一个点地审批，假如对大连我一个区域的关注，我们缺乏这个大视野，缺乏整体改革的大视野，咱们现在"管得过细，统得过死"，这点不行，就应该从那种过细、过死的工作中进行区域性的调整，缺乏这个。另外，我们的政策的关注点应该从"点"上到"面"上，"从点到面"，比如说像美国加州高等教育发展规划中，它不是到那个点，比如说伯克利、洛杉矶等，而应该是我大连高等教育怎么发展，大连高等教育下边比如说有 LS 大学、JT 大学、DW 等，我通盘的、区域教育怎么发展，我对这个点关注不够。

Y：如果关注区域的话，这个区域的高校自然而然就会相互协调了，如果只关注点了，那这个点就会把自己和其他的学校孤立起来。

P：对，就是说我们的政策水平，跟国外相比，咱们的政策水平和管理水平低就在这儿，我们在区域上少关注，我们在点上过死，政策调整这是个大的问题。

Y：一个是观念，一个是政策，还有别的吗？

P：制度。

Y：这个制度您能具体说一下吗？

P：实际上很多政策是需要制度来强化的，它俩是属于相辅相成的。现在我们很多东西缺乏制度。

Y：那您认为对于共享是不是也需要有这样的制度？

P：需要有制度。

Y：那这个制度您认为是应该由政府出台制定还是高校之间自主制定，还是两者都可以？

P：我觉得应该分为这么几块，第一个，就是由政府来出台制度，当然政府出台这个制度应该把学校、社会、政府三方协调发展，就是这个制度要保证学校、社会和政府三方协调发展，就是说制度考虑的视野和面不单单是政府这一块，视野要从单纯的政府放大到社会和学校。这是一个，另外一个什么呢，还是要加大市场的调节力度。

Y：这是观念、政策和制度，还有别的吗？

P：我觉得主要是这么几个。

Y：最后，您对于高校教育资源共享还有什么要说的吗？

P：我觉得是这样，因为这个资源配置是我关注很多年的，中国的高等教育发展，我给它起名就是摆脱当前这种困境，或者说要摆脱当前的尴尬，或者说呢，要使中国高等教育解套的话，我觉得中国的高等教育走进了一个死胡同出不来了，解套的话，必须从高等教育资源配置来解决问题，而高等教育资源配置来解决问题的话，我觉得高等教育资源共享是一个可行的道路，就是必须对传统的高等教育资源配置方式进行改革，没有其他办法。

Y：好，还有吗？

P：没有了，就这些。

Y：谢谢您！（完）

附录9　访谈记录4（高校学科发展规划处处长）

访谈11：

受访者：郑处长（Z）　　　　性别：女

受访者身份：某大学学科发展规划处（高教研究所）处长

访谈者：研究者本人（Y）

访谈时间：2011 年 11 月 29 日 8：00 至 8：30

访谈地点：某大学学科发展规划处处长室

Y：您认为什么是高校教育资源共享？它的内涵是什么？

Z：我认为资源共享可能是跟教育相关的一些条件能不能共享，比如说师资，一些课程，包括教材，一些实验、实训，包括一些教学方法这些信息的共享。

Y：您对于高校教育资源共享的态度是什么样的？

Z：我觉得非常必要，并且也非常重要。因为社会发展到今天，资源共享一个是你会得到比你现有的更好的条件，另外一个就是提高效率。比如说现在有一些网上资源，像国外的一些名牌大学，它把一些课程放到网上，那我们学校的学生你也可以去看，这个就是属于资源共享。所以我觉得这个就是给其他一些条件你不具备，或者现有自己不拥有这个条件的办学的可以享受更好的资源，我觉得这是很重要的一件事。

Y：刚才您可能也提到一些了，就是您认为高校教育资源共享的好处或者意义都有哪些呢？

Z：好处我觉得一个是利用了别人拥有的比你更好的条件，另外，作为办教育方，我觉得这个可能更重要的一点是理念方面的，假如你在利用别人资源的时候，本身这种行为对学生也是一种教育，中国有句古话嘛，叫"君子假于器"，其实也是，你利用别人的条件的话，也相当于你在利用一种工具，共有的资源我觉得是一种工具。这个事呢你利用的资源本身也是一种教育方式，让学生有一种开放的方式和胸怀。第一个是能够利用别人所拥有的条件，另外一个我觉得是一种理念，相当于一种方法吧，就是你处事和做事的一种方法。

Y：您认为当前咱们国家高校教育资源共享的现状是什么样的？

Z：我觉得应该是一个比较初级的阶段吧，像我说的一些优秀的师资、优秀的课程，包括一些实验的平台、实训的平台，这些我觉得大学之间共用的情况不是很好，校内的，各个大学本身的这种资源共享应用得也不是很好，比如说教务部门和学生部门有一些学生的数据，它完全地有的时候应该是通用的，但是据我了解，很少有学校是用一个平台。

Y：就是说咱们现在校内的共享情况也不是很好，是吗？

Z：对，我觉得也没有做到很完全。

Y：您刚才说的教务的信息平台和另一个是什么？

Z：学生，比如说学生入学以后它有一个信息，它已经采录进来了，等到了教务口呢，它在管理的时候它还要再采一遍信息，这是两个方面，一个是它两个部门的沟通问题，另外一个它这个平台不是一个平台，它没法共用，比如说我录用学生的时候我就按照学生，完全按照学生处需要的信息在录，教务处完全按照教务处录，它其实应该把这两个融合起来，可能再补充两个信息，教务处也可以完全用了。

Y：就是说它采集信息的时候可能只是针对我自己用的这一块，其他的我就不管？

Z：对，缺乏一个，也可能需要一个部门来协调，或者是它们之间沟通一下，教务处跟学生处说，你帮我多录两个信息，这样我就可以用了。其实这就是一种资源的浪费。

Y：您所在学校的共享现状是什么样的？有哪些共享的行为？

Z：我们现在，我比较了解的像我们学科这块，学科我们需要比较多的像跟科技（处）啊、教务（处）啊、人事（处）啊，包括研究生（处），可能用到的数据就是这些，像科研这一块，我们用到这个数据的时候，因为科研它有一个平台，它会把这个平台对我们开放。人事呢现在也是，我们现在需要什么数据，也是把数据给我们，但是我们也没有用一个公共的平台，其实也可以完全有一个公共的平台，面向全校的，比如说我们现在在报一些学位点、重点学科什么的，我们需要数据的话也都是需要相应的国资部门啊什么部门来给我们统计完以后交给我们，它也缺乏一个公共的平台，就是大伙都可以查询、使用。就是说现在有共享，但是呢共享的程度和技术水平不是很高。

Y：您刚才提到的主要是校内的资源共享情况，那咱们学校与外校之间的共享行为有没有呢？

Z：也有，有的话但是也是，比如说我现在一些调研情况，就是我调查一下别的学校，包括省内的和省外的一些学校它的那个学科建设的情况，那么我做的话是三种方法：一个是在网上查它的信息，再一个就是我打电话来了解情况，第三个就是我去访谈。我觉得要是说资源共享做得非常好的话，它应该就是在网上这个信息平台做得很好，但是各个单位，咱们国家这些高校呢我觉得它这个平台可能做得最好的就是招生就业那一块，信息量比较大、比较全，其他的这些职能部门的信息在网上我觉得都不是很完善，就是你想通过网上了解信息很完善的话，我觉得基本上不能做得很好。

Y：就是说这种公开得比较少。

Z：对，就是它信息，资源可以共享的平台太窄，它没有有意地做这件事，它做这个比如说它做一些东西就是为了自己的工作啊，可能它建一个网站，因为可能各个学校都有要求，它才做，而它不是说为了信息共享，我把这个事放在上面。

Y：就是说纯粹就是为了建这么一个东西而建这么一个东西，它没有想过背后的一些它可能需要提供更多的服务等？

Z：对对，它是无意识的，包括我刚才说的单位之间的共享，每个单位都是在做自己的工作，没有想过这个资源共享问题，假如共享了，基本上也是无意识的，不是有意而为的那种。

Y：咱们学校还有别的这种共享的行为吗，跟别的学校的？

Z：跟别的学校的话这种共享也就是互相学习，比如说现在我们学校准备要做二级管理的这个事，所以大家都在调研，调研的过程当中呢其实也就是在学习、共享一些资源，就是它做得比较好的事情。

Y：您刚才说的调研，什么调研？

Z：二级管理。

Y：具体什么意思啊？

Z：二级管理，现在咱们国家管理基本上是学校管，好多事情都是学校管，现在就在想如何把它下放到各个院系，其实也是部分地下放，现在已经在部分下放了，那就想如何再更深入地下放，现在在进行调研，那调研的话也是几种方式。

Y：这种调研是咱们学校自主的行为啊还是说上面有个批文？

Z：自主的。

Y：自主的行为，那就是包括这种调研也是通过咱们老师的个人关系或者什么，是这种的，是吗？

Z：对，我们现在也是三种方式，一个是网上去看，然后是电话，再就是去访谈，这个我觉得是属于工作方法这个资源的一种共享。

Y：下一个问题，咱们国家当前高校之间似乎存在着某种竞争，您怎么看待这种竞争与共享之间的关系？

Z：我觉得这里还是一个博弈的过程吧，像我刚才说的网上信息，我觉得一方面是我刚才说的无意识，没有想到让大家共享这个信息，所以它做得不完善。另外一个因素它有意识的，一些东西它不想让别人知道，所以呢没让它很完善。不想让人知道的话我觉得可能是因为竞争吧，因为它有些东西不太想让别人知道它是怎么做的，它做到什么程度了，做得怎么样了，因为竞争的过程当中需要知己知彼嘛，肯定它也是不想让别人完全知道它。但是我觉得这种事情是很自然的一件事情，就是只要有竞争它就要有保留，只不过是它保留的程度，比如说像国外也是，它肯定是把自己最高端的东西它不会作为公共信息的，它发展到，比如说它上到五楼了，它会把四楼开放，它绝不可能把五楼同时开放。

Y：咱们是不是可以这样理解，如果是共享的话它会有一个限制，或者是阶段限制，或者是时间限制？

Z：对，时间、空间上我觉得都会有。

Y：就是说在一定程度下，我共享的可能就只是这些东西，等我到下一个阶段了，共享的就会多一些，可能是这样？

Z：对，我觉得是，因为在竞争的前提下肯定是这样的，包括合作，像现在校与校之间的合作它也存在这个问题，因为它既是合作又是竞争，就是一个博弈的过程，它不可能是完全的一种开放。

Y：下一个问题，您认为制约当前高校教育资源共享的主要障碍有哪些呢？

Z：我觉得应该是两个方面吧，第一个方面还是思想观念方面，一个是它没认识到这个资源共享的重要，另外一个呢就是说还是一个博弈的过程，竞争吧，使它想保留。第二个方面我觉得是技术方面，就是说它先进的程度，先进的程度不到它就没法做到这个共享，虽然说现在技术已经很发达了，但是这个发达总是相对而言的，相对过去的发达了，但是跟你的需求来讲它未必是那么发达，比如说现在好多数据库它不兼容，假如说它能做得很好的话，可能就不会这么费事了。所以说一个是技术方面的，一个是思想观念上的。思想观念的话我觉得和这个，中国人我觉得好像，传统文化来讲一直是比较内敛的，因为咱们是封建制过来的嘛，都是自给自足惯了，什么事都是自己做自己的，这种开放的思想比较少一些，另外可能也比较保守一些，不太喜欢把自己有的东西跟别人共享，另外还有一个方面是中国人比较谦虚，不太喜欢积极主动地跟别人介绍自己的成功的经验，除非是那种需要报什么奖了、报先进的时候，平常很少说"唉，这事我做得挺好的"，拿出来跟你共享一下，就是这种文化上的我觉得也有。

　　Y：可能就是这种根深蒂固的一些民族传统文化也有影响？

　　Z：对，思想观念的、文化啊和技术，我觉得这三个方面都有。

　　Y：下一个问题，咱们国家的民办高校也有了一定程度的发展，您认为民办高校和公立高校之间能够实现共享吗？

　　Z：我觉得这个完全是可以的，这个很简单的道理，就像普通院校和重点院校一样，就是因为有落差才需要有共享，就是你需要向它学习好的地方，你呢才会要共享。另外，民办学校我觉得它可能自身也有它的独特的地方吧，因为原来叫独立学院嘛。资源共享可能有两个层次，一个是说我只向你学习，我就完全向你开放，不需要向你对方学习，你单独向我学习就行了，属于单方地利用资源，另外一个是相互的，你学习我的我学习你的，民办学校的话我觉得更多的是需要向别人学习，但它本身肯定也会有自己的独特之处，可以贡献出来给其他人学习的。资源共享的话我觉得不存在类别的问题了，它是一个大的概念，要是共享的话，有这个概念的话就是所有的可利用的资源大家都可以共享，要是假如说因为你的层次不高，不能共享的话，这件事就是我刚才说的观念问题，就是说自己的好东西自己都抱着，谁也不想享受，就无法资源共享。

Y：下一个问题，咱们前面提到了民办高校和公办高校，也提到了重点高校和普通高校，这些可能涉及学校的产权的问题，您认为这个不同的产权会对教育资源的共享产生影响吗？

Z：我觉得不应该有影响，但实质上，从观念上来讲我估计会有影响，但是就像我刚才说资源共享这个概念，其实就说大家把好的东西拿出来，从这个大的前提来讲，应该不受影响才对，但实质上是有影响的，主要就是观念上的。

Y：那您认为能产生哪些影响呢？

Z：那就是刚才我想到的，比如说民办学校大家认为你的层次啊、办学水平啊这方面都比较差，我跟你俩之间交往的时候，共享资源的话我向你学习的东西肯定是少，那我就不愿意跟你共享资源。

Y：这就会涉及处于资源优势的一方可能会有更多的想法，不愿意去共享。

Z：对，但这也只是说需要对流的这种交往方式，资源共享方式，假如你这个平台，像国外一些名牌大学的平台，我就把一些优秀课放到平台上，那你随便看的话，那是完全开放的平台，就不存在任何限制了，对民办院校、重点院校、普通院校没有任何限制，但是这种对口的交流、共享的话，我觉得会有影响。这是很正常的，都想强强联合，对吧，没有人愿意和弱者联合，这个也是正常的事。

Y：就是说都想从对方那里获得好处。

Z：对，像那种完全开放的，就像我说的，名牌大学它把优秀教师的课就放在平台上，大家可以自由地看，那是一种完全的共享状态，也是比较理想的，但是大多数人在做共享这件事的时候可能就想到我怎么样通过共享这个事得到进步，对吧，所以，都这么想的话，那么都希望是和强的共享。包括合作，其实合作都是差不多水平才叫合作，要是水平不相当的话就无法合作，其实是这样的。共享的话，我觉得现在像咱们国家共享的好多程度就是像我说的，差不多的时候我们才合作、才共享，而不是说完全开放的那种，共享我觉得很少。就像咱们国家 QH、BD 似的学科发展比较强的，那么它要是做这件事的话，它应该把它优秀的资源都介绍出来，目前来讲是没有发现这种很普遍的做法。

Y：您刚才说的咱们国家高校共享都是在双方觉得差不多的时候才共享，那您这个"差不多"是指什么？

Z：就是学校的综合实力，发展水平，比如说，打个比方，DG它很少和我们学校合作，因为它觉得可能水平有这个差距，它可能会跟水平和它差不多的学校搞一些合作，打个很简单的比方，申请国家教学成果奖，有的时候它们好多学校会联合，联合的时候它也是 QH 大学、SHJD，它这几个强学校联合起来做一个项目，然后申请一个国家奖，很少说跟其他普通学校搞合作，因为它很多东西可能确实力量也不是很匹配。

Y：就是说它可能会倾向于找一个跟自己差不多的，或者是更好的一个，肯定不会是找一个差距太大的？

Z：对，或者是我们各有优势的时候会合作，因为它这种共享的话相当于是资源的一种整合吧，咱们现在国家的共享的程度好多是整合的程度，资源整合程度比较大一些，互相能凝聚起来干一件事。

Y：下一个问题，现在有人提出通过收费的方式来解决高校之间的资源差异，您认为这个方法可行吗？

Z：我觉得在现阶段的话还是比较可行的，因为我刚才说了，资源共享有两种状态，一种就是完全开放的，我很自愿的，愿意帮助比我弱的这种群体，我就把我的资源在一个公共平台上开放了，另外一个呢就是我跟和我水平差不多的合作，那我是互相借力，对不对，那在我不能互相借力的时候，我还没有达到那种境界，我想做一个完全公共的平台，那么假如我有利益，我收费的话我觉得这个是可行的。另外这种做法也是发展的趋势吧，因为我刚才也说到，咱们习惯于自给自足，但这是一种比较落后的方法，其实别人做得好的事情，已经做得很好了，你可以不做，然后你去做其他的事情，然后你需要这部分内容的时候，你可以，一个是它愿意给你，一个是我来购买这部分，其实你购买的成本会比你自己再做这件事情要低得多，效率也高，所以我觉得这是低成本、高效率的一个做法。

Y：下一个问题，对于共享的效果您认为需不需要对其进行评价呢？

Z：就是每做一个大的平台的时候要做这件事情，要是能做的话我觉得会更好，但是还是会涉及谁来做这件事的问题，是吧，假如说我自己做，我跟你资源共享的时候我自然会有一个评价，对不对，但是像你说的这种，我觉得应该是个第三方，对吧，我要是需要第三方来评价这件事情的话，我觉得还存在一个利益问题，就是说我做这个事，资源共享到什么程度，我觉得这个跟你做这件事的大小有关，假如你做的是一个很巨大的资源共享的平台，那我觉得来评价它是很有必要的，假如说很小的一件事，我觉得这个就没什么必要了。

Y：这个"小"是不是指一些非常零散的、分散的共享行为？

Z：对，我觉得这其实是个性价比的问题，还是性价比的问题。

Y：就是说值不值得，如果这件共享行为本身就很小，但是你花一个很大的力量去评估它，可能就没有价值了。

Z：对，这个事我觉得就是个性价比，假如说要是不考虑性价比的话，从理论上来讲是非常必要的，也很重要，但是实际操作当中就要考虑性价比的问题，值不值得。

Y：最后一个问题，您认为当前我们应该如何促进或者是推进高校教育资源的共享？

Z：我觉得一个方面还是思想观念上，就是我觉得应该宣传，包括舆论上的宣传，另外这种宣传我估计民间的意义可能就是一种自然的宣传吧。另外一个就是要求，这种要求可以是政府层面的，也可以是学校层面的，比如政府层面，你可以要求各个高校之间的，它的一些平台要资源共享，而学校呢可以要求一些职能部门之间的平台共享，我觉得这是舆论宣传和制度要求。还有一个我觉得还是技术层面的，就是技术层面的水平啊需要有待提升，我觉得应该从这三个方面来做。

Y：还有吗？

Z：思想观念这方面我觉得应该含在宣传里边，你在宣传的时候应该统一思想，当然你要宣传这件事的意义啊、重要啊，这样的话它的思想、文化，文化是一个很慢的传承，但是我觉得宣传的话可能会更改一些，总会有一些变化。我想到的就是这些。

Y：好，您对于高校教育资源共享还有什么想说的吗？

Z：其实你刚才问最后一个问题的时候，我就想说了，资源共享这个问题确实是一个很重要的，尤其是咱们国家现在应该是"穷国办大教育"，资源共享显得就特别重要。现在像咱们国家一些中大型的城市可能教育是发达一些，对于落后些的地方它的教育呢更落后，所以它这个资源共享呢显得更为重要，大家可以把优质的资源、教育方法、课程体系啊，包括好的师资啊，做一个公共的平台给大家共享，那么可以把这个教育呢比较快地提升上来，我觉得对于咱们这个"穷国办大教育"，资源共享显得尤其重要，但是它就是说现在更多的是思想观念和管理体制这方面有一些制约，所以我觉得你做这个课题，你选的这个视角非常好！

Y：好，谢谢您！

Z：不客气！（完）

附录 10　码号与受访者原因语句对应表

码号 1：共享意识　码号 2：竞争意识　码号 3：利益诉求

码号 4：资源配置方式　码号 5：管理体制　码号 6：平台建设

码号 7：软硬件技术设备　码号 8：经济成本　码号 9：地理空间限制

码号 10：劳动力成本　码号 11：管理成本　码号 12：政府政策支持

码号 13：政府财政支持　码号 14：制度缺失　码号 15：教育评价

码号 16：缺乏遵循案例

码号	受访者 1	受访者 2	受访者 3	受访者 4	受访者 5	受访者 6	受访者 7
1	11	4	14	3	1	7	2
2	1	4	3	1	0	6	0
3	4	3	9	5	0	2	0

码号	受访者 1	受访者 2	受访者 3	受访者 4	受访者 5	受访者 6	受访者 7
4	0	5	11	16	2	6	1
5	8	3	17	1	0	0	0
6	6	1	2	0	2	0	0
7	6	10	0	0	0	0	0
8	7	3	1	2	0	0	1
9	0	0	3	0	0	3	0
10	0	0	1	3	0	0	0
11	0	0	4	1	0	0	0
12	2	3	1	0	1	0	2
13	0	6	2	0	0	0	0
14	0	0	3	0	0	0	0
15	2	4	0	0	0	0	0
16	3	0	1	0	0	0	0

码号	受访者 8	受访者 9	受访者 10	受访者 11	受访者 12	受访者 13	受访者 14
1	6	6	1	16	7	5	2
2	6	4	0	1	5	1	0
3	0	0	0	1	0	1	0
4	15	9	0	4	11	10	0
5	7	4	1	1	4	0	1
6	3	0	4	7	3	0	2
7	0	2	0	2	0	0	0
8	0	0	2	0	0	0	0
9	0	2	0	0	3	0	0
10	0	6	2	0	0	0	0
11	0	0	1	0	0	0	0
12	0	2	0	0	2	1	1
13	0	0	0	0	0	0	0
14	2	2	0	0	2	1	1
15	9	0	0	0	6	1	0
16	0	0	0	0	0	1	0

附录 11 上海市促进大型科学仪器设施共享规定

上海市促进大型科学仪器设施共享规定

(2007 年 8 月 16 日上海市第十二届人民代表大会
常务委员会第三十八次会议通过)

http：//www. shanghai. gov. cn/shanghai/node2314/node3124/node3164/
node3165/userobject6ai1979. html，2007 - 8 - 16/2011 - 12 - 18

第一条　为了促进大型科学仪器设施的共享，提高科技资源使用效率，增强科技创新能力，制定本规定。

第二条　本市行政区域内的大型科学仪器设施共享，适用本规定。法律、行政法规另有规定的，从其规定。

本规定所称的大型科学仪器设施，是指一定价值限额以上，用于科学研究和技术开发活动的单台（套）科学仪器和实验设施。具体价值限额由市人民政府另行规定。

本规定所称的共享，是指本市行政区域内的高等学校、科研院所、企业等管理大型科学仪器设施的单位（以下简称管理单位）将大型科学仪器设施向社会开放，由其他单位、个人（以下统称用户）用于科学研究和技术开发的行为。

第三条　市科技行政管理部门负责对大型科学仪器设施共享活动进行统筹协调，组织实施本规定。

本市其他有关行政管理部门按照各自职责，做好大型科学仪器设施共享的相关工作。

第四条　本市建立和完善大型科学仪器设施共享服务平台（以下简称市共享服务平台）。市共享服务平台应当向管理单位和用户提供大型科学仪器设施共享的信息查询、服务推介、技术培训等服务。

市共享服务平台应当根据国家总体布局的需要，加强与长江三角洲地区其他城市的合作，参与全国大型科学仪器设施协作共用网络建设。

第五条　以市或者区、县财政资金全额或者部分出资新购、新建的大型科学仪器设施，其管理单位应当在完成安装、调试验收之日起十五日内，向市科技行政管理部门报送其名称、类别、型号、应用范围等基本信息，经汇总、分类后，通过市共享服务平台向社会公布。

鼓励管理单位将前款规定以外的资金购置、建设的大型科学仪器设施的基本信息，报送市科技行政管理部门。

第六条　申请以市或者区、县财政资金全额或者部分出资新购、新建大型科学仪器设施的，申请报告或者项目可行性研究报告中应当包括提供共享服务的承诺。共享服务承诺应当包括共享服务可行性论证以及共享时间、范围、方式等内容。

第七条　以市或者区、县财政资金全额或者部分出资新购、新建大型科学仪器设施的，科技行政管理部门和财政等相关行政管理部门应当组织有关专家就其必要性进行评议。本市已有同类大型科学仪器设施提供的共享服务可以满足申请单位相关科学研究和技术开发活动需要的，不予批准其新购、新建的申请。

第八条　经新购、新建评议获准购置、建设大型科学仪器设施的，相关行政管理部门应当在项目合同或者项目批准文件中，明确该大型科学仪器设施在满足本单位科学研究和技术开发活动需要的同时，向社会提供共享服务的相关要求。

第九条　管理单位提供共享服务，应当与用户订立合同，约定服务内容和收费标准、知识产权归属、保密要求、损害赔偿、违约责任、争议处理等事项。

第十条　本市设立大型科学仪器设施共享服务奖励资金。

市科技行政管理部门对加入市共享服务平台，且共享服务工作量、用户满意度等达到共享服务要求的管理单位，给予一定的资金奖励。奖励办法和结果应当通过市共享服务平台向社会公布。

以非财政资金全额出资购置、建设的大型科学仪器设施，符合前款规定奖励条件的，在同等条件下优先给予奖励。

第十一条　本市建立健全大型科学仪器设施共享的评估制度。

市有关行政管理部门应当组织有关专家，在共享服务时间、服务质量、功能开发、人才培养等方面定期对加入市共享服务平台的管理单位进行评估，并将评估结果向社会公布。评估结果作为共享服务奖励的主要依据之一。

第十二条 管理单位获得的奖励资金，可以用于共享的大型科学仪器设施的运行维护、管理和操作人员培训以及相关费用支出。

第十三条 获得共享服务奖励的管理单位申请以市或者区、县财政资金全额或者部分出资新购、新建大型科学仪器设施的，有关行政管理部门应当在同等条件下优先批准其申请。

因第七条的规定未获准新购、新建大型科学仪器设施的，项目审批部门在批准其承担本市科研计划项目时，应当给予其一定额度的经费，用于项目研究中使用其他单位大型科学仪器设施的相关费用支出。

第十四条 市科技、教育、人事等行政管理部门应当有计划地培养管理和操作大型科学仪器设施的相关人员，组织开展业务培训，并对在共享服务中做出突出贡献的人员进行表彰和奖励。

第十五条 管理单位及其工作人员未按照本规定第五条的规定报送大型科学仪器设施相关信息的，由市科技行政管理部门责令限期改正；逾期不改正的，由其所在单位或者上级主管部门对负有直接责任的主管人员和其他直接责任人员依法给予行政处分。

管理单位不符合本规定第十条规定的条件，提供虚假材料获取共享服务奖励资金的，由市科技行政管理部门依法追回。

第十六条 本市接受联合国、国际组织或者外国政府无偿援助购置、建设的大型科学仪器设施的共享，参照本规定关于市或者区、县财政资金全额或者部分出资购置、建设的大型科学仪器设施共享的有关规定执行。

第十七条 本规定实施前，已有的以市或者区、县财政资金全额或者部分出资购置、建设的大型科学仪器设施，其管理单位应当在本规定施行之日起三个月内，向市科技行政管理部门报送其基本信息。

第十八条 本规定自 2007 年 11 月 1 日起施行。

附录12 上海市大型科学仪器设施共享服务评估与奖励暂行办法

上海市大型科学仪器设施共享服务评估与奖励暂行办法

http：//www. shanghai. gov. cn/shanghai/node2314/node2319/

node2404/node18701/node18703/userobject26ai13723.

html，2008 - 1 - 14/2011 - 12 - 18

第一条 （目的）

为促进大型科学仪器设施的共享，提高其利用率，调动本市大型科学仪器设施管理单位和相关人员提供共享服务的积极性，根据《上海市促进大型科学仪器设施共享规定》，制定本办法。

第二条 （适用范围）

本市行政区域内高等学校、科研院所、企业等管理单位（以下统称"管理单位"）的大型科学仪器设施共享服务评估和奖励工作，适用本办法。

第三条 （奖励资金）

本市设立大型科学仪器设施共享服务奖励资金，所需经费列入市科委部门预算。

第四条 （评估与奖励原则）

本市大型科学仪器设施共享服务的评估和奖励贯彻"公开、公平、公正"的原则，每年度进行一次。

第五条 （评估与奖励范围）

凡以市或区、县财政全额或者部分出资购置、建设的大型科学仪器设施的所在管理单位，都应接受仪器设施共享服务情况的评估；鼓励以其他资金，包括中央财政、社会资金等全额购置、建设的大型科学仪器设施的所在管理单位参加评估。

在大型科学仪器设施共享服务年度评估中，评估结果为合格及以上的管理单位，可申请共享服务奖励。

第六条 （评估内容）

对管理单位大型科学仪器设施共享服务情况的评估内容包括：大型科学仪器设施提供共享服务情况，可共享大型科学仪器设施情况，共享管理制度与条件保障等情况。

第七条（评估程序）

（一）每年由市科委通知市各有关主管部门组织实施所辖管理单位本年度大型仪器设备设施共享服务评估；评估期为上年度1月1日至12月31日。

（二）由管理单位按要求核实本单位有关大型科学仪器设施共享服务情况，通过上海研发公共服务平台的科学仪器共享服务系统，填报评估与奖励申请书，在线打印纸质材料，报送相关主管部门。

主管部门为区县行政管理部门的，报送区县科委；无相关主管部门的，报送市科委。

（三）各有关主管部门组织专家或委托中介机构进行评估，填写专家评议表，形成评估结果。评估结果分为优秀、合格和不合格。其中，优秀名额不超过参加评估的管理单位数量的10%。

第八条（评估结果公布）

评估结果经审定后，由有关主管部门向管理单位颁发评估证书，并将评估结果通过上海研发公共服务平台向社会公布。

第九条（奖励分类和条件）

大型科学仪器设施共享服务奖励分为管理单位共享服务奖和先进个人奖。

管理单位共享服务奖授予当年度共享服务评估获得合格及以上的管理单位；先进个人奖授予在共享服务工作量、服务质量、服务态度、功能开发等方面表现突出的操作人员，以及在共享管理制度建设、人才队伍建设、运行与服务管理等方面取得明显成效的管理人员。

对先进个人发放奖励资金，并颁发荣誉证书。先进个人名额，原则上不超过从事大型科学仪器设施共享服务的管理和操作人员的2%。管理人员和操作人员的范围界定，由市科委负责。

第十条（奖励程序）

市科委按年度实施大型科学仪器设施共享服务奖励工作。

（一）管理单位填报相关奖励申请材料。申报共享服务奖的，管理单位将经相关主管部门盖章后的评估与奖励申请书报送市科委；申报先进个人奖的，由管理单位组织遴选，填报《上海大型科学仪器设施共享服务先进个人推荐表》，盖章后报送市科委。

（二）市科委组织核实申报材料。选择不低于10%的申报管理单位进行现场抽查和用户满意度调查，现场抽查包括共享服务相关原始记录和大型科学仪器设施运行情况的核实等。

（三）市科委组织专家或委托中介机构进行评议，确定奖励方案。评议主要根据申报奖励单位的共享服务工作情况，并结合现场抽查、用户满意度调查结果进行。

第十一条　（奖励金额确定）

管理单位共享服务奖的奖励经费，根据管理单位通过上海研发公共服务平台公开基本信息且服务记录备案的大型科学仪器设施共享服务工作量确定。

奖励金额依据每单台（套）仪器对外服务次数、机时数、样品数、服务收入、社会效益等核定。一般获得奖励的单台（套）大型科学仪器设施对外提供服务的年机时数，应不低于100小时。

其中，专门对外服务的仪器设施年服务机时数，应不低于可对外服务机时的50%。

以非财政资金全额出资购置、建设的大型科学仪器设施，在同等条件下，上浮10%的奖励金额。

第十二条　（奖励公布）

管理单位共享服务奖励和先进个人奖励的情况，通过上海研发公共服务平台向社会公布，并向市有关行政管理部门和管理单位通报。

第十三条　（奖励资金用途）

管理单位获得的共享服务奖励资金，应用于共享大型科学仪器设施的运行维护、服务信息完善、操作（管理）人员的培训与补贴。

第十四条　（资金管理与监督）

管理单位对奖励经费的开支行使管理和监督权，应做到手续完备、账目清楚、内容真实、核算准确，确保奖励资金的合理使用。

管理单位有弄虚作假、截留、挪用、挤占奖励资金等行为的，由市科委、市财政局依法追回；情节严重的，依法追究法律责任。

第十五条（解释权）

本办法的具体应用，由市科委会同市财政局负责解释。

第十六条（施行日期）

本办法自印发之日起施行。

上海市科学技术委员会

上海市财政局

二〇〇八年一月十四日

索　引

后　记

我的存在，对我是一个永久的神奇，这就是生活。①
　　　　　　　　　　——［印度］泰戈尔《飞鸟集》

　　如果说有什么事情是无论什么时候开始做都不算晚的话，那么读书肯定是其中一件。回首自己的成长经历，读书的兴趣算是萌发比较早了。我记得，从识字开始，我就对于有字的纸张特别感兴趣，加之父亲是农村电工，每月必做的工作就是抄电表、收电费，这个时候我就特别愿意给父亲抄写村民的姓名及电表数字，看着自己的字写在那一摞摞厚厚的表格上，自己幼小的心灵感到特别满足。那时候的我，如果在亲戚朋友家里看不到书籍纸张的话，便觉得浑身不自在。及稍长，我就开始四处寻找书刊供自己阅读了。家里父亲仅有的一点藏书早已被我翻遍了，竟然从中发现一本《白话史记》，淡蓝色似古代竹简般的封面，还是大陆翻版台湾学者译的版本（当然这个意义当时是不懂的），那种喜悦的心情无法言表，马上如饥似渴地读了起来，当然，读的时候少不了一本《新华字典》，毕竟，那个时候才刚上小学三年级！这本书对于一个没有见过世面的农村孩子的意义是巨大的，可以说，正是这本书，把我领入了知识的海洋。我也记得，上初中时跟同学借了一本《鲁宾孙漂流记》，对方只给了一晚上的时间，放学回到家我跟哥哥两人约定好，谁先做完作业谁先读。结果，那天晚上我读了两遍，几乎彻夜未眠。我还记得，中学毕业的时候，去学校领毕业证书的那天，看到同学带去一

---

　　① ［印度］泰戈尔：《泰戈尔诗选》，郑振铎译，湖南人民出版社 1981 年版，第 69 页。

本《天龙八部》，心里顿时又痒痒起来，请求同学借给我看看，于是又利用等待的时候，囫囵吞枣般地把它读完。我当然更记得，有一次过年时听一位亲戚说他家里有列夫·托尔斯泰的小说，我便央求人家给我捎来，盼了好久，终于给我带来了一本《复活》，那一刻的心情绝不亚于小时候过年穿新衣、吃好吃的感受。这样的事例还有很多，假如需要列举的话。及至后来读到大学、硕士乃至博士，自己读过的书也算不少，但是对于书籍、对于文字的那种兴趣和敬畏丝毫无减，依然和我小学三年级读《白话史记》时一样。

　　书读得越多，越觉得写一本书真心难！曾经也梦想过什么时候自己也能写出一本书，真到了这个时候，心里反倒越来越没底，生怕自己写出来的字没有人愿意捡起来看一看，所以书稿迟迟没敢面世。但是身边的友人总是不断地给予自己信心，所以恰逢时机，决定将其呈现给亲友们。本书是在博士论文的基础上修改而成的。尽管博士论文有幸获得了辽宁省优秀博士学位论文奖和中国高等教育学会第九届"高等教育学"优秀博士学位论文提名奖等奖项，但在书稿修改过程中，还是发现了许多不尽如人意之处。例如因为学科背景的局限，导致在理论基础部分对新制度经济学和博弈论等理论的介绍相对浅显，另外，对于高校教育资源共享的理论研究仍有可深化之处。限于资料和自身学养不足，加之时间比较仓促，我只好将这些不足之处作为今后深入研究的重点领域。好在这只是一块"砖"，虽不精致，好歹抛出来起个"引玉"之功，正所谓"嘤其鸣矣，求其友声"①！

　　一路的成长，离不开众多关心我、帮助我的人，无以为报，谨以微不足道的感谢聊表寸心。

　　首先，我要感谢我的恩师。我是幸运的，因为我有两位博士生导师，一位是辽宁师范大学教育学院傅维利教授，另一位是大连工业大学党委书记葛继平教授。

　　傅老师年长我父亲一岁，在我心里我也早已经将其视为我的父亲，

---

　　① 佚名：《诗经·小雅·伐木》，载程俊英撰《诗经译注》，上海古籍出版社 2012 年版，第 171 页。

能够忝列门下，实乃我一生中的大幸！先生的学术和人品早已有目共睹，浅薄如我辈者，不敢置说一词。我只想说说，追随先生三年自己的一些粗浅感受。

先生治学一向严谨，时常告诫我们：在我们眼里永远不要说"显然易见的"这样的话，永远没有"显然易见的"，每一个都要讲出道理。正是因为先生的严谨，每次师门的学术沙龙或者导师见面之前总是惴惴不安、诚惶诚恐，生怕达不到要求，倘能得到先生的一句"还行"，便觉莫大的鼓励和肯定，但总是"还行"听得少，"还得努力"听得多！

先生治学务实而不务虚，在给我指导论文时曾经说过：学术创新应当是超越性的，不能公说公有理，婆说婆有理。怎么叫超越呢？不是简单地说谁先提出来，疯子说的话可能别人都没说过，而是说要更靠近实际问题地解决。因此，先生的每一个研究都致力于解决某一个真实而具体的教育现象或教育问题，如诚信问题、实践能力问题、高考改革问题、教育惩罚问题等。这种务实的学风也深深地影响了我的研究。

先生授课睿智幽默，旁征博引，引人入胜。每次听先生讲课，总觉得是一种享受，每每感叹时间过得飞快，听得不过瘾。所以，每次听课时笔记、录音笔齐翻上阵，生怕有遗漏。时至今日，我仍时不时地翻阅当时的笔记、聆听当时的录音，每次看、每次听依然有新的收获。

先生不但在学术上给予我指导和帮助，还非常关心我的生活，读书期间就处处为我提供方便，让我能够衣食无忧地完成学业。毕业之后，曾两次邀请先生来聊讲学，先生都欣然应允，每次来都仔细地询问我的工作、学习和生活状况，第一次听完我的汇报，先生欣慰地说：听完你的情况感觉还不错，这样我就放心了！第二次来聊，恰逢我新婚不久，先生特意赠我礼物以示祝贺。关爱学生之情令人动容。

葛老师是我的另一位博导。葛老师时任大连交通大学党委书记兼校长，事务繁忙，亲授时间并不多，但是对我的学业一直非常关心，论文从选题、开题、写作、定稿、外审直到答辩，都离不开老师的指导。我还记得当我打电话给老师，告诉他我的开题报告初稿写完了，请他指导时，他非常高兴，连忙说："太好了！赶紧发给我看看！"当我把论文外审通过的消息告知老师时，他第一时间发信息给我："衷心祝贺！"博二那一年的教师节，我去交大看望老师，当时他正准备出国访问，司机就在楼下等着，我到的时候他刚要出办公室，见我来了非常高兴，赶忙请我到办公室，询问了我的论文的进展情况，然后才去赶飞机。还有 2014 年在武汉召开的中国高等教育学会学术年会上，又和老师见面，兴奋之情溢于言表，会后同老师合影留念。能够成为葛老师的学生，也让我感到非常骄傲和自豪！

不仅如此，两位先生提携后辈学生之举也着实令人感动。在本书的修改过程中，当我向两位先生发出邀请，请其为本书作序时，两位先生欣然应允，在百忙之中著文发至。我师风范，诚如斯也！

两位先生对我的影响是巨大的，也是我今后受用终生的财富！

感谢中国社会科学出版社陈肖静编辑为本书出版所作出的努力！感谢聊城大学教育科学学院院长于源溟教授对本书出版的大力支持！

感谢我的父母！我想天底下再也没有比你们更疼爱子女的人了，如果词典里有"父母"这个词的话，它的解释应该就是你们的名字吧！你们虽然都是普普通通的农民，但却一直希望自己的子女有一天能够走出农村。记得每次过年贴春联的时候，大门上的横批贴得最多的就是"耕读传家"四个字，父亲从一开始的教给我们弟兄两个读到后来看着我们两个贴，总要跟我们强调读书的重要性。正是父辈的"耕"才成就了我辈的"读"，我想，这就是传承吧！父亲初中毕业，母亲一字不识，但却将全部子女培养成人，更是把我培养成为村里的第一个大学生、第一个研究生和第一个博士生，在我看来，这就是一个奇迹！这些"成就"如果在别的父母眼里，早就成为他们"炫耀"的资本，但是你们却从来没有"炫耀"过这些，在你们的眼里子女可能从来没有应当停下的时候，你们一直希望子女不要停止脚步，好吧，只要你们不希望我停，那我就继续前进！我的一点一滴的成长都有你们的"在场"，但属于你们自己的时刻却总是允许子女的"缺席"，你们总是倾其所有给予子女，却从不要求子女回报你们什么，但我知道，你们的支持才是我不断前进的动力！感谢我的哥哥、姐姐，正是你们的默默付出与奉献，为我扫除了后顾之忧，使我能够安心地读书，在你们身上，我感受到了亲情的可贵！

感谢我亲爱的妻子！还记得结婚时我跟你说的话吗？"没有什么能够阻挡时间的流逝，唯有我们的爱却历久弥新，有你在，真好！"如今，我们也有了爱的结晶——可爱的女儿，你也更加辛苦了，每天晚上你都主动承担照顾孩子的重任，只为让我能够安心备课和写作。我不好烟酒、不喜应酬，唯一的爱好就是喜欢与书为伴，这些在旁人看来甚为无趣的习惯在你眼里反倒成为一种优点，因此，尽管家里经济条件并不富裕，但你总是义无反顾地支持我买书，美其名曰我们只是把别人抽烟喝酒的钱用来买书了！在这样一个许多女孩都追求物质生活的时代，有你懂我，真好！另外，感谢妻子用你扎实的专业知识为本书的英文翻译部分进行校对，当然，如有错谬，文责自然由我来负！

感谢我可爱的女儿！你的降生彻底改变了我的生活。还记得我们俩的第一次见面吗？产房门前，当护士把你交到我怀里的时候，我激动得说不出话来。在你刚出生的头两天，兴奋得我几乎没有睡过觉，总是忍不住趴在床头看着你，就这样看着，目不转睛，就好像生怕有人把你从我身边抢走一样。你的一皱眉、一举手、一啼哭，总是牵动着我的心，每天都充盈在初为人父的喜悦和忙乱之中，根本无暇顾及其他。慢慢地，你一天天长大，从哇哇哭闹到牙牙学语再到蹒跚学步，看着你取得的一点一滴的成就，爸爸每天的心情都是美美的，每天抱着你的时候是我最幸福的时刻！

女儿，爸爸想对你说：你是我今生写过最美的一篇文章！

又是一个夜深人静时，一盏台灯、一台电脑、一本书、在书房，抬头看看窗外，我仿佛又看到了那个坐在凳子上双手捧着《白话史记》如痴如醉看着的小男孩儿。我知道，无论到什么时候，也无论我身在哪里，我都还是那个见到有字的纸就想捡起来看一下的孩子，不曾改变！

岳建军

2017 年 5 月 28 日夜于聊城